我们的队伍向太阳

《中国人民解放军军歌》词作者公木的多彩人生

樊希安　石丽侠　著

人民出版社

1910年农历五月十五,公木出生在这所院子里(原貌,今老屋已拆)

1927年,公木在直隶正定省立第七中学(今河北正定中学)留影

1945年8月31日，公木（第二排右一）与东北文艺工作团成员出发前一日摄于延安鲁艺

1946年春，公木在本溪创办东北大学时留影

1947年，公木在东北大学时的工作证

公木与吴翔结婚照，1950年2月3日摄于长春东北大学

1953 年，鞍钢劳模送给公木的合影

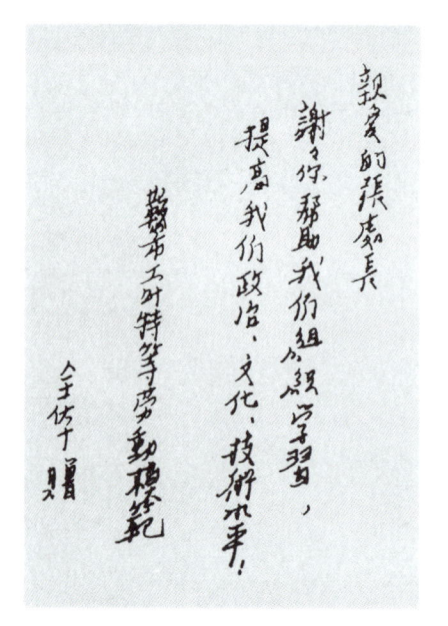

1953 年，鞍钢劳模在送给公木的合影背面的题词

公木在鞍钢时的工作证

1955年，公木与来访的外国友人合影于文学讲习所教室前（前排左三为公木）

1957年春，公木与母亲在北京北海公园

1958年5月，公木在匈牙利访问

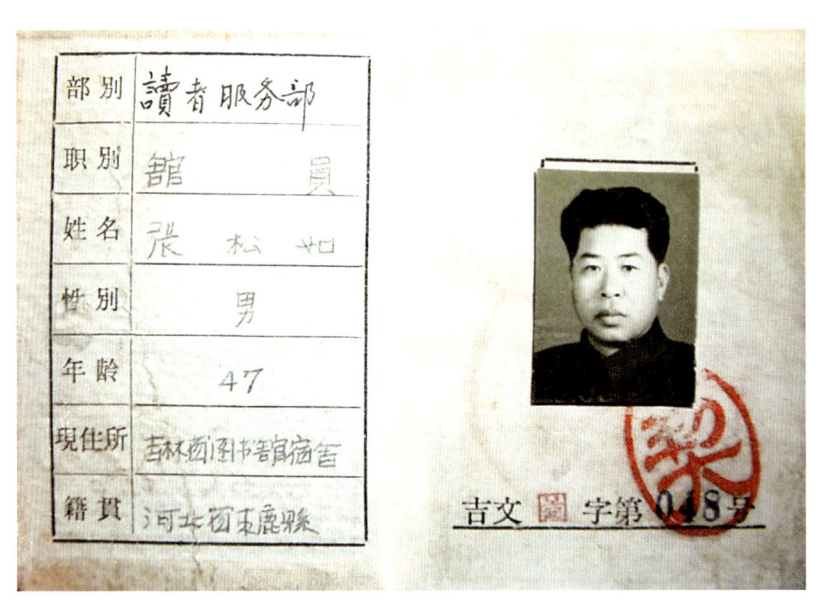

1959年，公木在吉林省图书馆劳改时的工作证

公木书影（"文革"前）

公木书影（"文革"后，其中《崩溃》出版于1958年）

公木手迹

1961年，公木在吉林省省直农场参加劳动，任积肥组组长

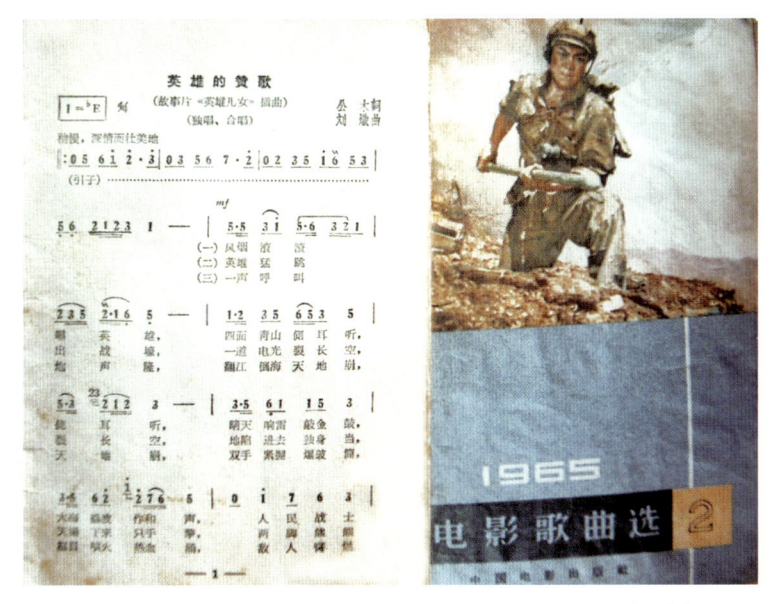

1965年，《英雄赞歌》发表，当时题为《英雄的赞歌》

1979年10月，公木在新侨饭店与吴伯箫（左五）、丁玲（左七）、田间（左九）等合影

1979年，公木与邵燕祥（右一）、流沙河（中）、公刘（左二）、孙静轩（左一）摄于全国第四次文代会

1980年，公木与巴金（左四）、草明（左二女士）等在日本访问

1980年，公木与萧军重逢

1983年5月,公木与艾青(左)、冯至(右)谈诗

1983年,公木与臧克家一起参加全国新诗评奖

1986年12月，公木及夫人吴翔与郑律成夫人、前驻荷兰大使丁雪松（中）

1987年7月12日，公木夫妇与舒婷合影

公木被授予《中国人民解放军军歌》作者证书

(1988)军字第24号

中华人民共和国中央军事委员会(命令)

颁布中国人民解放军军歌

各军区、各军、兵种、各总部、国防科工委、军事科学院、国防大学：

经党中央批准，中央军委决定将《中国人民解放军进行曲》定为中国人民解放军军歌，现予颁布。

主席 邓小平

一九八八年七月二十五日

1988年7月25日，中央军委主席邓小平签署命令颁布《中国人民解放军军歌》

1993年，公木给吉林大学中文系中国古典文学专业研究生解答问题

公木最后一张照片，《郑州晚报》王嘉贵摄于1998年10月22日

公木墓

本书作者樊希安、石丽侠与公木先生夫人吴翔（中）合影

目 录

序　曲　　　　　　　　　　　I

一　歌声的力量

向前向前向太阳　　　　　　5
颔笑嘉歌八路军　　　　　　12
十里盐湾歌飞扬　　　　　　17
东方红续成三叠　　　　　　24
风烟滚滚唱英雄　　　　　　29
"白毛仙姑"引出的故事　　　35

二　战士的足迹

刻苦好学的优等生　　　　　45
找到一条人生的光明大道　　49
在斗争中经受锻炼　　　　　53
和"鲁司令"的亲密接触　　　57
两地"追杀"记　　　　　　65
挎枪策马走太行　　　　　　72
哗啦啦的延河水　　　　　　81
镌刻在东北大地上的脚印　　91

三 坚定的信仰

"假如让我得重生"   99
在"劳动改造"的日子里   107
"谁个潮前毛泽东"   114
一个绝不随风飘荡的人   121
永不停步的真理追求   127
人比山高　脚比路长   134

四 诗人的风采

从《脸儿红》到《父与子》   143
《哈喽，胡子！》   150
光的赞歌永世唱   161
"爬也是黑豆"   169
冰冻犹有傲霜枝   181
老树著花花更繁   193
以生命为诗篇   202

五 学者的风范

一本书折射出的高尚品格   213

纵使凌云仍虚心　　　　　　218
作诗·治学·为人之道　　　　224
五彩缤纷的"第三自然界"　　234
笑对油灯枯尽时　　　　　　242

六　教育家情怀

最喜欢教师这个职业　　　　249
愿化泥土润花根　　　　　　256
一腔热血育诗才　　　　　　263
两只"老母鸡"　　　　　　　275
跪下叩头的学生　　　　　　279
东中华路十八号"驿站"　　　283
不倦的教诲　　　　　　　　286

七　人格的魅力

真诚善良的做人底色　　　　293
胸襟堪比大海宽　　　　　　299
丁雪松：公木，亲如兄弟　　303
关键时刻的心心相印　　　　310
友谊似金寸寸珍　　　　　　315

有一种美德叫感恩　　　　　　　　324
让孩子有一双明亮的眼睛　　　　329

八　炽热的情感

盛开在东北大学的爱情之花　　　337
"爸爸"和"妈妈"的角色转换　　349
写满慈爱的黑围巾　　　　　　　354
凝聚在口琴上的思念　　　　　　361
心香一瓣祭英灵　　　　　　　　367
情系滹沱河　　　　　　　　　　372

尾　声

军歌嘹亮壮君行　　　　　　　　379

附　录

公木生平大事记　　　　　　　　392
写作本书主要参考书目、资料　　395

后　记　　　　　　　　　　　　396

序 曲

向前向前向前!
我们的队伍向太阳,
脚踏着祖国的大地,
背负着民族的希望,
我们是一支不可战胜的力量。
……

这支创作于抗日战争时期的铿锵嘹亮的、充满英雄主义精神的战歌,就是《中国人民解放军军歌》。在迎来中国人民解放军建军九十周年之际,我们不能忘记也不应忘记曾用歌声及诗歌的力量鼓舞激励着人民和人民军队为中国革命英勇奋战的诗人战士——公木。

公木(张松如)是我国著名诗人、学者、教育家、《中国人民解放军军歌》词作者。1910年生,河北辛集人,1998年10月去世,享年八十九岁。1930年1月在北京参加革命,一生坎坷曲折,经历丰富传奇。诗创作与臧克家、艾青齐名,著名诗作有《父与子》《鸟枪的故事》《哈喽,胡子!》等。长期在大学任教,培养了大批学子,科研著述丰富,在诗论、老子研究、毛泽东诗词研究等方面成果丰硕,首创"第三自然界"理论范畴。由其作词、郑律成作曲的《中国人民解放军军歌》气势磅礴、威武雄壮,还创作有《英雄赞歌》(电影《英雄儿女》插曲，一作《英雄的赞歌》）及电影《白毛女》、《豹子湾战斗》等插曲，整理定型《东方红》歌词。这些歌在我国几代人中广为传唱，产生重大社会影响。

公木的一生是追逐理想、坚守信仰、追求真理的一生，是青少年时代就投身革命洪流，为祖国繁荣富强和民族解放事业奋斗的一生，是"以诗歌为生命"，为人民勤奋创作奉献文艺精品的一生，是以极大热情投入教学科研，"甘化泥土润花根"，为国家建设事业培养大批栋梁人才的一生。他集革命战士、著名诗人、军歌之父、学术耆宿、教育专家、仁厚长者、谦谦君子于一身，相互贯通熔铸，成为人们获取人生事业成功特别是在逆境中进取实现人生目标的学习楷模。本书采取夹叙夹议的讲故事方式，分为歌声的力量、战士的足迹、坚定的信仰、诗人的风采、学者的风范、教育家情怀、人格的魅力、炽热的情感等八个方面，用五十多个精彩片段，全面介绍公木波澜壮阔、曲折传奇的多彩人生。

公木先生虽然离我们而去了，但他创作的歌还在，他留下的业绩还在，他创造的精神财富仍然在鼓舞激励我们。让我们伴随着《中国人民解放军军歌》的昂扬旋律，一步一步地去探寻他前行留下的足迹。

一 歌声的力量

向前向前向太阳

　　听说过这样一个故事:一个美国老兵和一名中国老兵在加拿大探亲相遇,两人都上过朝鲜战场。美国老兵非要请中国老兵吃饭,席间问了一个他多年不解的问题:你们的人为什么会像机器人一样不怕死,潮水般地倒下一批又上一批?听了回答意犹未尽,又问:你们有军歌吗?答曰:有。中国老兵立即站起开唱:"向前,向前,向前……"美国老兵被《中国人民解放军军歌》的磅礴气势感染,举手行了一个标准的军礼表示敬意。一个国家的军歌,其重要性仅次于国歌。《中国人民解放军军歌》,其前身为《八路军进行曲》、《中国人民解放军进行曲》,在各个革命时期,起了颇为持久的、极为广泛的动员、鼓舞、教育的作用,成了一首全军全民喜闻乐唱的不朽之歌。这首歌在国际上也产生过良好的影响,先后被介绍到苏联、捷克、罗马尼亚、日本等国家。记不清谁说过这样一句话:"一首好的革命战歌,胜过一个兵团的威力。"《中国人民解放军军歌》就是这样有威力的歌,它的威力远胜过一个兵团,具有无坚不摧的无敌力量,千百万战士和亿万人民喜欢它,唱着它冲锋陷阵,唱着它去开辟中华民族复兴的伟业。这是人民对作者的最高评价和奖赏,是一个作者的最高荣誉。

　　《中国人民解放军军歌》词作者公木、作曲郑律成,我们子孙万代应牢牢记住这两个人的名字。

　　《中国人民解放军军歌》的歌词是:

向前向前向前！
我们的队伍向太阳，
脚踏着祖国的大地，
背负着民族的希望，
我们是一支不可战胜的力量。

我们是工农的子弟，
我们是人民的武装，
从无畏惧，
决不屈服，
英勇战斗，
直到把反动派消灭干净，
毛泽东的旗帜高高飘扬。

听！风在呼啸军号响；
听！革命歌声多嘹亮！
同志们整齐步伐奔向解放的战场，
同志们整齐步伐奔向祖国的边疆，
向前向前！
我们的队伍向太阳，
向最后的胜利，
向全国的解放！

《中国人民解放军军歌》的歌词内容，反映了中国人民解放军的性质、任务、革命精神和战斗作风。曲调气势磅礴，坚毅豪迈，热情奔放。词曲浑然一体，表现了人民军队一往无前、无坚不摧的革命精神，塑造了中国人民解放军肩负历史重托、为中华民族的解放英勇奋战的英雄形象。只要有国家存在，就有军队存在；有军队存在，就有军歌存在。军歌不是普通的歌曲，它是振奋人心、激昂斗志、鼓舞人们永远向前的精神力量，而这种力量是巨大的、无时不在的，在激发军队战斗力和民族凝聚力方面，有着不可替代的作用。这首歌也是完美的、富有艺术性和感染力的，一旦定型，一字难易，堪称经典。

　　有人回忆，"文革"中一些人曾组织班子修改这首歌的歌词，想把它改得更革命些，结果是相形见绌，以留下笑柄而告终。可谓撼他物易，撼《军歌》难矣。这首壮歌是公木个人体验和民族体验的完美结合，是思想性和艺术性的完美结合，也是革命现实主义与革命浪漫主义的完美结合，蕴藏着排山倒海的气势和气壮山河的无穷力量。后来在回忆《军歌》创作经历时，公木曾说："如果我不坐几次牢，不亲身参加抗战，不亲自做抗战时事研究，那是绝对写不了这样的歌词的。在'八路军大合唱'中，抗战的三个阶段，我都写上了，写成大兵团音乐形象，不是一个游击队的形象。其实，1939年还没形成大兵团，但要站在抗战形势发展的高度去写。这是我当时的一种真感情，很自然很自觉地写的。不是首长叫写的，也没有谁告诉我要这么写，也没有领导提意见，更没有开什么研讨会。回想起来，那时我们二人胆子也真够大的，既没有请示也没有汇报，一写就是军歌、进行曲。这样的环境，我想只有在那个年代才有，在任何时候可能都是不行的。"在颁布《军歌》的同时，中央军委给公木颁发了词作者证书，给了他很大的荣誉。面对这一切，公木显得很平淡。臧克家回忆说："记得他在延安时写的军歌歌词受到嘉奖，在某些人就会趁机宣传自己，或请人写文加以吹捧，以增个人身价。可是公木同志为此事来了北京，又默默地回长春去了。"

那么，这首歌有着怎样的创作过程呢？这一定是广大读者想知道的。

1939年7月中旬，抗大总校职工万余人在校长罗瑞卿率领下，东渡黄河，开赴前方。政治部宣传科只留下公木和郑律成两人，奉命等待到筹办中的抗大三分校工作。三分校政治部各科室人员一时还没有调配齐全。在新旧交替之际，他们紧紧抓住这个短暂空暇的宝贵时间，去实现共同合作创作歌曲的夙愿。有一天郑律成告诉公木，他为公木的《岢岚谣》作了曲。公木很惊讶，近二百行的长诗，谱曲会多么费力呀！郑律成还说，想为《子夜岗兵颂》谱曲。这是公木半年前在抗大一大队做学员时写的一首短诗，登在连队墙报上，诗中反映了他在抗大学习时深夜站岗放哨的一点儿感受。诗写得很美：

一天鳞云筛出了几颗流星，相映溪流呜咽鸣。是谁弹奏起这一阕乡曲，四周里低吟着断续的秋蚕。远处一点孤灯，像一点流萤，明灭在有无中，画出了无涯的黑暗，也画出了山影重重。你可敬的岗兵，手把着枪托，挺立在路口，面对着西风……

郑律成把这首《子夜岗兵颂》拿去不声不响地用咏叹调谱成一首独唱曲，然后用他那朝鲜音调的清亮歌喉唱给公木听，这使公木又惊奇又激动，紧紧握着他的手说不出话来。以后，郑律成经常催促公木，让公木作词供他写曲。他诚恳地说："你是从前方来的，让我们携手合作为八路军歌唱吧！"他进一步建议："咱们也搞一部大合唱吧！""什么大合唱？""当然是《八路军大合唱》啦！"经他一再鼓动，并且提出命意，点出题目："军歌、进行曲、骑兵歌、炮兵歌、冲锋歌，再添一篇'快乐的八路军'，《子夜岗兵颂》也算一篇，总共七八篇或八九篇就够了。"两人具体商定，立即动手创作《八路军大合唱》。由郑律成作曲，公木作词。他们决定这个大合唱要由八支歌儿组成，要的就是这个"八"字。一时间，战火纷飞的疆场，一队队荷枪实弹奔赴抗日前线的八路军的雄姿，战士们英勇杀敌的矫健身影……萦绕在诗人公木的心头，也萦绕在作曲家郑律成的心头。对祖国的无限热爱，对人民的高度责任感，对八路军的一往情深，掀起了他们感情的巨澜。灵感之火把创作的激情点燃，而且越烧越旺，终于凝铸成火一般的诗行，弹奏出发自肺腑的乐章。公木一气呵成，写下《八路军军歌》、《八路军进行曲》、《快乐的八路军》、《炮兵歌》、《骑兵歌》、《冲锋歌》、《军民一家》，加上原来创作的《子夜岗兵颂》共八支歌的歌词，完成这些歌词的创作，还不到一周时间。从命题构思，到谋篇造句，唯一的合作者就是郑律成。以前是郑律成为公木现成的诗篇谱曲，而创作这些歌词时，是公木为郑律成未成的曲子作词。两人配合默契。凡是谱曲需要的，公木都尽力配合，如创作《骑兵歌》，要写出马蹄嚓嚓前进的脚步声;《炮兵歌》要写出轰隆隆震天响的气势;《进行曲》要长短相间，寓整于散，要韵律谐和，节奏响亮，中间还要并排安插上三个四字短句。诸如此类，凡力所能及，公木都严格照办。只要郑律成满意了，就算拍板定稿了。在写作这一辉煌的历史性名曲《八路军大合唱》时，诗人公木与作曲家郑律成的合作，高度充分、完善，树立了词曲作者合作的楷模。

公木每写成一篇歌词，郑律成就拿去作曲。没有钢琴，连手风琴也没有，郑律成只是摇头晃脑地哼哼着，打着手势，有时还绕着窑洞中摆放的一张白木茬桌子踏步转悠。意识到公木带着笑意注视他，他就走出窑洞，躲到崖畔或爬上山坡去"创作"。谱曲似乎比作词更费些斟酌，郑律成也经常用鼻音哼哼出一个调儿来，征求公木的意见。作曲的时间拖得比较长，大约到八月底九月初，全部编曲才算完成了。郑律成说："给词作曲，如同为虎添翼。"公木说："为虎生翼，不是一句好话。"郑律成笑道："不管它，咱们的虎，是吃日本鬼子，吃反动派的虎。生了翼，更凶，更猛，更厉害，有什么不好？"当郑律成把"翼"生出来，抗大三分校已经正式开学，公木搬到三分校政治部住，继续搞时事政策教育工作，郑律成则调到鲁迅艺术学院① 音乐系做教员去了。郑律成虽然离开抗大，还是经常回来教歌。三分校的每个连队，无论在行军途中，还是在集合会场，到处都在唱："铁流两万五千里，直向着一个坚定的方向"，"向前向前向前！我们的队

---

① 鲁迅艺术学院成立于1938年4月10日，1940年5月更名为鲁迅艺术文学院，简称鲁艺。

伍向太阳","炮声震天响，战火漫天烧。看我健儿抖擞精神个个逞英豪"。1939年秋冬，这嘹亮的歌声在延安的山山岭岭回荡着。这年冬季，《八路军大合唱》由鲁艺音乐系油印成册，还在中央大礼堂组织过一次晚会，由郑律成亲自指挥，进行专场演出。此后，不只是抗大学员唱，各机关、部队、学校也都传唱起来。学员们一批批毕业了，也就把歌声传遍四面八方。这部大合唱，一经唱出后，就受到热烈欢迎，唱遍延安，唱遍陕甘宁边区，唱遍各根据地。

1940年夏季的一天，总政治部宣传部部长肖向荣邀请郑律成和公木到文化沟青年食堂吃了顿红烧肉，以示犒劳，并告诉他们说，这些有关八路军的歌曲已由抗大学员传唱到各个抗日根据地，很受广大战士的欢迎，特向他俩祝贺！肖部长笑着说："今天破例，都喝三杯。一杯酒，祝你们继续合作取得更大成果；二杯酒，祝你们更认真地向工农兵群众学习；三杯酒，祝你们再接再厉，继续写兵唱兵！"他俩表示一定铭记在心，努力去做到。

1940年夏，《八路军进行曲》在《八路军军政杂志》刊载后，便在各抗日根据地军民中传唱。1941年8月，该歌曲获延安"五四中国青年节"奖金委员会音乐类甲等奖。解放战争时期，《八路军进行曲》更名为《人民解放军进行曲》，歌词略有改动。1951年2月1日，中央人民政府人民革命军事委员会总参谋部颁发试行的《中国人民解放军内务条令（草案）》，将《人民解放军进行曲》改名为《人民解放军军歌》。1953年5月1日，中央人民政府人民革命军事委员会重新颁布的《中国人民解放军内务条令（草案）》，又将其改为《人民解放军进行曲》。1965年更名为《中国人民解放军进行曲》。1988年7月25日，经中共中央批准，中央军事委员会决定，将《中国人民解放军进行曲》定为中国人民解放军军歌，邓小平签署了颁定军歌的命令。

＊＊＊＊＊＊＊＊＊＊＊

颔笑嘉歌八路军

前面已详细介绍了《中国人民解放军军歌》的创作经历，对创作背景、创作过程有不同程度涉及。读者已经知道，《中国人民解放军军歌》脱胎于《中国人民解放军进行曲》，《中国人民解放军进行曲》脱胎于《八路军进行曲》，而《八路军进行曲》是《八路军大合唱》中的一支曲子，它随着历史的延续，逐渐演变为不朽的中国人民解放军军歌流传下来，并将长期流传，而《八路军大合唱》中的另一些歌曲，随时代的变迁没有流传下来，但是这些歌曲，如《八路军军歌》、《快乐的八路军》、《炮兵歌》、《骑兵歌》、《冲锋歌》、《子夜岗兵颂》、《军民一家》等，都曾在激励人民军队英勇杀敌方面起过重大作用，我们不应该忘记这些歌曲，历史不应该忘记这些歌曲，更不应该忘记词作者公木、曲作者郑律成的贡献。

公木热衷并最终创作完成《八路军大合唱》，与他亲自参加人民军队抗战、具有丰富的战斗生活实践分不开，与他对人民军队在抗战中中流砥柱重要作用的认识分不开，也与他具有厚实的文学创作基础分不开。1937年8月22日，根据国共两党达成的协议，国民政府军事委员会宣布红军主力部队改编为国民革命军第八路军，并同意设立总指挥部。1937年8月25日，中共中央军委发布命令，宣布将中国工农红军第一、第二、第四方面军和西北红军等部改编为国民革命军第八路军，红军前敌总指挥部改为第八路军总指挥部，朱德任总指挥，彭德怀任副总指挥，叶剑英任参谋长；红军总政治部改为八路军政治部，任弼时任政治部主任，邓小平任副主任；下辖第一一五师、第一二〇师、第一二九师和总部特务团。1937年9月11日，八路军改称为国民革命军第十八集团军，总指挥部改为总司令部，朱德改任总司令，彭德怀改任副总司令。但由于八路军的称号已经在各部队中广泛传播，因此八路军的称号在很长一段时间内一直沿用，直到解放战争后期。八路军部队开赴前线后，很快就取得了平型关大捷等胜利，极大地提升了全民抗战的信心，八路军等人民军队越战越勇，在抗战中成为军民抗战的楷模。"颔笑嘉歌八路军"，公木为人民军队写歌，就是要鼓舞部队士气，给军队排山倒海的精神力量。

如《八路军军歌》：

铁流两万五千里，
直向着一个坚定的方向。
苦斗十年，
锻炼成一支不可战胜的力量。

一旦强虏寇边疆，
慷慨悲歌奔战场。
首战平型关，
威名天下扬！
嘿！游击战，敌后方，
铲除伪政权；
游击战，敌后方，
坚持反"扫荡"；
钢刀插在敌胸膛。

巍峨长白山，
滔滔鸭绿江，
誓复失地逐强梁。
争民族独立，
求人类解放，
这神圣重大的责任，
都担在我们双肩。

　　这首歌的歌词深沉雄壮，通俗流畅，歌颂了八路军是一支不可战胜的力量，在抗日战争中起到了巨大的鼓舞作用。
　　又如《快乐的八路军》：

我们奔驰在晋察山岗，
清响的驼铃随风而叮当。
我们奔驰在晋鲁的平原，
碧绿的田野喷吐着芳香。
我们奔驰在热辽的沙野，
纷纷的雨雪遮断了边疆。
不管是城市村庄，
不管是腹地边疆，
到处招引着欢迎的手，
飘荡着欢迎的歌唱。

我们把祖国的同胞，
由黑暗引向光明；
我们把侵略的强盗，
用战斗叫他们灭亡！
我们出没于敌人的炮火，
我们出没于敌人的后方。
战场上学习，战斗中成长，
谁能比得上我们快乐洋洋，
谁能比得上我们快乐洋洋。

又如《冲锋歌》：

炮声震地响，
战火漫天烧。
看我健儿抖擞精神个个逞英豪。
听啊，冲锋号响了！
冲上前，
挥起钢刀冲啊。
杀！
白刃映白光，
红血溅敌壕。
冲啊！
敌人退了，追，捉活的。
不让一个生逃，
弟兄们冲啊！
杀，杀，
杀，杀，杀！

以上这些歌词，基本上都是一气呵成，气势顺畅，通俗易懂，朗朗上口，但也有个别地方经过反复斟酌、修改，如《八路军军歌》最后一句："这神圣的重大责任，都落在我们双肩。"原来"双肩"后有个"上"字，是为了押韵，但为了显得更加斩钉截铁有力量，还是把"上"去掉了。这样经过反复修改，就更臻完善。1941年，延安举办"五四中国青年节"征文活动，共征集稿件一百五十件，作者一百一十名。《八路军大合唱》以《献给八路军的军歌合唱集》为名，被评为音乐类甲等奖。吴玉章担任评判委员长，丁玲、周扬等担任评委。得奖作品共二十三件，甲等奖金四十元，乙等奖金二十元。这项奖金是由中央领导同志捐赠的。其中毛泽东捐赠三百元，周恩来及王稼祥各捐赠二百元，吴玉章捐赠一百元，董必武捐赠五十元。

以后，随着时代变迁和人民军队的转型，《八路军进行曲》变身《中国人民解放军军歌》得以流传，其他歌曲完成了历史使命，但它们的精神、气质，乃至艺术表现方式、句式等，对后世都有影响，如：《八路军大合唱》中的一些歌词，已作为"熟语"融入现代汉语。比如《快乐的八路军》中有一句："在战场上学习，在战斗中成长。"后来有一部很有名的长篇小说，就叫《战斗中成长》。《八路军军歌》中有一句："钢刀插在敌胸膛"，新中国成立后有一首非常流行的抒情歌曲《弹起我心爱的土琵琶》，其中有一句歌词就是："好像钢刀插在敌胸膛。"至于"北有黄河，南有长江，波涛滚滚流向东方"、"铁流两万五千里，直向着一个坚定的方向"等，被人们借用已习以为常了。

＊＊＊＊＊＊＊＊＊＊＊

十里盐湾歌飞扬

公木到鲁迅艺术文学院工作后，做得最多的一件事，就是到陕北绥德地区子洲县马蹄沟镇十里盐湾采风创作，收集民歌，协助盐工闹秧歌、写唱词。从1943年春天到1945年春天，在两年时间内，公木先后五六次到十里盐湾深入生活，时间长达半年之多，有两个春节都是在十里盐湾度过的。他在这里采访采风，主要任务是协助盐工闹秧歌、写唱词，大量开展的是这方面的工作，有了深刻体会和感受，迸发灵感时，也进行诗歌创作，还收集民歌，探索诗歌向民歌学习的道路。公木深入十里盐湾的这些行动，是他走文艺为工农兵服务道路的具体实践，也是文艺界贯彻延安文艺座谈会讲话精神的一个鲜活案例。

十里盐湾位于陕西省子洲县马蹄沟镇。子洲县1944年1月建立，是以革命烈士李子洲的名字命名的新县，是陕甘宁边区的一部分，居于陕北中部，由绥德、米脂、清涧、横山各划出一部分组成，因此这里的民风民俗在陕北更具有代表性，民间文艺在这里很是兴盛，受群众欢迎的各种说唱方式在这里流传。

在十里盐湾，不仅盐出名，这里的秧歌也远近闻名。秧歌，从名字上就可以看出，它与农耕文明有关，属于民间社火的内容，起始也很早，现有资料可追溯到宋代。据考证，有可能是从"踏歌"发展而来。古代先民为了庆祝丰收，聚集在一起踏地为节，载歌载舞，逐渐由"踏地"而"移动"，形成了今天身体摆动幅度很大、节拍鲜明的"大秧歌"。也有说秧歌是人们模仿插秧动作而形成的舞蹈。1987年，陕西甘泉的一座宋代古墓中，发现了两块秧歌舞画像砖雕。最初的秧歌以歌舞的形式表演，人们身穿彩衣，腰扎彩带，扮相夸张，热情奔放，扭动幅度大，花样变化多，喜兴而又风趣，逐渐发展为秧歌戏。

早期的秧歌，以陕北秧歌、海阳秧歌、东北秧歌最为兴盛，清代曾与徽班一同进京会演，如今已列入《中国戏曲剧种大辞典》。1942年，毛泽东在延安文艺座谈会上的讲话发表后，大众艺术受到充分肯定，延安地区的新秧歌运动热火朝天。而其中尤以绥德地区的秧歌受人瞩目，数十里盐湾的秧歌最为有名，红遍陕北。

和公木一起来十里盐湾的先后有刘炽、孟波、于蓝、唐荣枚、田方、王大化、贺敬之、华君武、张水华、张平、张鲁、马可等人，张庚也作为团长带队来过。这么多文艺工作者来这里干什么，目的很明确，一是为盐工服务，二是走知识分子与工农相结合的道路，改造自己残存的非无产阶级思想，三是收集民歌，向大众学习艺术表现形式和表现方法，丰富自己的艺术思维和创新思维，以借用民歌这种形式写出更多好的作品。

公木到十里盐湾采访、学习、服务，深入生活是发自内心的，是极其真诚的，他对毛泽东在延安文艺座谈会上的讲话中阐述的观点心悦诚服，而且当时他正在探求歌诗与诵诗的理论，认为诗歌可分为可诵唱的、可朗读的两部分。在他心目中，会唱的歌的歌词就是诗，扭秧歌的唱词就是诗，到十里盐湾来帮助闹秧歌，就是掉进了诗的海洋，到这里对他这样一位文艺工作者来说可以大有作为，能够学到许多东西，进一步验证他对诗歌理论的研究。当然，最为重要放在前面的是为盐工闹秧歌服务，给秧歌队编唱词，这是头等重要的事。了解盐工的喜怒哀乐，为他们闹秧歌整理旧歌词，创作新歌词，保持原汁原味的特色，去除一些低俗和宣扬封建迷信意识的旧内容，增加反映党领导盐工闹革命、边区新面貌和盐工新生活的内容，这是公木的追求和做得最多的工作。那时他离婚后孤身一人，到这里"人走家搬"，"一人吃饱全家不饿"，不用惦念家里，这里就是他的家，他成了盐工大家庭中的一员。一住就是较长时间，和盐工们都混熟了，混成了一家子。当时三十三四岁的年纪，留着胡须，头发长长的，笑声朗朗，平易近人，很受盐工们欢迎，盐工们都亲切地称呼他"老张"。很快，公木就结交了不少盐工朋友，柴庆堂、吴纪名、郭富才都成了他很好的朋友，他还在陕甘宁边区劳动英雄郭富才家住了好多天。据郭富才的长女回忆，公木在她家里有时还学着他们的方言说话，但说得不大准确，常引得他们捧腹大笑。有时他的诗歌创作出来，郭家老小又是第一批读者和听众，念着念着有时还会唱起来。他为盐工们写出了新秧歌词，有直接反映盐工在旧社会的苦难生活的：

十冬里北风灌空肠，
六夏里太阳烙脊梁。
马勺勺里撒星星，
水桶桶里担月亮。（《盐工曲》）

还有：

熬一锅白盐熬一锅汗，
撒一勺清水撒一勺泪，

人家享福咱受罪。(《十里盐湾》)

也有揭露盐主盘剥盐工的：

> 人人都说种盐好，
> 种盐人苦处谁知道。
> 这行营生利不小，
> 掌柜的肥了咱瘦了。
> ……
> 胡子一撅饭到口，
> 掌柜的为啥这样牛。
> 只因为肥肉吃瘦肉，
> 只因为黑手养白手。(《人人都说种盐好》)

还有：

> 天下的老鸹一般黑，
> 天下的鹁鸪一般灰。
> 数灰数到十里盐湾，
> 十里盐湾灰掌柜，
> 灰眉灰眼灰肝肺。(《十里盐湾》)

也有鼓舞盐工斗争的：

盐神神本是个泥圪垯，
要你这盐神神干什么。
老天爷和掌柜的原是一家，
我一脚把你踢垮吧！（《问天》）

公木沉醉在陕北民歌的优美泼辣、刚健清新中。他和盐工们一起从事着艰苦而又快乐的劳作，用陕北民歌的形式写下了《十里盐湾》、《种盐英雄郭富才》、《盐工曲》等诗篇。这些唱词最后结集为民歌体诗集《十里盐湾》，1953年由人民文学出版社出版，但写作时间都是1945年的春节，这是公木在十里盐湾住了两个月的成果。由于他有了深刻的生活体验，了解了盐工们的悲惨遭遇和他们觉醒的过程，同时也强烈地感受到盐工翻身得解放的无比喜悦和高度的生产热情，因此，他用民歌的调子写成了十里盐湾组诗。

《十里盐湾》在铺叙故事、交代环境、描写人物时，都注意吸收民歌的长处，避免了枯燥、抽象的叙述，语言形象生动、朴素自然。

在《十里盐湾》后记中，公木说："新诗当然不一定仿用民歌体，尤其不一定填写现成曲调；而我却是这样做的。推其原因，不外两点：一则是像前面说的，这些东西原是给盐工秧歌队写的唱词，必须用他们熟悉的爱唱的现成曲调；二则是我当时对于陕北民歌的采录正在兴头上，这些曲调确乎深深感染了我。我是有意地向陕北民歌学习的。"

在十里盐湾，除了给秧歌队写唱词，他还向民歌学习，丰富了创作实践，写出了属于他自己的作品。正像他说的那样："在那些日子里，我们游弋在陕北民歌的海洋中，深深叹服于那些民歌的纯朴、优美、热情、有力而又无限丰富；尤其使我们狂热的，是'信天游'。"公木创作的长篇叙事诗《共产党引我上青天》就是用信天游形式写成的，写了一个闫家坪的姑娘闫凤兰如何追求婚姻自由，参加红军的故事。他根据盐工们给他讲的刘志丹三打三皇峁的故事，写作了长诗《三皇峁》。这两三年间在子洲采集的民歌，后来与何其芳一块加工整理，出版了一本《陕北民歌选》。十里盐湾的创作实践，丰富充实了他的诗歌创作理论，从此之后，他的诗歌创作基本上是按"歌诗"和"诵诗"这两条路子发展下来的。

俗话说，"一分耕耘，一分收获"，公木在十里盐湾的默默耕耘获得了丰收成果，他走出了一条与工农相结合的道路，受到当地盐工和广大文艺工作者的赞誉。许多年过去了，十里盐湾的人们仍常常念叨那个"大胡子老张"。近三百行的民间小调"十里盐湾"，被陕西绥德子洲人民传唱到九十年代，公木得知后非常感动："对我来说，这是最高的奖赏和永生的纪念。"

* * * * * * * * * *

东方红续成三叠

歌颂伟人毛泽东，表达人民群众对伟大领袖毛泽东深厚感情的歌曲《东方红》，无疑是二十世纪传唱最广泛的歌曲，随着其被装载到我国第一颗人造卫星上播出，这一乐曲传遍全世界，在整个宇宙回荡。

在二十世纪的人类，这堪称是一个奇迹。"我们唱着《东方红》，当家做主站起来"，确实成为一个时代特征。进入二十一世纪之后，这一歌曲仍在传唱，由其引发的一些社会现象仍然让人思考。这首歌的歌词是：

东方红，太阳升，
中国出了个毛泽东。
他为人民谋幸福，
他是人民大救星。

毛主席，爱人民，
他是我们的带路人。
为了建设新中国，
领导我们向前进。

共产党，像太阳，

照到哪里哪里亮。

哪里有了共产党，

哪里人民得解放。

　　此歌的曲调是由陕北民歌"骑白马挎洋枪调"移置而来。1944年2月，陕西葭县农民李有源、李增正叔侄依据此曲调自编歌词传唱，初称《移民歌》。当时边区政府号召葭、吴、绥、米等县贫困农民向南移民开发荒山，葭县张家庄的李有源、李增正叔侄也在移民队伍中，他们在南下路上编了《移民歌》，此歌也叫《毛主席领导穷人翻身》，共九段。当时《绥德日报》、《群众日报》都报道了这件事。1944年3月11日的《解放日报》在《移民歌》这篇文章中，全文披露了这九段歌词。这首《移民歌》曾被多位延安的文艺工作者通过不同途径采录下来，后收进公木（署名张松如）与何其芳共同编选的《陕北民歌选》一书。这首歌和后来传唱的《东方红》歌词有很大差别，只有第一段"东方红，太阳升，中国出了个毛泽东。他为人民谋生存，他是人民大救星"与后来的《东方红》基本相同，应该说只是具备了《东方红》歌词的雏形。李有源、李增正叔侄创作《移民歌》，歌唱人民政府，表达对人民领袖的深情，并借助了民歌优美的曲调，为《东方红》这一历史歌曲的形成奠定了基础，功不可没，但客观地说，此时此刻，歌曲《东方红》还未最终形成，也还不能说他们叔侄二人是《东方红》歌词的作者。

经过认真严肃的考证，可以确认《东方红》这首歌诞生于沈阳。它的形成是东北文艺工作团许多同志智慧的结晶，而公木对它的最终定稿居功至伟，作出了重要贡献。由东北文艺工作团集体改写并由公木执笔整理的《东方红》，就是以后被正式肯定、全国传唱的《东方红》歌曲的初稿。据记载，歌词最初是四段，因为是在东北解放区定稿、传唱，都先后增加过不同版本的第四段，如"共产党，老百姓，民主联军子弟兵。军民合作心连心，保家卫国享太平"、"全中国老百姓，坚决拥护解放军。军民合作一家人，呼儿咳呀，消灭白匪享太平"、"红旗飘，红旗美，叫声同胞们来开会。军民团结一条心，呼儿咳呀，建设咱们新东北。"后因为东北形势变化和便于在全国传唱，第四段逐步消失，形成了目前三段的格局。在最后定稿时，经反复推敲，把"出了共产党"、"来了共产党"改为"有了共产党"，因为"来了"、"出了"都不合适，"有了"显得自然贴切。而歌词中的"哪达儿"，最终恢复成"哪里"，这也是为传唱方便，在全国有更多的适应性。

公木对执笔整理《东方红》是自我肯定的，他曾在《书怀》一诗中言及其事：

> 父母生身党给魂，
> 骄阳霹雳炼精神。
> 披丹谛领一席话，
> 颔笑嘉歌八路军。
> 没齿缅怀延水暖，

有情永忆瀛风薰。

东方红续成三叠，

脉脉铭戢寸草心。

那么，《东方红》歌词的创作过程是怎样的呢？公木晚年在接受记者采访时这样回答："《东方红》本是陕北民歌，它的产生和流传，多歧说，难定论。我只是说说我参与的和知道的一些情况吧。1944年冬，我同孟波、刘炽、于蓝、唐荣枚四人一起到绥德地区闹秧歌、采风，曾采录到葭县移民队演唱的《移民歌》，后来收进我与何其芳同志于1945年夏秋共同编注的《陕北民歌选》一书，这支歌当时在延安偶能听到，但并不流行。1945年10月底，鲁艺师生六十余人为基干组成的东北文艺工作团由延安出发到达沈阳之后，几位团员才取《移民歌》第一段，略加修改，又增添了三段，成为一共四段的一支歌，题名曰《东方红》，曾在一个剧院里演出。参加这次编写的有王大化、李江、谢廷宇、刘炽、天蓝、雷加等，由我执笔，负责歌咏指挥的是刘炽同志。据我所知，这是《东方红》首次与听众见面。后来，在传唱中由群众改变成三段，逐渐成为日后流行的《东方红》歌曲。"

这一表述体现了公木一贯谦虚的品格，他常常说《东方红》是集体智慧的结晶，自己只不过是一个"记录者"。真实的情况并非完全如此，《东方红》在形成过程中熔入公木更多心血。东北文艺工作团徒步横跨陕西、山西、河北、热河、辽宁五省。公木在行军途中，曾写过一首短诗《出发》，共有三十七行。开头两句就是"共产党，像太阳，照到哪里哪里亮"，而结尾则是"哪里有了共产党，哪里人民得解放"。将其和后来形成的《东方红》歌词相比，不难看出其有一些共同之处。但公木依然保持着自己谦虚的品格："这是在唱《移民歌》时顺势联唱下来的。当时并未意识到这将成为后来的名歌《东方红》的一个唱段。"他强调说，不必将此看成是他的创作，更多的可能是听了大家这么唱，他才写出来的，是受了同志们反复传唱一些歌曲的启发。

历史是公正的，岁月不会掩埋一个人的贡献。某作家上世纪八十年代撰文披露："有人在长春市出卖废旧物品的地摊上，购得名为《青年文娱手册》的书，系1947年11月东北书局于佳木斯出版，编者为东北大学学生会，书内收有著名歌曲《东方红》，其歌词作者为张松如。"张松如即公木。而这个例子不是孤证，新中国成立前后在收录《东方红》歌曲的书本中，歌词作者标为张松如者并不鲜见。在公木被错划为"右派"之后，由于众所周知的原因，歌词作者才有不同版本不同说法。我们追根溯源，是本着实事求是的态度，充分肯定公木在中国革命史上作出的这样一个特殊贡献。

＊＊＊＊＊＊＊＊＊＊＊

风烟滚滚唱英雄

"风烟滚滚唱英雄",只要听到这么一句歌词,听到那激昂的旋律,人们就会想到《英雄赞歌》。《英雄赞歌》是电影《英雄儿女》中的插曲,上世纪下半叶在中国风靡一时,至今仍被广泛传唱,成为英雄的颂歌、提振士气的红色经典歌曲。该歌的词作者是公木。它是公木歌词创作的又一重要成果,为传承英雄事迹和烈士精神所作出的又一贡献,也为中国歌坛增添了一首久唱不衰的名曲。

《英雄赞歌》歌词:

风烟滚滚唱英雄,
四面青山侧耳听,侧耳听。
晴天响雷敲金鼓,
大海扬波作和声。
人民战士驱虎豹,
舍身忘死保和平。
　为什么战旗美如画?
　英雄的鲜血染红了她。
　为什么大地春常在?
　英雄的生命开鲜花。

英雄猛跳出战壕,

一道电光裂长空,裂长空。

地陷下去独身挡,

天塌下来只手擎。

两脚熊熊踏烈火,

浑身闪闪披彩虹。

  为什么战旗美如画?

  英雄的鲜血染红了她。

  为什么大地春常在?

  英雄的生命开鲜花。

一声吼叫炮声隆,

翻江倒海天地崩,天地崩。

双手紧握爆破筒,

怒目喷火热血涌。

敌人腐烂变泥土,

勇士辉煌化金星。

  为什么战旗美如画?

  英雄的鲜血染红了她。

  为什么大地春常在?

  英雄的生命开鲜花。

1963年秋天，长春电影制片厂根据巴金中篇小说《团圆》改编的剧本《英雄儿女》完成，电影主题歌歌词的创作任务落在编剧毛烽与作曲刘炽身上。但过了一段时间，时任总政文化部部长的毛烽绞尽脑汁也没能写出自己中意的歌词。情急之下，导演武兆堤、刘炽和演员田方等人一起找到时任吉林大学中文系主任、曾创作《中国人民解放军军歌》歌词的公木，请其伸出"援手"。

当武兆堤、刘炽、田方一行来到公木家时，公木非常高兴，他们都是延安时期的老朋友，多年之后相见自是非常激动，亲切问候之后是好茶招待。但当他们说明来意，请他为电影《英雄儿女》创作主题歌的歌词时，公木却拒绝了。因为他虽然已经被摘"帽"，但在政治上仍然不被信任。公木直言相告：我是刚摘帽的"右派"，歌词让我写合适吗？作为老朋友的武兆堤与公木相知甚深，用极其坚定的态度打消公木的顾虑："摘了帽就是自己的同志，我们都不怕，你怕什么？老伙计，这首歌词的创作非你莫属！"朋友的深情，同志的信任，盛情相邀难以拒绝，公木最终应承下来。

为了怕公木"变卦"，也是为他作词提供一个安静的环境，武兆堤、刘炽把他拉进了长春电影制片厂小白楼。这栋小白楼原本是一伪满大臣的别墅，新中国成立后收为国有，划给长影厂使用。长影厂就把它作为招待所，安排一些导演、编剧在此研究拍摄和修改剧本，武兆堤、刘炽等当时就住在这里。晚饭后，他们把公木安置在一个有二十多平方米的房间里，在向公木介绍了《英雄儿女》的故事情节和所要突出的主题思想以及对歌词形式、内容的大体要求之后，让公木一个人苦苦构思。写歌词对公木来说并非难事，也不陌生，但要写出一个和电影故事情节完全融合而又能升华主题的主题歌歌词绝非易事。

经过一个晚上酝酿，《英雄赞歌》初稿在公木心底酝酿成熟了。东方既白，借着依稀的曙光，公木将这首歌的歌词一挥而就。他调动了自己所有的激情，回顾了自己的战斗经历，回忆写过歌唱英雄的诗篇，形成歌词的主题思想、整体安排和具体布局。第一段是从整体上、客观上歌颂英雄；第二段是结合具体情景，歌唱英雄的精神；第三段是借英雄献身的细节，将英雄精神进行升华；第四段是挖掘英雄精神形成的原因及价值意义。这四段歌词由宏观至微观，由浅入深，既有现实人物动作细节的描写，也有抽象的精神升华，可谓革命现实主义和革命浪漫主义相结合的上乘佳作。可以说，这是公木长期创作实践和丰富创作经验的结晶。将《英雄赞歌》和 1950 年 8 月公木创作的政治抒情诗《烈士赞》相比较，可以看出二者之间精神的一脉相承，认识的深入发展，以及具体形象的"借用"。公木在《创作回忆——〈英雄赞歌〉的诞生》中说："当我听编导同志讲过《英雄儿女》的故事情节，便引起一种激动的情绪，联想起生活中曾经遇到或听到的许多相类似的人和事，特别是五十年代初期我写的《烈士赞》的最后细节。"

《烈士赞》构思巧妙，意境新奇。诗的开篇描写一个满天星斗的静谧夏夜，树枝筛着月影慢慢地移动。母亲坐在草地上向孩子发问："爸爸呢？你爸爸呢？"诗歌采用一问一答的对话形式展开。母亲发问之后：

孩儿睁大眼睛,
抬头向天上找寻。
——倏地伸出兴奋的小手,
扳起母亲低垂的头。

妈妈你看哪,
你往远里远里看:
爸爸在天上照耀,
爸爸对着我们笑。

孩儿的小手,
指向一颗明亮的金星。
那小小的手臂伸得硬直,
活像父亲英武的神气。

"一颗明亮的金星",象征着革命者崇高的英雄形象,赞美革命烈士将永远像灿烂的金星一样在人民的心坎里照耀着。用"金星"比喻革命烈士,恰到好处。"敌人腐烂变泥土,勇士辉煌化金星",歌词中这两句点睛之笔,是公木对烈士精神长期认识的结果。而在歌词创作中这种认识进一步深化。内容决定形式,内容是核,这首歌词之所以让人热血沸腾,是因为充分显示出烈士视死如归、为人民利益赴汤蹈火的英雄气概,而这又是革命者为真理和信仰奋斗牺牲的精神写照。

歌词交到武兆堤、刘炽手中，大家一致赞好。在与编导和作曲共同推敲定稿的时候，《英雄赞歌》变成了三段，根据刘炽的建议，公木把第四段改为"和词"，分别放在前三段每一段的后面，反复唱三遍，这样重章迭咏的表现方法，在《诗经》中极为普遍，反复循环，荡气回肠，更加深化了意境，烘托出了氛围。公木还把改作"和词"的一段压缩为四句，并改换了一个更响亮的韵脚，这样唱起来更有精神和气魄。而前三段每段的第二句，都分别重复三个字："侧耳听"、"裂长空"、"天地崩"，则是根据作曲需要添加的。

公木的歌词完成了，下面就看作曲家刘炽的。刘炽也绝非等闲之辈，他十五岁便成为红军人民剧社的小演员，一生留下八百多部作品，《祖国颂》、《我的祖国》、《翻身道情》等都出自其手，隽永秀美，民族风格浓郁。拿到公木的歌词刘炽连声叫好，回家谢绝一切打扰，一遍遍读着歌词，借助突发的灵感，以当年在内蒙古采风时采到的一首鄂尔多斯草原民歌《巴特尔陶陶乎》为种子，激情迸发地完成了《英雄赞歌》这首优美的歌曲。公木和刘炽珠联璧合共同完成的这首佳作，随电影《英雄儿女》在全国公演，唱响全国，成为经典名曲。

最后特别交代一句，公木和刘炽这对在延安时就结交的老朋友，这对联手奉献《英雄赞歌》的名人，都在1998年去世，两人去世的时间相差仅七天。

* * * * * * * * * * *

"白毛仙姑"引出的故事

清清的流水，蓝蓝的天，

山下一片米粮川，

高粱谷子望不到边，

黄家的土地数不完。

东家在高楼，

佃户们来收秋，

流血流汗当马牛，

老人折断腰，

儿孙筋骨瘦，

这样的苦罪没有头。

这是1950年版电影《白毛女》插曲中的一段歌词，由公木撰写。是杨白劳刚出场放羊时的一段唱，感情悲愤、深沉，以此为序幕展开了整个剧情。由于版本不同，为便于区别，1950年版电影称老电影《白毛女》。主演有田华（饰喜儿）、张守维（饰杨白劳）、李百万（饰王大春）、陈强（饰黄世仁）等。电影插曲词作者为贺敬之、公木，作曲为瞿维、张岳、马克。公木的一个学生回忆：有一次在学校大礼堂放映电影《白毛女》，当银幕上出现公木先生的名字时，全场立即响起了掌声。电影《白毛女》是在歌剧基础上改编的。而歌剧则是根据真实的故事创作的。抗日战争时期，在河北平山县流传着"白毛仙姑"的故事。说是一个佃户在年关遭恶霸逼债，一气之下喝卤水自尽，女儿被抢走并遭到奸污。后女儿逃出，怕再次受害躲进山洞生活十数年，由于不见阳光，头发全白了，人称"白毛仙姑"。后来当地解放了，"白毛仙姑"被解救出来，重新回到人间，过上了幸福美满的生活。歌剧以此为基础进行深度创作，揭示了"旧社会把人变成鬼，新社会把鬼变成人"的内在含义。在延安和各地演出后，反响强烈。一次部队组织观看，某战士带着满腔愤怒朝"黄世仁"开了一枪，所幸未伤到人。从此以后，部队规定再组织观看《白毛女》，一律不得带枪前往。还传说毛泽东一次看《白毛女》演出，结束后上台和演员握手，经过演"黄世仁"的陈强时，故意不握，弄得陈强很尴尬。实际是毛泽东借此幽默的举动，显示其坚定立场和旗帜鲜明。总之，歌剧《白毛女》在当时影响巨大，对人民群众起到了教育作用。以后各种体裁的《白毛女》，都是在歌剧《白毛女》基础上改编创作的。延安版歌剧《白毛女》署名"延安鲁艺工作团集体创作"，当时公木在鲁艺任教，又擅长写歌词、唱词，和陈强、马克他们很熟，曾一起去十里盐湾采风，因此，公木在歌剧《白毛女》创作中出过力，这是肯定的，贡献有多大，不好确认，也没有必要确认。公木说过：一般说来，我参与过《白毛女》创作，但不必非要说那段歌词是我写的。当时都是革命文艺工作者，常按照组织交给的任务去切磋，谁会去争名争利呢？等创作电影《白毛女》时，已是新中国成立之后，电影拍出时明确署名贺敬之、公木作词。这是有确证的。可以说，这是公木对《白毛女》贡献的继续。据公木的妻子吴翔回忆，1950年春天前后，两人刚结婚，公木创作《白毛女》歌词，写了一沓稿纸，数量不少。选用了多少，公木没说，她也不知情。后来，《白毛女》歌词的归属问题有了不同说法。吴翔曾提出让公木出来澄清一下，公木淡然地说：有这个必要吗，那些歌词算个啥，算啦，别提啦。几十年过去了，《白毛女》一直流传着，现在又改编成多个版本，最新的版本作为经典剧目演出，让我们记着公木对《白毛女》作出的贡献吧。公木去世后，有人撰题的挽联中有一句"白毛女咏唱东方红"，记载公木对创作《白毛女》和改编《东方红》的贡献，这是符合历史事实的。

1950年，公木应导演王家乙邀请为东北电影制片厂的故事片《高歌猛进》写了主题歌歌词，其中一段为：

> 太阳放射出万道金光，
> 照耀着我们的工厂。
> 当汽笛召唤我们去劳动，
> 我们的心情愉快欢畅。
> 我们追求幸福的明天，
> 要把新纪录来创造！
> 为了亲爱祖国的繁荣，
> 我们要拿出一切力量！
> ……

1959年春夏之交，正在吉林省图书馆"劳动改造"的公木，奉命参加八场大型歌剧《青林密信》的歌词创作，他和张藜合作，创作了全剧的歌词。这部歌剧由吉林省歌舞剧团演出。剧情反映的是抗联斗争中一位老交通员的故事，里边还有两个机智勇敢的小姑娘。她们一个着汉装，一个穿朝鲜族长裙。大致剧情是：抗战时有一封密信要送给抗联，但交通员负了重伤，紧急中托付这两个小姑娘把信送出，故事紧紧围绕着这封信展开。舞台上一会儿是悬崖，小姑娘拉着青藤越过山涧；一会儿是山洞，躲进去逃过日本鬼子的搜捕，最后终于圆满完成了任务。

公木和张藜的合作非常密切，两人相识于本溪。张藜是公木的学生辈，公木对张藜的成长多有帮助。张藜1932年生于大连。1945年9月，延安鲁艺部分干部随"挺进东北干部团"来到辽宁省本溪组成东北文工团（即后来的鲁艺一团）。该团于1946年春到大连演出了《日出》、《血泪仇》、《黄河大合唱》等节目，与此同时还到学校进行演讲和宣传。张藜几乎场场不落地观看演出，聆听讲演，他深深地爱上了革命文艺工作。1948年参加鲁艺四团后入鲁艺文学研究室。1950年毕业后留校教书并创作。1955年入北京师范大学中文系进修。后在沈阳音乐学院任教。1957年调入吉林省歌舞剧院创作室工作。1978年调到北京中央民族乐团搞创作。1989年，张藜与徐沛东合作，为电视连续剧《篱笆·女人和狗》写歌曲《篱笆墙的影子》和《苦乐年华》；1989年11月，张藜和徐沛东合作，为迎接第十一届亚运会在北京的召开创作歌曲《亚洲雄风》；1991年，他和徐沛东合作，为电视连续剧《篱笆·女人和狗》的续集《辘轳·女人和井》写了歌曲《命运不是辘轳》等。

《青林密信》歌词创作难度较大，公木被从省图书馆借调出来，在省宾馆"憋了一段时间"，多少个不眠之夜，公木一遍一遍地推敲修改，熔铸进自己的心血和汗水，才和张藜一起圆满完成了创作任务。10月份，吉林省歌舞剧团在省宾馆礼堂公演《青林密信》，受到了叶剑英元帅的称赞。《长春日报》刊登的演出广告中，作者署名是"张藜、章涛"，戴着"右派"帽子的公木无法使用自己的名字，因而使用了"章涛"这一笔名。歌剧《青林密信》共演出二百多场，受到广泛的好评，曾作为优秀剧目进京演出。

1978年，已粉碎"四人帮"快两年，文艺逐步走上繁荣，公木的创作也活跃起来。他应邀为影片《豹子湾战斗》写歌词。《豹子湾战斗》是写八路军一支部队从前线抽调回来，在南泥湾垦荒生产、保卫延安的故事。公木对这一段生活非常熟悉，在了解剧情之后，借助心中鼓荡的激情一气呵成，写出了主题歌《清格朗朗的延河水》，与影片主题、情节结合得非常紧密，揭示了影片的中心思想和洋溢的乐观主义精神。这首歌由王昆演唱后，产生广泛社会影响。唱词如下：

  清格朗朗的延河水，
  蓝格莹莹的天，
  八路军开进了豹子湾。

火炼的金刚铁打的汉,
开荒种地还会纺线线。
纺车儿嗡嗡随着风儿唱,
锭锤儿噌噌转哟么转得欢,
唱得红日节节高,
纺得白云绕山川。

啊——
红格丹丹的太阳照大地,
丰收的歌儿飞上九重天。
毛主席给咱指方向,
自力更生,
艰苦奋斗,
迎接抗战胜利年。

高高入云的宝塔山,
满身披霞光,
豹子湾到处摆战场,
手拿着镢头肩扛着枪,
丰衣足食保卫党中央。

啊——
春日里风吹稻花千呀千层绿,
秋天里金色谷穗儿十呀么十里香,

一杆杆红旗崖畔上插,

沟里坡上是牛羊,

沟沟里坡坡上遍地是牛羊。

啊——

红格丹丹的太阳照大地,

丰收的歌儿飞上九重天。

毛主席给咱指方向,

自力更生,

艰苦奋斗,

迎接抗战胜利年。

进入晚年之后,公木还创作过《吉林大学校歌》、《东北师范大学校歌》等歌词。东北师范大学是公木亲自参与创办的,他对这所大学很有感情。校歌歌词凝聚着他的一腔心血,寄托着他对教育事业发展的厚望。由公木作词、吕远作曲的《东北师范大学校歌》歌词如下:

烽烟滚滚,雪海茫茫,东北群英融汇一堂。越过高山,跨过松江,智慧的大队在战斗中成长。燃烧着青春的火焰,沐浴着党的阳光,扬起那科学的风帆,泛游知识的海洋。前进,前进,向着胜利向着未来,前进,前进,向着共产主义的理想。

四十余年,光辉历程,八千里路桃李飘香。屹立长春,面向太阳，智慧的洪炉在日夜闪光。播种希望的园丁，塑造灵魂的工匠，高举那真理的火炬，照亮前进的方向。前进，前进，向着四化向着世界，前进，前进，向着全人类的解放。

二 战士的足迹

刻苦好学的优等生

直隶省束鹿县（今河北省辛集市）北孟庄村地处偏僻，但"五四"新时代之风也吹到了这里。看到各地兴办新学之风兴起，公木的外祖父李老周和乡亲们集资，办起了北孟庄村办初级小学。教室是借用的老房子，但外面围起了围墙，还像模像样地修起了校门。校门上方镶嵌着"北孟庄村学校"几个颜体大字，那是外祖父请村里一个私塾先生题写后，在青色的方砖上刻下来的。硬是在方砖上刻出几个颜体大字，可不那么容易。公木亲眼看到外祖父跪在地上刻字的情景，老人家的手上都磨起了血泡。这是在刻下老一辈对下一代所寄托的希望啊，也是乡亲们在为孩子们铺平一条道路。公木被深深感染了。他知道自己家这时已开始衰败，家里借了高利贷，父母每年为还利息发愁，主持全家生计的母亲天天愁容满面，有时还流出愁苦的眼泪。在这种家境下家里还让自己上学实属不易，他决心不辜负家庭和亲友们的期望，努力向学，掌握知识和文化，学点本事，回报家里和乡亲。就是抱着这种朴素的想法，读了一年半私塾的公木转入了村办初级小学。

在初级小学，公木感到很新鲜。不再读《诗经》、《孟子》，而是学习新的课程。"拼音"是新事物，他学会了注音，觉得比私塾里学的"五方元音"灵便多了。但是，初创的小学，地处偏僻的农村，请不来合适的教师。旧书不读，新的教材又没有，加上学校管理不善，在初小的两年半时间，他并没有学到多少东西。这段时间对他帮助最大的倒是校外的一位本家叔叔。这位叔叔叫张镜人，他读过唐诗、宋词，会写旧体诗，能模仿唐宋传奇写小说。他喜欢公木，常给他讲诗词，讲唐宋传奇故事，培养了他对文学的兴趣。

1922年春暖花开之时，公木升入深泽县河疃高级小学。河疃高级小学是"五四"之后兴办的一所新型正规学校。学校对学生要求很严格。学生一律住校学习，平时不休星期天，一年之中只放秋假、寒假。河疃小学实行的是义务教育。校长康凌烟先生是当地有名的绅士，他受教育救国的思想影响，把祖传的一套房子捐出来办学校，自己任校长，请自己的学生曹怀珍任教师。曹怀珍是清末最后一批秀才，民国后入天津师范学校读书，掌握了不少科学文化知识，毕业后返回故里，从事新型的乡村教育工作。他和校长都不要报酬，白尽义务。学生入学也不交学费，只要背一些米面，解决自己的吃饭问题即可。背多少也没有规定，白面、小米、玉米面都可以。学生和老师一起开伙。因为这个缘故，来校报名的学生较多。但由于校舍狭窄，只能招收学生六十人。

公木在河疃高级小学学到了不少知识。学校开的课程很系统，有语文、数学、英语、历史、地理、博物、音乐、绘画、体操等。除英语由河疃村的王先生教外，其余均由曹怀珍老师教。他忙不过来，就让他的长子曹贡生和侄子曹俊生来校助教。他们也不索报酬。人们当时称他们为老曹、大曹和小曹。"三曹"对公木影响很大。

曹怀珍当时五十多岁，知识渊博，教书极为认真，教学方式灵活、实在。他自己编了一部书，叫《语学》，其实就是文法。当时除了马建忠的书，其他语法书都还没有问世。曹老师很有独创性，按自己的理解，把词分为名、代、动、状、助、介、声、尾、枢（枢指"然而、而且"等转折词）。他还把句子划分为基读、语读等。在反复讲解之后，他要求学生多加练习。他的语法教学给公木打下很深的烙印，终生都不忘记。曹怀珍老师确信"严师出高徒"，不仅从严治学，就是在日常起居方面，也有极其严格的要求。严格的制度完全由他手中的教鞭来监督，谁偷懒不做练习、答题不对、考试成绩不好，或触犯了校规，就会受到教鞭的惩罚。他还有一把一尺多长的"戒尺"，是打手板用的。

在河疃高级小学，公木不仅初步奠定了知识的功底，而且受到了科学民主思想的影响。"三曹"中的小曹——曹俊生毕业于素有革命传统的保定育德中学，是经历了五四运动、积极宣传新思想的进步青年。他带着《独秀文存》、《胡适文存》、《白话文范》、《白话书信》等来到学校，给学生讲解，并以此为范本让大家作白话文。公木由于学习刻苦，打下了扎实基础。

1924年夏，公木提前半年高小毕业，以第一名的优异成绩考取了直隶正定省立第七中学。

正定省立第七中学教育质量高，在社会上有很高的声誉。这个学校有四百名学生，教师都是北京大学、北京师范大学[①]、天津北洋大

[①] 北京师范大学历史复杂，变迁中曾多次改名，在本书中，有多处提到这所有名的学府。

学等学校毕业的高才生。那时人们的价值观与现在不同，大学毕业愿意当中学教师，而不屑做个县长，认为中学教师是第一等的职业。因此，中学教师很受人敬重。当时的中学寥寥无几，正定省立第七中学居于华北腹地，生活条件优越，这里聚集着一批名牌大学毕业的精英。该校又有着严格的聘用制度，教师课教得不好，用不了半年就必定被解聘。这就促使教师必须保证教学质量，努力提高教学水平，形成一支高质量的教师队伍。讲授历史课的杨韫斋老师，讲授化学课的吴冶民老师，当时就有著作问世。学生们努力学习蔚成风气，公木更加刻苦。凡是老师布置的作业，无论是数学、物理，还是化学，他都认真完成，从不敷衍。自习时间反复演练，力求做到学一科，懂一科。因此，每次考试总是名列前茅。公木在这里的学习，为他后来的文学创作、学术研究打下了坚实基础。

这一时期，公木在国文教师赵召德先生的指导下，开始学习写诗填词。赵老师古典文学知识渊博，精通诗词格律。公木跟赵老师学会了押韵、对仗，还练习把小说改成诗，把诗译成小说，文言译成白话，白话译成文言。译好后，赵老师逐词逐句地修改。公木还在赵老师指导下熟读唐诗宋词，从唐诗宋词中吸吮到文学的营养，掌握作旧体诗的技巧。但当时亦感到"作为精神食粮，唐诗宋词就不大解渴"，因而同时阅读一些新诗。他喜爱郭沫若的《女神》、胡适的《尝试集》，以及冰心、刘半农、刘大白、蒋光慈等人的诗歌，这些诗给他以启迪。这方面的学习熏陶，培养了他以后的创作兴趣，还为其打下了深厚的国学基础。

那时他立下人生志向，要当一个大学问家。中学四年结束，公木以总分第一名的成绩夺魁，不久他到北京求学，同时报考教会办的辅仁大学和军方办的军医大学，都被录取了。他的志向是学文，权衡之后上了辅仁大学。入学后才知道，在这里授课的大都是美国神父，因而他感到十分懊丧，只读了两个月，得知北师大恢复招生的消息，便退学报考了北师大，很快就被录取了。入学后，公木把国家命运和前途放在首位，对政治表现出浓厚的兴趣，热衷于探讨政治问题，对念书有所放松了。他的思想发生重大变化，不再只是想当大学问家，开始投身革命的洪流中。

* * * * * * * * * * *

找到一条人生的光明大道

中学四年结束，公木在毕业考试中以总分第一名成绩夺魁。就在他收拾行装，准备赴北京考大学时，父亲从百里开外的乡下赶到学校。这个冀中平原的农民，虽然才三十四五岁年纪，但由于岁月的煎熬，已经显出老态了。家里老人相继辞世，名目繁多的苛捐杂税压得他喘不过气来。家景愈加破落了，又值旱年，夏收落空，秋收无望。供公木上中学家里已是竭尽全力，再也没有力量供他上大学了。因此，决计要把儿子带回家。

时值盛夏，大地干旱，烈日把禾苗都烤焦了，天气异常燥热。公木在家乡待了一个多月,心情是苦闷的。此时他的愿望仍是求学,将来好当大学问家。然而,向理想进军的道路并不平坦。他亲眼看到,农村更加凋敝,农民啼饥号寒,处于水深火热之中。出路究竟在哪里?对个人的前途和国家的命运,公木忧心忡忡。1927年国共两党分裂,当时作为中学生的公木并没有多少感性认识。他盼望北伐军早点打过来,以为北伐军打过来,赶跑了旧军阀,就可以过好日子,可以安安稳稳地读书了,却不知道蒋介石已举起血淋淋的屠刀,向中国共产党和革命人民杀将过来。南方的军队是打过来了,但已不是他盼望的北伐军,而是国民党新军阀。此时,公木的家乡束鹿县已建立了国民党县党部。有的人在街上讲演:"同胞们,同胞们,快快加入国民党吧,有无限的好处藏在里面。"公木的同学、亲戚有的加入了国民党,他们也想拉他加入,动员说:"参加吧,现在国民党吃得开,填表可以填到1926年,党龄从1926年算起。"公木当时对国民党的本质并不十分清楚,但他对这一套十分反感,心里想:"这是什么玩意儿?1927年怎么能算1926年呢,这不是弄虚作假吗?"当他看到一些土豪劣绅也参加了国民党,就更加深了心中的疑虑,因而陷入了苦闷之中。他再次向父亲提出进京求学的要求,父亲不同意,后来还是母亲说服了父亲,同意他进京求学,可又拿不出钱来。外祖父送来了一百块钱,资助公木求学。于是他辞别父母,告别故乡,一路风尘奔向北京。进京途中,他充满激情,充满幻想,虽然风尘仆仆,但却不怎么觉得辛苦。

然而,在北京目睹的一切使他失望了。他是同赵慎馀、金克斌、阎如璧几个同学一起到北京投考大学的。而各国立大学都不招生，因为南京国民党政府刚接收这些大学，人事还没有安排好。公木他们只好等待。在此期间北京改名北平。

公木看到的不是清明平静的北平，而是新旧军阀争斗、乌烟瘴气的北平。军阀们把北平当成一块肥肉，你一刀我一刀，把它宰割得不成样子。北平的形象被扭曲了。

公木经过一段时间奔波，终于考上了国立北平大学第一师范学院（后恢复为北平师范大学）。学校是考上了，但是，进京前，公木向往北平，编织的许多美好的梦，几乎一个个破灭了。北平满目伤痕，军阀的所作所为，使公木对国民党由失望而至诅骂和唾弃。

1928年深冬严寒的日子里，公木的情绪非常郁闷。虽然如愿以偿地上了国立大学，但革命时值低潮，许多问题难以解决。在郁闷中，他写了第一篇白话短篇小说《孟老先生歪传》，小说生动形象地揭露了国民党与封建势力的合流。它是公木运用文学作品同反动派斗争的一个尝试，也是他用手中之笔鞭挞黑暗、歌颂光明的前奏曲。

公木此时的郁闷，是苦于找不到出路。现实教育了他，他已经开始觉醒，然而方向还不那么明确。正是"路漫漫其修远兮，吾将上下而求索"。他后来回忆说："鲁迅、郭沫若、蒋光慈的作品，我中学时代就读过，但我那时只是当书来读，读过以后很佩服，自己并没有想到要学他们的榜样。到这时候就开始思考问题了：我应该走什么样的道路呢？"当时新文学界正在进行着革命文学的争论，公木读了许多论争的文章，感到非常新鲜。钱杏邨的文学评论，蒋光慈的诗歌和小说都成了热门货。公木说:"就在这时,蒋光慈成为我心中最伟大的诗人,他的诗,大部分都曾背诵出来。"蒋光慈的诗歌以及其他人的革命文学作品所体现的革命精神,使他受到鼓舞。一年多以后,他和同学谷万川取得了联系。谷万川是北师大学生,他主编的一个周刊《初步》,作为《益世报》的副刊出版。公木为该副刊写过几篇短文,这些短文也都触及时弊,鲜明地表现了作者对现实的态度。

1929年春天,是公木探讨政治问题最热烈的一个时期。他和几个思想接近的同学,探索中国到底应走什么样的道路。他和几个同学共同发起成立了"农村经济问题研究社",成员有赵慎馀、刘锡麟、孙秉哲、赵如嵩等五六人。社章中写道:"本社从研究农村经济问题入手探讨中国社会出路与发展前途,条件成熟时在各地农村成立分社。"公木广泛搜集宣传新思想和与中国革命有关的书刊,狼吞虎咽地阅读。先后读了孙中山的《三民主义》、《建国大纲》,马克思、恩格斯的《共产党宣言》,列宁的《二月到十月》、《左派幼稚病》,斯大林的《论中国革命》,还有布哈林的著作,以及《新思潮》、《动力》等北平、上海出版的刊物与宣传各党各派主张的小册子。通过阅读这些书,公木眼界大开,汲取了先进思想的营养。

经过半年多的学习讨论,公木的思想有了升华,开始接受马克思主义思想,并以此作为观察、改造客观世界的工具。他明确指出:孙中山的三民主义不行了,只有共产主义才是理想社会,青年须用共产主义思想武装自己。公木这种思想观点的形成,表明他初步确立了坚定的政治方向,开始步上了崭新的人生里程。此时,他还频繁参加学生会组织的社会活动，表现了很高的政治热情。

公木在校内外的表现，引起了北师大党组织的注意，遂对他有意识地加以引导。1929年冬天，党支部书记指派共青团员郝培庄和公木、孙志远接触，一起活动几次熟识之后，郝培庄对他俩说："我介绍你们加入共青团，愿意否？"公木和孙志远回答："愿意！"

1930年1月，公木和孙志远秘密地进行了入团宣誓。从此，公木找到了一条人生的光明大道，并始终如一、坚持不懈地在这条大道上砥砺前行。

* * * * * * * * * * *

在斗争中经受锻炼

加入共青团之后，在党、团组织的领导下，公木参加了越来越多的实际斗争。

1930年，党组织指派公木以作家和社会科学家的身份，参加了左翼作家联盟（对外称新兴文学研究会）、中国社会科学家联盟及华北左翼教师联盟等组织，并参加"北平文总"的活动。严格地说，当时的公木还不是一个作家和社会科学家，文学方面他爱好写诗。但组织认为以上述身份活动更方便一些。大量地参加社会活动，使他更加关注祖国的命运和前途。在托派与革命派辩论中国革命何去何从的问题上，他坚定地站在革命派一边，他和他的同志被称为斯大林派。托派写文章公开指名道姓，说北师大有斯大林派。

公木参加"左联"前，写过和发表过一些诗歌，但那是断断续续的，缺少系统而又明确的指导思想，也还没有将文学创造作为一生的志向。参加"左联"后，从文的方向明确了。公木之所以走上文学道路，原因有三点：其一是厚实的文学功底；其二是对现实深刻的感受；其三是革命事业的需要。而第三个原因尤为重要。对他来说，要不是革命的需要，他也不可能拿起笔来写诗。为革命而写诗，这是他走上文学道路一开始就十分明确的。他的诗是革命和文学的紧密结合。因而他自然而然地接受了"文学是宣传"的主张，并以自己的行动去实践。参加"左联"初期，公木曾以席外恩（英语字母 C、Y、N 的译音，系学名张永年三字的英文字头）、四名（与同学谷万川、李树藩、杨殿珣四名同学的简称）等笔名，在诗刊上发表若干诗作，还编辑共青团的刊物《红孩儿》，写了一些宣传性的故事、歌谣。这些作品多数都没有保存下来。这一时期，他的主要活动是在街头巷尾涂写粉笔标语，在天桥、西单等处搞"飞行集会"、散发传单等。

当时党内正值李立三"左"倾机会主义统治时期。李立三认为已经具备了在全国"大干"的条件，他提出组织全国中心城市武装起义和集中全国红军进攻中心城市的冒险主义计划。北平也酝酿组织"暴动"。1930 年 5 月的一天，支部通知公木到北大西斋一个房间开会，来人向公木和到会的另一个北大学生传达了省委决定在北平搞"八一暴动"的指示，让他们组织两个大学的学生，把群众发动起来。来人讲全国的形势，说革命的高潮已经到来，南方要占领长沙，饮马长江，北方要紧密配合，用"暴动"给予策应。人民已经像干柴，一点火就起来了。公木当时并不知道详情，回到北师大，立即向小组同志传达。旋即和几位同学黑夜出发，到小胡同里写许多粉笔标语。从5月份开始宣传，到7月17日搞一次"暴动"的预演，目的是看看准备的情况如何。7月17日的预演，由北平市委军事委员老秦指挥，地点在西单。老秦在电车上把灯泡从怀里掏出来，朝大街上"啪"的一摔，等待在旁边的人马上集合起来。一数才十几个人。小旗也打出来，传单也拿出来，喊着口号向北走，不到一百米，警察就围了过来。老秦见事不好，喊一声"散！"大家扔掉东西就向四下快步散开。公木没有经验，紧紧跟在老秦后面，跑着跑着，跑进一个死胡同里去了。老秦急中生智，"啪啪"拍着一户人家的门，喊道："张先生在家吗？"警察一看是找人的，就放过了他们。

"八一暴动"虽然准备并不成熟，但还是照常进行了。参加暴动的人聚集在北师大图书馆门前。公木准备了武器——辣椒面、胡椒面、白灰。当时别说枪炮，就是一根铁棍、一杆红缨枪也没有。燕京大学的女学生杨刚登上图书馆门前的台阶演讲，之后，由五十二人参加的游行队伍喊着"打倒国民党、打倒蒋介石、打到阎锡山"的口号出发了。刚出校门，侦缉队的特务就跟过来了。队伍气势昂扬，个个挺着胸膛沿新华街继续往南走。走了二三百米，路西是国民党的第六区分部，大家一拥而上把它捣毁。这时，一百多个侦缉队员把五十二人包围了，两个抓一个。公木他们不会武术，无力抵抗，结果包括公木在内的五十人被捕。有两个是军医大学的学生，穿着军装，特务没敢动，眼看他们扬长而去。

在被捕前，公木曾受过这样的教育：要是被捕了，在公堂上也要宣传共产主义。现在被捕了，先是押解在公安局拘留所。审讯室有一个法官、两个警察，他们不讲道理，拿着皮鞭就打，怎么给他们宣传共产主义？后来押解到了警备司令部，也是面对法官和警察。根据对敌斗争的形势，只能随机应变。公木说："上街找饭馆，被抓来了。"任凭怎么审问，也不改口，特务没办法，只好到他的宿舍里去搜查，结果只找到一本鲁迅翻译的苏联卢那察尔斯基的文学评论集，没有获得什么证据。几天之后，一道被捕的五十人，连同先前拘留的三百多位同志（公木的老师范文澜先生亦在其中），一起被羁押于北平警备司令部监狱。监狱在警备司令部（现北京医院）后院一个很大的四合院内。关押的人很多，一个大号子里关押二三十人。十几个大号子轮番放风，到院子当中转一个圈，再去"稀屎洞"解解手。镣铐声叮当相应，整日不断。这里实际上成为传授革命真理和交流斗争经验的学习班。

公木和同时被捕的李梦龄、孙秉哲（孙志远）关押在一个号子里。这里有二十多人，都是共产党员、共青团员或进步青年。门口虽然有看守，可是室内还是自由天下。只是讲话要用小声，或是手语、目语。公木在这里学到很多东西。他们开会、辩论，编歌来唱，当时，公木已做了被判刑长期坐牢甚至牺牲的准备。敌人原是准备拿他们当中的一部分祭刀的。那时，北平正在召开国民党中央扩大会议，汪精卫与阎、冯合作，另成立了一个中央政府，阎锡山做主席，跟蒋介石打仗。如果胜利了，阎锡山的政府就站住了脚，这批政治犯就要被枪杀。到了九十月间，时局发生变化，蒋胜而阎败，晋军仓促撤退。在这种情况下，在押的同志全部获释。

公木第二次被捕是在1932年3月。3月18日，公木到北京大学参加抗日救亡集会而被逮捕，这次被捕的有十六七人。公木和同学王志之一起被捕，关押在北平市公安局，关押时间不长，由北师大学生会和抗救会联名担保才得以释放。

获释之后，公木又回校读书。同时根据组织安排，做"社联"、"左联"的工作。经过严酷斗争的考验，他更加成熟了。

* * * * * * * * * * *

和"鲁司令"的亲密接触

鲁迅作为文化革命的主将，作为中国著名思想家、作家，他的决不饶恕、永不停息的斗争品格，决不屈服、永远挺立的硬骨头精神，他对中国国民性的深刻解剖，以及身上体现出的鲁迅式"文化符号"，受到中国人普遍的关注和赞誉。毛泽东更是对鲁迅先生赞誉有加，不仅对鲁迅给予极高评价，还极爱读鲁迅的书，有时甚至到了废寝忘食的境地，他几乎是读了一辈子鲁迅的著作。一次晋察冀边区八路军政治部一位同志回延安述职，走进杨家岭毛泽东窑洞，见毛泽东正在阅读《鲁迅全集》。毛泽东抬起头来，目光中饱含着期待，深情地说道：

"要读哇！光读马列的书还不够，还要读鲁迅的书，不读他的书，就不晓得什么是国民性，什么是真正的革命。"毛泽东此话，给了鲁迅甚高的评价——将鲁迅著作同马列的书相提并论。遗憾的是，对鲁迅一往情深的毛泽东却未能见鲁迅一面，历史让两位伟人失去了见面的机会。

公木同样崇敬鲁迅，他把鲁迅视为引导中国进步文化前行的"司令"，他总结在延安后半段经历时说，我"由部队文艺过渡到文艺教学，由朱总司令麾下过渡到鲁迅总司令麾下"。比毛泽东幸运的是，他和鲁迅有过直接接触，亲耳聆听过鲁迅先生的教诲。有一次提起鲁迅先生，公木说："我见过鲁迅先生。1932年我在北师大读书时，我们同学听说鲁迅先生到了北平，都想请鲁迅先生来校演讲。当时我就和另外一位同学找到鲁迅先生的家，把鲁迅先生请来了。那天鲁迅先生是在我们北师大的礼堂演讲，但是来的人太多礼堂挤不下，有的同学提议请鲁迅先生到学校的操场上演讲，几个同学把桌子搬到学校操场，鲁迅先生就站在桌子上给同学作了这次演讲。演讲结束，我和另外两位同学要雇辆车送鲁迅先生回家，鲁迅先生执意不肯。有一张鲁迅先生在北师大演讲的照片，就是这次拍的。"

那么，公木和鲁迅的往来是怎样促成的呢？这还得回溯到公木在北师大求学的年代。

1932年11月，鲁迅回北平探望病中的母亲。22日，鲁迅应邀到北大和辅仁大学演讲。这消息一经传开，北平整个文化界，特别是那些青年学生，立刻沸腾了，同学们奔走相告。大家见面总是相互询问:"听过鲁迅先生的讲演了吗?"这消息也激起了北师大同学们对鲁迅先生的向往,他们也想亲耳听听先生的声音。

公木就读的北师大"左联"的一个支部选派公木与王志之为"左联"学生代表,去邀请鲁迅先生来校讲演。

当时,他们并不知道鲁迅先生的具体住处,于是去请教系主任钱玄同。因为他们想:钱先生和鲁迅先生是《新青年》杂志的故人,双方应该是很熟悉的吧。但是他们不知道,钱先生当时和鲁迅先生之间的关系并不十分愉快,所以他拒绝了对邀请鲁迅提供帮助。尽管系主任拒绝帮助邀请鲁迅先生,但两个人没有死心,通过其他同学介绍,他们还是和鲁迅先生取得联系,并约好时间前去拜访。

11月25日,公木和同学王志之,还邀约了另一位英国文学系的同学潘炳皋一起,一路摸索,来到了宫门口西三条昏暗的小胡同。由于不知道门牌号,敲了七八家的房门,好不容易找到鲁迅先生的家。

女佣开门,三个人说是北师大的,前来找周先生。女佣客气地说:"请你们稍等,我看看他在不在家。"三个人赶紧说:"周先生与我们约好的,一定在家。"说着,三人紧紧跟在女佣的身后进了院子。

鲁迅先生穿着毛衣,面带微笑,热情地接待了这三位陌生的年轻人,和蔼地把他们让进了屋。屋里的陈设,是一个茶几,三把椅子,一张床铺,一个写字桌。"请坐。"先生指着座位对他们三人说。

王志之和潘炳皋坐在茶几两旁的椅子上,公木坐在床边。鲁迅先生自己坐在靠写字桌的椅子上,并请他们喝茶、吸烟。三人向鲁迅先生一一做了自我介绍。随后,他们就当前文学界的一些问题与鲁迅先生进行了探讨。关于这次会面和交流，公木于 1932 年 11 月 28 日写成《鲁迅先生访问记》，发表在 1933 年 6 月出版的北平左翼作家联盟的机关刊物《文艺月报》创刊号上，署名张永年。公木在《鲁迅先生访问记》中，记叙了这次访问的情景：

"周先生几时到北平的？"炳皋先问。

"大概已有一星期，我在上海接到电报，说我的母亲病了，因此我便赶来北平。"

"在北平打算住多久？"

"最近就要走，多则五六天，少则三四天以内。"

"北平的同学们，都希望周先生留在北平。"志之说。

"啊，那可不成。我这次一来，便有很多人放冷箭，说我是来抢他们的饭碗，说我是卷土重来。何苦叫这些人不放心，倒不如赶快卷土重去！"

我们都笑了。

在交谈之际，我们感觉到这位面色清癯发须斑白的老人不但没有像某大教授所说的拒人千里之外的阴森气，而且简直是怪可接近的。……

接着，畅谈了关于文艺和政治的问题，编辑出版刊物的问题。三位来访者谈道："现在文坛是太寂寞了，尤其北方。"鲁迅先生说：

我想，不只是北方，连上海也是在闹着文学的不景气。主要的原因，是由于文字狱，谁要说真话，便被绑去砍头枪毙。不过作家总是杀不尽的，因而第二步办法便是逮捕书店经理和编辑。于是，凡是我们的杂志书籍，很难印刷。而那些在指挥刀保护下的民族主义文学家们，虽然写点东西，却并不见得能称做文学。还有所谓第三种人，藉口左翼批评家批评的太苛了，也都搁了笔，——其实压根他们的笔便没提起过。因为这种种的原因，便造成了今日这文学的不景气。……

公木他们又问："上海民族主义文学似乎也没有什么消息，周先生对它有什么批评呢？"鲁迅先生回答说：

本来所谓民族主义的文学不会有什么消息的，因为他们只是放空气，实际上并没有那么一种东西。有人骂左翼的文学是由什么收买的，事实已经证明这是敌人的造谣。不过被收买的文学却是有的，可惜并不是左翼的文学家；也不是用卢布收买的，而是用纪念币或是银行的钞票收买的。例如叶灵凤便是其中之一，假如有卢布可拿，他或者不致屈服在银元或钞票的魔力之下了……

转眼两个多小时过去了，公木他们三人在聆听了鲁迅先生的指导与教诲之后，以"左联"外围组织"新兴文学研究会"的名义，提出邀请鲁迅先生来北师大讲演，鲁迅先生很爽快地答应星期日一定去。

这次会见，从下午两三点钟一直谈到夜晚。

告辞出来，公木的心情久久不能平静，三个人一路上谁也没有讲话，都还沉浸在与鲁迅先生的谈话之中，回味着鲁迅先生不同凡响的风采。从西四走向西单，回到白庙胡同四号师大宿舍，一路上黄色的灯光泛出笑容，扑面不寒的沙风轻奏着小夜曲。

这次访问，是公木第二次见到鲁迅先生。早在1929年夏天，他就听过一次鲁迅先生的讲演。当时鲁迅先生应北师大学生自治会的邀请，到校讲演。使公木牢记不忘的是以下这样几句话：

为了迎接革命，南下厦门；迎不到，追向广州；到广州，革命走了，在革革命；又追向上海，还是不见革命，在革革革命；如今又追回北京，已是北平了，还是不见革命，在革革革革命。革命已经成功，再也找不到革命了。

讲演近一个小时，掌声不断，尤其对这段话，反应更强烈，雷鸣般的掌声中又加上轰响的哗笑声……当时公木就挤在"风雨操棚"的最前排。鲁迅先生那头茁挺的苍发，那由于含笑而微微抖动的一字须，以及那慷慨激昂的演说，都给公木留下了终生难忘的记忆。

1932年11月27日，公木与王志之花一元钱，租一辆汽车去接鲁迅。鲁迅见到汽车，说："你们花钱租车，太不应该。"便不肯上车。但车已租了，勉强登车。汽车刚驶进校门，欢迎的学生就拥了上来。讲演的场所在北师大最大的房子——风雨操棚。能容纳六七百人的风雨操棚已挤得水泄不通，窗沿上也坐满了人，后面靠墙的地方，还有人搭了长梯站在上面，但门外还是拥塞着大批的听众。因为海报贴在许多学校，学生们都闻讯赶来。

1时3刻，鲁迅在欢声雷动中被扶上了讲台。然而人流还是不断地往这里涌。过了十来分钟，讲演才开始进行。鲁迅刚说出了"文艺"二字，语音未落，人群中有人提出了请求："到外面去吧！露天演讲！"鲁迅的心是与群众相通的，他点点头，表示应允。于是会场改为露天操场，有人抬过一张八仙桌，放在操场中间，作为讲台。鲁迅被热情的学生从听众的头上抬上了方桌。在持续几分钟的掌声中，在呼啸的北风中，鲁迅发表题为《再论第三种人》的讲演。约两千听众团团围集的操场上，顿时安静下来了。

鲁迅讲演完毕，又被听众拥入学生自治会休息。大家向他提出各式各样的疑虑不清的问题，有的谈了自己希望和感想。有的学生说："今天大家瞻仰了你的风采……"鲁迅幽默地说："不很好看，三十年前还可以。"有人请求："再在我们这儿公开讲演一次吧，北方的青年对您太渴望了。"鲁迅答道："大家的盛意可感，我努力写文章给诸位看好了。因为演讲并不比文章能出色，看文章大家还不挨挤。"……时间不早了，学生们恋恋不舍地和鲁迅先生告别。鲁迅步行去琉璃厂。关于鲁迅这次演讲的事，公木在《永远新鲜的记忆》一文中写下难忘的回忆。

鲁迅这次来北京期间，还对如何办好左翼刊物，作了具体说明。他对办刊物有三点重要意见：一、刊物不一定都登名人的文章，因为名人写出的文章不一定都好；二、要好好把工农大众通讯运动搞起来，从这中间找稿件，找作家；三、要认真对待泥腿子（农民），陈独秀他们是不喜欢泥腿子的，我们要到泥腿子中间去。由于鲁迅的正确意见和及时帮助，北平进步文艺工作者的团结加强了，相继诞生了《文学杂志》、《文学月报》、《文学通讯》、《北国》、《冰流》、《北方文艺》、《创作与批评》等进步刊物。1932年至1933年之间，北京的文艺刊物出版发行到十种以上。

1932年底到1933年初，公木与"左联"成员、同学谷万川、王志之、陈北鸥等着手筹办《文学杂志》。当时他们脑海里装满了这类问题——国家民族问题、人生问题、社会问题。他们废寝忘食寻找解决这些问题的方法。鲁迅对《文学杂志》这个刊物不仅给予热情的支持，而且还给予及时的指导。《文学杂志》1933年4月16日创刊，刊物由谷万川主编。第三、四期合刊，系由公木协助办理的。创刊号上，刊登了鲁迅的《听说梦》一文。文中，鲁迅以幽默尖刻的笔触抨击了黑暗的旧社会言论不自由。鲁迅来北京时，王志之、谷万川邀请鲁迅先生为他们创办的刊物写稿，因此，鲁迅先生在来信中说："寄上文稿一篇，并不是为《文学杂志》而做的，系从别处收回移用。"编辑第二期时，王志之又写信给鲁迅先生催稿，并请他在上海组稿，很快得到回信。鲁迅在信中说："第二期既非我写些东西不可，日内当寄上一点。雁君见面时当一问。第一期诚然有些'太板'，但加入的人们一多，就会活泼的。"尽管《文学杂志》仅出了四期，很快就被查封，存在时间不长，但仍然产生了一些社会影响。公木和同学们在鲁迅指导下尝试办进步杂志，丰富了自己的阅历。

＊＊＊＊＊＊＊＊＊＊

两地"追杀"记

在公木的革命生涯中，在新中国成立前与国民党反动派的斗争中，公木曾经历了血与火的考验，他有两次被捕和两次"被追捕"的经历，经受住了严峻考验，形成为信仰不惜牺牲一切的优秀品格。

1931年九一八事变发生后，北平学生宣传抗日，发动轰轰烈烈的救亡运动。北师大学生在活动中表现抢眼，不仅到处搞宣传活动，还有学生代表去南京示威请愿。所有这一切，表面由北师大救亡总会领导，实际是地下党在起主导作用。公木未去南京示威，而是和孙志远留下来做救亡总会的组织工作，参加组织工作的还有王家骈、王治保等人，他们组织学生去政府请愿，在铁路上卧轨，活动搞得有声有色。公木回忆道："三二年是学运高潮，这一年没有招生，因师大已撤销，教育部不承认我校，派了六次校长，当时校长徐炳昶辞职，别的人不要。"由于国民党经常派军警特务到学校和学生宿舍进行搜查、盘问，随意抓学生审讯，致使学校无法正常上课和管理，徐校长是被迫辞职的。在校长辞职、新校长学生又不认可的情况下，学校事务由学生会和抗救会维持，进步组织"教联"组织"教联"成员马哲民、侯外庐等知名人士任教，公木任文书主任，做一些组织协调工作，借机进行抗日救亡活动，他的表现受到了当局的密切关注。一段时间之后，学校恢复了正常秩序，新校长到任，国民党军警开始布下大网，对进步学生下手，开除了三十多名学生，还要抓许多人，公木上了抓捕名单。

1933年春天的一天，公木正在北师大石驸马校区上课，特务带着拟定的名单来抓人。有人通知公木后，公木急忙离开教室跑到操场上，正好两个同学打羽毛球，把球打到墙外去了，以给同学捡球为名，公木翻上墙头跑掉了。

逃脱之后，为了摆脱警察和特务的盯梢，公木穿过多条胡同，一颗心渐渐平静下来。去哪里呢？他心里很是茫然。自己是仓促从课堂上逃出的，没带任何东西，身上只有几个零钱。过去都是遇到紧急情况在外面躲几天，后来就没事了，这次显然不行。回到家里去躲一阵儿？也有危险，说不定敌人已经把魔爪伸过去了。如何是好，何处可去？反复思虑中，公木想起了"教联"。"教联"的全称是"华北左翼教师联盟"，1930年成立，成员以北京师范大学教师为主，名义是教师自由结盟的民间组织，实际是共产党领导的以教师为主体的左翼进步组织，是党指挥北平教师开展革命活动的桥梁和纽带。北师大有一个支委会领导"教联"的工作，五个支委有李梦龄、张苏（张更生）、武新宇、郝德音等。一些著名教授参加了"教联"，并公开开展活动，如侯外庐、王思华、龚松龄、李哲民等，这些教授在学校和学生中有威望、有号召力，出面组织和参加各种活动更为方便，也通过他们把触角伸向华北各地。由于有党的领导、广大教师的支持参与和形成了遍布华北各地的网络，"教联"在北平开展的抗日救亡运动中发挥了重要作用。特别是九一八事变后，抗日浪潮风起云涌，"教联"组织有很大发展，开展了许多以抗日救国为主题的活动。因此，有人评价说，五四运动是北大带头的，一二·九运动是清华带头，九一八时期是北师大带头。像侯外庐、马哲民等，都是知名教授，但当时都很年轻，只有三十多岁，血气方刚，他们在运动中出谋划策，和学生紧密结合在一起，和学生建立了深厚感情。当学生被捕时，他们就出面呼吁当局放人，或进行"保释"。公木就曾有被保释的经历。一次，学校要开除一批学生，公木的名字列在其中。黎锦熙教授谎称公木（当时叫张永年）是师大教授张崧年（张申府）的弟弟。校长李蒸初入校，不熟悉情况，正需要本校教师支持，不愿得罪教授，就把公木的名字从黑名单上划掉了。其实张崧年的弟弟叫张岱年，是公木的一位同学。就这样，公木得以蒙混过关，在校园里留了下来。

在遭遇追捕、几乎走投无路之际，公木想起了这些关心爱护自己的师长们。在一个小饭馆里吃了一顿饭，填饱了肚子，磨蹭到天黑，他趁夜色走进了一个教授的家里。第二天他怀揣教授写的介绍信去了山东滋阳，从此开始了"逃亡"之路，先后当了四年教师，进入一生从事教书育人工作的生涯。

山东滋阳，今天已改称兖州。公木在省立第四乡村师范当了一名教员，实际是以教师身份做掩护，继续从事革命活动。当时山东也有"教联"，归设在北师大的"华北教联"领导。省立第四乡村师范有"教联"盟员孙铁夫、殷雪生、熊渭滨、胡一茗、钟鸣宇等，这里革命的进步气氛很浓，公木很快融入其间，在抗日救亡和各种进步活动中发挥中坚作用。

要想得到学生的信任，必须得到学生的拥戴。公木在教学中发挥诗人的特长，通过介绍臧克家《老马》和自己的《父与子》等诗作，倡导现实主义的诗风，而熔铸在诗中的愁苦及诗中描写的情景，又深深打动着学生们的心。他们给公木起的绰号是"小驴儿"，给孙铁夫起的绰号是"老哥哥"，给殷雪生起的绰号是"老马"，这些都拉近了教师和学生们之间的距离。

教课期间，他利用担任语文教师的便利条件，向学生介绍进步书籍和杂志，灌输新思想，指导他们阅读、学习进步书刊。

利用周会向学生讲解国内外大事，教育学生要具有"天下兴亡，匹夫有责"的爱国思想，要成为国家的先锋。有学生在回忆这段往事时颇有感触地说：在校时得到张老师的教益不菲，他在周会上所作的报告使我们收获颇多。

指导学生出墙报。他对爱好文学和写作的同学加倍地关心和指导，经常鼓励学生写稿和投稿。公木每到一处都悉心扶植起一支活跃的写作队伍。此时在教师中有一位"汉园诗人"杜南星，在课堂上大讲"我不知道风是在向哪一个方向吹"等自我欣赏、脱离现实的诗，与公木提倡的革命现实主义诗歌形成鲜明的对比。由于公木介绍的《烙印》《罪恶的黑手》等诗篇反映的是中国农村的现实生活，容易被华北平原的农家子弟接收和传诵，连杜南星也悄悄对公木说："同学们多数喜欢读臧克家的诗。"

二 战士的足迹

公木时刻不忘"教联"的工作，不断与其他"教联"成员在教师中进行宣传活动。教师贾毓麟、胡建等先后加入了"教联"，使"教联"鲁南支部的队伍得以不断壮大。

暑假期间，公木赴北平参加"教联"的秘密活动，传达中共中央《北上宣言》和毛泽东对日本"四一七声明"的批判，介绍日本侵占东北和华北的危险局势及全国各界民众的抗日救亡运动，号召盟员在党的领导下坚定信念和信心继续战斗。

他还利用教学交流的机会，在鲁南的故县、济宁、曲阜、邹县等几个县的小学教师中发展和壮大"教联"组织，播撒下革命种子。

在滋阳省立第四乡村师范，公木还有一个重要收获，他结识了来自邹县的女学生涤新。涤新积极要求进步，常来向公木请教，由于经常往来，相互产生了爱情。1934年寒假，公木携涤新赴北平，在西城天仙庵与之结婚成家，也从此离开了工作和生活两年的滋阳县。近四十年之后的1972年12月19日，年届六十二岁的公木出差路过已改名兖州的滋阳，火车疾驰而过，却触景生情，引发了公木的思绪。他挥笔写下《驰车夜过兖州》一诗。全诗如下：

星光依旧鬓毛斑，
南北东西四十年。
雨雨风风吹打易，
长长短短剪裁难。
射雕鸣镝平生愿，

落雁虚弓半世缘。
　　俟我城隅无觅处，
　　明灯万点换人间。

在回忆了几十年革命生涯之后，诗句最后落笔"俟我城隅无觅处"很有深意。"俟我城隅"典出于《诗经·静女》："静女其姝，俟我于城隅。爱而不见，搔首踟蹰。"诗以男人口吻写幽期密约的情景。大意是：文静的姑娘撩人爱，约我城角楼上来。隐蔽起来逗人找，急得抓耳又挠腮。四十年前与涤新相爱恋的地方已无处寻觅，但公木心中仍然激起昔日爱的波涛。

　　1935年，公木在北平建立了小家庭。赁居西城天仙庵一间北房，度过了一个温馨的寒假。之后，把新婚妻子安排在北平光华女中寄读，便接受河北正定中学聘请前往任教。在正定中学同事中只有姜文彬、王眉徵少数进步教师。"教联"的组织活动不易展开；学生思想极其活跃。公木除担任他们的壁报辅导外，还从事拉丁化新文字运动，这样联系面就突破了他任课的班级。到正定之前，《文学杂志》已被查封，主编谷万川被捕判刑押在南京监狱。在正定期间，公木写的诗文很少，只写过一篇《屈原研究》，又把在滋阳乡师教学中编的讲义加以整理，印行过一本《中国文字学概论》。当时，他并非热衷于著书，只是为了取得在高级中学任教的资格。因为当时政府规定，不是大学毕业生，就必须有专门著作，才可做高中教员。不过书是出了，教员还是没有再当下去。这是因为公木又一次遇到国民党当局的追捕。

在正定中学期间，公木除向学生讲授语文、文学外，还辅导进步学生王瑞等人秘密发起组成读书会，选读《新经济学大纲》等革命进步书籍。公木经常向会员们推荐"左联"出版的报刊，并悉心指点，使学生获益颇多。

1936年11月，绥远抗战爆发，全国掀起援绥抗日浪潮。正定中学高中学生王瑞、卢镇华等人联名向学校提出申请，成立绥远抗日战场后援慰问会（简称"绥慰会"）。迫于全国抗日形势的高涨和学生的多次斗争，校长才允许成立。学生们自动组织起来，召开成立大会，公推王瑞为主席。下设会务、宣传组，对外开展宣传、募捐，并到当地驻军进行慰问、演出和联欢，气氛空前活跃。公木事先已与驻军中的党组织取得联系，介绍了学校中学运情况，望给予配合。12月15日，学生召开庆祝双十二事变取得胜利大会，公木在集会上作了演讲。此时年仅二十六岁的公木，讲起话来滔滔不绝，句句入耳："南京政府是朽了根的一棵枯花树，别看现在是棵'花树'，不久就会彻底死亡的。日本帝国主义呢，也是个氢气球，它升得越高，爆炸的时间就越快。最后只能是落个粉身碎骨，以失败告终。"同学们越听越爱听，听众越来越多。

绥慰会频繁的活动引起校方负责人及训育员和国民党教师的注意。他们背后了解王瑞等人是否接受过共产党的训练，怀疑公木是后台，于是到县公安局告密。夜里，公安局长到学校抓捕王瑞。时值王瑞外出办事，才幸免被捕。校方和当局这些行为引起学生的强烈不满，学生举行罢课，闹学潮。学校当局向省教育厅打报告，称国文教师张永年（公木）是幕后策划人。省教育厅派督学孟扶唐（中共地下党员）赴正定中学调查。孟扶唐暗中到公木家通知其迅速转移回北平，公木又一次逃脱了国民党当局的追捕。

在那腥风血雨的年代，革命者随时面临着生与死的考验。公木两次坐牢、两次险些被捕入狱。公木的战友、参加革命的引路人谷万川，因创办进步杂志被抓捕，关押在南京监狱。公木的妻子涤新，在北平育英中学参加读书会活动而被捕（后获释），这些都不能改变革命者的坚强意志，先辈们对革命理想的执着追求给后人树立了光辉典范。

* * * * * * * * * *

挎枪策马走太行

1937年10月至1938年8月，公木在晋西晋绥军区第二战区总动员委员会工作，任过多种职务，满打满算，时间不过一整年。但在这个阶段，公木创立了数个"第一"，使这个阶段他的人生显得格外重要。他——

第一次作为武装战士到第一线参加抗战；

第一次递交了加入中国共产党的申请书；

第一次写出反映抗战题材的长篇叙事诗；

第一次使用"公木"这个笔名；

……

因此，这一阶段时间虽短，我们也从详叙述。

为什么要去抗日前线，为什么去了晋绥军区，这里有必然和偶然两重因素。所谓必然，就是卢沟桥事变发生后，一批热血青年奋起抗日，在整个华北已放不下一张平静的书桌的情势下，公木和好友孙志远、刘锡麟商量投笔从戎，去参加抗日队伍。最早商定的办法是去河北找孙殿英部队，参加队伍，走上抗日前线。后来几个人被打散，找不到与孙殿英联系的孙志远，自然也就找不到孙殿英部队，这个愿望落空了。公木几经辗转到了西安。在西安遇到好友李洁，李洁已与西安八路军办事处取得联系。公木、李洁、唐般若三人一起到八路军办事处，林伯渠主任热情接待了他们。看他们几个文质彬彬，又喝过"墨水"，便希望他们去延安，说到延安可以去教书。虽说公木曾当过教员，也想上延安，但他的志向是上前线杀日本鬼子。他跟林老说，我还是想上前线去！此时他心里揣着一个不为人知的秘密，就是他已经打听到孙志远在太原，想去太原找孙志远，好一起投奔抗日队伍去前线杀敌。林伯渠了解公木想上前线的意愿后，就介绍公木他们去处于抗日前线的晋绥军区。结果是三位好友分离，唐般若去延安，公木和李洁去晋绥军区。因此可以说，公木去晋绥军区是带有偶然性的。他和妻子涤新商议后，毅然把女儿白桦托付给一户好心肠的陌生人家寄养，两人一起奔赴晋绥抗日战场。

在晋绥，公木实现了人生的三个转变。一是从中学教员、大学生到人民军队武装战士的转变。在这之前，公木已是革命者，但他是用笔做刀枪的，对军事、军人不感兴趣。在北师大上学期间，学校曾组织学生到西山军营训练，公木不上心、没兴趣，多门训练科目不及格，好在糊弄过去了，也没人追究，也没人让"补课"。但在晋绥前线，由于抗日战争的需要，他学会了打枪、骑马等，实现了身份的转换，成为一名文武双全的游击队干部。二是实现了由小资产阶级知识分子向共产主义战士的转变。过去虽已参加革命，但身上还保留着一些自由主义的东西，革命之余还有自己的打算和理想，如想当教授、搞搞学问，但参加绥晋抗战后，他的思想观念起了巨大的飞跃，主观认识发生了重大变化，决定把自己完全献身于民族解放斗争的伟业，献给宏伟壮丽的共产主义事业，具体标志是第一次递交了加入中国共产党的申请书。三是诗人向战士诗人的转变。在抗战前线，自己首先是战士，拥有战士的心，战士的血，战士的眼睛，从战士的情感、战士的体验出发，写出的诗才是战士的诗篇。从水管里流出的都是水，从血管里流出的都是血，从战士笔下写出的诗篇必是战士的呐喊。公木说自己"首先是战士，然后才是诗人"，作为一名战士，他已经把自己献身给伟大的事业，他的诗必然目标更宏大，眼界更广阔，情感更炽烈。随之，这一阶段主题、体裁选择和诗风都发生了很大变化。以上三个方面的转变，体现在诸多方面，第一次使用"公木"笔名并终生沿用就蕴含深意。他把名字"张松如"中的"松"字拆开，把公字前置形成"公木"的组合，含有"此木为公"、"公在木前"的意思。此举绝非随意所为，而是他思想发生转变的必然所致。从这一细节，我们可以看出公木思想上的巨变。故此，晋绥军区这一段经历对公木一生的意义不可低估。

晋绥是山西、绥远的简称。公木到晋绥军区后，先在二战区动委会《动员》杂志社任编辑。曾任神池县与岢岚专区干训班的主任与指导员。一个月后，调到程子华为司令员的敌后游击队任宣传股长，在宣传股里结识了很有文艺才华的陈强、马瑜、何文瑾、贾克等一批热血青年和分配来游击队工作的一些长征战士，其中还有强渡大渡河的英雄。这期间，公木为了宣传，创作了一些活报剧和小唱本，写出来了，就交给陈强他们去演。

游击队的主要任务是扰乱、迷惑敌人，在这儿放几枪，然后急忙换个地方再打几枪，让敌人觉得到处都有游击队，从而产生恐惧心理。一般不与敌人硬碰硬地对打，把敌人吸引过来后，游击队已没了踪影。这样，他们的队伍每天都要钻在山沟里绕来绕去。在战争的最前沿，这些热血青年和不惧艰苦的战士，像春天的种子一样撒播到零落的山村里。他们走进蜿蜒的山谷，又翻过连绵的土山，往往是走了三四十里，才发现了隐藏在山坳里的村庄。那里也不过三家五户甚至是一户人家，有时在较为平坦宽阔的沟地寻到三五十户人家的村庄，这已经是较大的市镇了。条件艰苦，气候恶劣，路途遥远，为了不使大家掉队，公木与宣传股的同志们一边行军一边做宣传工作，直到后面的同志全部赶上来，公木他们再跑步追赶队伍。程子华看到公木这个大学生跑前跑后，间歇还要写作，曾多次爱惜地把自己的马让给公木骑，有时还帮他扛枪，教他打枪，使公木深切体会到在人民军队里，上下级和同志间那种亲如手足的感情。程子华是山西解县人，跟关羽是老乡。他 1934 年 1 月就在第二次中华苏维埃代表大会上被授予二等红星奖章，身上还带着红军生涯给他留下的伤疤。他参加过根据地第二至第五次反"围剿"作战，有着丰富的作战经验。1934 年 9 月调鄂豫皖革命根据地任红二十五军军长，同年 11 月率部参加长征。西安事变后，到第二战区民族革命战争战地总动员委员会工作，任党团书记兼人民武装部部长，中共中央北方局委员。公木与之接触时间不长，却从这位"老革命"身上潜移默化地受到教育和影响。

紧张的行军和繁重的工作并没有让公木搁下手中的笔，军中火热的生活、感人的事迹都激励着他去创作、去讴歌。这期间，公木除了为宣传演出创作一些活报剧和小唱本，还写了一些诗文。由于战地生活飘忽不定、居无定所，诗文稿件大多没有保存下来。这一期间的 1938 年 5 月，公木创作了叙事长诗《岢岚谣》，塑造了岢岚县三丈湾村一位临危不惧的农民英雄娄老汉的形象。娄老汉巧与日本侵略者进行周旋，最后用药田鼠的毒药与八个鬼子同归于尽。全诗采用民歌的形式，活泼、朴实、生动、感人。其中有这样的句子：

三月里，
三月三，
春风不上岢岚山，
河滚水，
鸟啼寒，

二 战士的足迹

塞外黄沙遮青天。
东流一道川，
西流一道川，
两川之间有个庄子名叫三丈湾。
三丈湾，
好田园；
谷米香，
山芋甜，
菜子花开一片黄，
莜麦花开十里鲜。

如此美好富饶的三丈湾，农民却岁岁愁吃愁穿。地主军阀的残酷压榨，使"百姓枯槁受熬煎"。东洋鬼子打进来，更大的灾难降临了。当村里人都上山逃难，娄德明老汉却犹豫不决，要走要留左右为难：

要走吧？
毛驴正卧病，
房子没人看；
窖里有山芋，
缸中有莜面。
要留吧？——
越响越近，

炮声震破三丈湾，
震得心惊胆又颤。
——要走要留左右难！

　　最后他急中生智，将治田鼠的药，碾得又细又烂："撒进清水瓮，/撒进烧酒瓶，/撒进莜面缸，/撒进酸醋坛"，准备毒死入侵的敌人。一切准备好之后，他决心上山去找游击队。但是还没等他撒出，鬼子已闯进院子，逼他烧水做饭。他心里暗自高兴：毒死鬼子的时机到了。但是，饭做好后，狡猾的鬼子和汉奸让娄老汉先尝第一口。为了不引起敌人的怀疑，达到最后消灭鬼子和汉奸的目的，娄老汉喝下有毒的酒，吃了有毒的面食。这样鬼子和汉奸就上了当，都被毒死了。娄老汉也壮烈殉国。长诗充满激情地歌颂了娄老汉"一片忠心如丹染，一片忠心长留在人间"的爱国主义精神。
　　该诗用民歌的表现手法，是民族化、大众化的成功之作。全诗情节起伏，韵律铿锵，扣人心弦。老英雄的形象塑造得很生动。鬼子逼近村庄，村中的男男女女都上山逃难，诗中这样描写娄老汉当时的心情：

独坐茅屋门半掩，
夕阳残照颤东山。
把一天愁闷装进烟斗里，
把一天愁闷化成一缕烟。

一缕烟，

飘不散，

迷迷糊糊缭绕在眼前。

这些诗句，十分贴切地刻画了老人苦闷、不宁的心情。他在左思右想怎样应付眼前的形势，怎样对付鬼子，终于急中生智想出办法来：

一袋烟，

一袋烟，

又是一袋烟。

一点流星忽一闪，

一个急智闯进脑门关，

——年时治田鼠，

这药很灵验……

描写老人经过深思熟虑，终于想出了治服鬼子的办法。

诗中运用比喻、排比、复唱等手法，增强了诗歌的表现力。朴实、生动的大众语言，更增加了诗歌的表现力和生活气息。诗中这样描写娄老汉以身殉国前的情景：

他走到院里，

像梦游，
飘飘然。
耳热脸烧，
口燥舌干，
目晕头眩，
腿颤脚软。
草棚摇摇如倒塌，
金星纷纷似飘散。
伸手摸摸石槽里，
侧身倒卧毛驴边。
窗里群魔狂声叫，
窗上魔影乱一团，
老娄咬紧牙，
挥向一空拳。
重重黑影立面前，
重重黑影是高山。
那高山上啊，
密密枪声成一片。

娄老汉虽然倒下去，但游击队打回来了。参加游击队的儿子、儿媳回到了三丈湾。诗歌的结尾是悲壮的。娄老汉的儿子儿媳见到为国捐躯的爹爹，"二人齐扑地，／抱头扶住肩。／晓风吹，／白发飘飘；

/口血凝，/红痕斑斑。/颗颗热泪滴上老人面，/颗颗热泪滴出骨肉缘。/……/一片忠心如丹染，/一片忠心长留在人间！"

这首诗后来曾被改成话剧，在抗大演出过，郑律成还为它谱过曲。它在宣传抗战、凝聚全国抗战力量方面产生过重要作用，是抗战时期不可多得的爱国主义篇章。

* * * * * * * * * *

哗啦啦的延河水

1990年5月，借去延安参加毛泽东文艺思想研究会年会的机会，公木回到了阔别近四十五年的延安，这一年他正好八十岁，已届耄耋之年，早已看惯世事，心静如水，但踏上延安土地那一刻，仍然像贺敬之《回延安》一诗所描写的那样心潮澎湃。他登上宝塔山，在巍峨耸立的宝塔旁久久矗立，目视着下面远处波涛翻滚的延河水。延安变样了，盖起来许多高楼大厦，延河边也楼房林立，新建的延河大桥上汽车轰鸣而过，但他的思绪仍回到了过去的时光，眼前的延河水哗哗流淌，脑海里一幕一幕忆起逝去的岁月。

从1937年7月7日卢沟桥事变开始，到1945年中国人民抗日战争胜利结束，非常幸运，在这八年里，公木的大部分时间是在延安度过的，1938年8月，为护送几位不适于在前方工作的女同志回后方，公木西渡黄河到了延安。1945年8月24日参加东北文艺工作团离开延安，公木在延安工作、战斗、生活了七个整年。这是人生中最好的一段青春年华，是人生中最激情四射勇于创造的时期，也是自己在实践中锻炼进步奋发有为的时期。激情在澎湃，记忆在拓展，过去早已封闭在内心的镜头，都一个个次第涌来，再一次敞开胸襟，再一次梳拢白发，把一切定格在四十五年前的延安。

不能忘记在抗日军政大学的四个月学习生活。在这个校门不大，上方书有"中国抗日军政大学"八个大字，两侧书写"团结、紧张、严肃、活泼"校训，哨位上有门岗肃立的校园内，聚集着一群中华民族的优秀子孙、热血青年。这里是一座熔炉，进来的是矿石，出来的是精钢；这里是森林，进来是幼苗，出去时是参天大树。公木有幸成为其中一员。他第一次在军校接受正规训练，换上灰色的棉布单军装，扎上灰布裹腿，腰间系一条军用腰带，被编进瓦窑堡抗大第四期一大队四中队第四小队，一大队的政委是年轻的胡耀邦，大队长是新中国成立后的中国人民解放军海军上将苏振华。

这所学校前身是1933年11月在瑞金由中央红军学校改成的中国工农红军大学。1937年初在延安正式改名为中国人民抗日军事政治大学，简称抗大。毛泽东任抗大教育委员会主席，亲自为抗大规定了"坚定正确的政治方向，艰苦朴素的工作作风，灵活机动的战略战术"的教育方针和"团结、紧张、严肃、活泼"的校训。林彪任校长，刘伯承任副校长，罗瑞卿任教育长。毛泽东在抗大二期开学典礼上明确讲道："抗大像一块磨刀石，把那些小资产阶级意识——感情冲动、粗暴浮躁、没有耐心等等磨他个精光，把自己变成一把雪亮的钢刀，去创新社会，去打日本。"

公木他们这一期学员共五千五百六十二人，绝大部分是来自各地的知识青年。由于此时各地知识青年奔赴延安的比较多，抗大学员人数也急剧增加，因而除二、三、四、八大队留在延安附近外，其他队均移往外地。何长工为队长的五大队移庆阳，韦国清为队长的六大队移洛川，徐德操为队长的七大队移蟠龙，公木所在的一大队移往瓦窑堡米粮山。瓦窑堡距延安九十公里，是子长县（原安定县）政府所在地。

尽管抗大学制只有六至八个月，但学的东西却是很丰富的。在编制和生活方面完全按照军队的方式，甚至比军队更艰苦些。白天八小时上课和训练，晚上两小时自修，主要学习内容是军事和政治。上课时没有教室，不管盛夏和严冬，都在露天上课，地上竖块小黑板，每人坐个小板凳，一面听讲一面做笔记，敌机来轰炸就躲进窑洞，走了就出来继续上课。他们吃的是小米饭干豆角，水碗挂在腰里随时带着，所有用品如衣服书籍等放进枕套就是枕头，土坯台子用纸一糊就是桌子。他们每星期至少开一次生活检讨会，开展批评与自我批评，经常参加部队演习和拉练。公木和比自己小许多的战友一起听课操练、摸爬滚打，经过严格训练，接受严格的纪律约束，从一名老百姓、一名中学教员、一名尚未最后完成学业的大学生，成长为一名标准军人、一名随时准备奔赴前线的八路军战士。而更为重要的是，就是在这里，他实现了入党的梦想，成为一名光荣的党员。从1930年加入中国共产主义青年团算起，到入党时已经八年了，八年来他按照党指引的方向前进，两次坐牢，两次被追捕，逃到乡间教书，辗转山东、河北、北平，颠沛流离，参加抗战后又在晋绥打了一段游击，经受了血与火的考验。党组织考验了他，接纳了他，他也对党有了更明确、更正确的认识，明白了只有共产党才能救中国的道理，看到了只有中国共产党才能领导中国人民救亡图存，使中华民族走上复兴之路。在抗大，他最终选定了自己一生的政治方向，铁定成为一名共产主义战士，为实现共产主义奋斗终生。1938年入校，两个月之后，即在党旗下宣誓，实现梦想。又过了两个月，他以优异成绩终止学业提前毕业。他多么想持枪冲上前线，奔赴杀敌的战场，但最终还是接受组织分配，调任抗大政治部宣传科时事政策教育干事。这期间的工作状况，公木的战友朱子奇有一段精彩的叙述：

我和公木都是抗日军政大学毕业的，1939年10月和公木同在抗大政治部工作，一起生活学习，上山劳动，一起锻炼成长，写诗歌唱。他担任全校的时事政策教育工作，经常身背黄挎包，带着地图、讲稿，有时还拿根打狼棍，早出晚归，风雨无阻。他爬山过河，满头大汗，快步如飞。那股劲儿，给我们留下深刻的印象。他热心给学生干部宣传党的时事政策、讲解国际形势。他知识丰富，观点明确，语言生动，常引起听众的欢快笑声。

我曾经写过一篇特写《我们胜利了》，发表在1939年12月的《新中华报》上。写我们在山上劳动，身背黄挎包的老张来了（我们都叫他老张）。"老张来了！"大家高兴地喊着，并将活停下来，听他给我们讲时事。他满头大汗，报告苏联红军出兵进入乌克兰西部罗夫城，城里的人民群众高呼："乌拉！"出来欢迎红军。一片谷子都割完了，要收工回家了。每个人都坐在金黄色的谷堆上，听老张的报告，听完了就"我们胜利了！我们胜利了！"地欢呼起来。好像我们中国八路军在荒山上劳动，与苏联红军在辽远的战场上的胜利连成了一片！于是我就写下《我们胜利了》，也写了老张。这篇特写，作为"抗大一日"的代表作，被选上参加陕甘宁边区报告特写优秀作品展览。

在做好本职工作的同时，公木坚持业余进行诗歌创作。晚上在寒冷的窗户都破了的窑洞里，在暗淡的只有一根灯芯的小油灯下埋头写诗。有时，冷得发抖，就用一条旧毯子披在身上，用嘴哈着气，暖暖手，再写，再写。他和音乐家郑律成合作的《八路军大合唱》，就是这样完成的。

1941年5月，中央军委直属队政治部为了加强部队文艺工作，正式成立军直政治部文艺室，时任总政组织部长兼军直政治部主任胡耀邦，点名让公木任主任。胡耀邦1938年任抗大一大队政委时，深得知识青年学员的爱戴，并以善做知识分子工作而闻名，当时公木就在抗大一大队学习，地点在瓦窑堡。据公木回忆，当时有个别南方的年轻学员，吃不下北方的小米，要求调离，胡耀邦总是那么坦诚待人，又循循善诱："陕北好地方，小米子熬米汤。吃不下？只管吃！拉不破嗓子。是人降水土，还是水土降人？不几天就习惯了，管教你越吃越胖！"公木作为一名较年长的学员，也曾协助胡耀邦做过一些思想工作，胡耀邦对他有些印象，而公木作词的《八路军大合唱》也已经在延安流行了起来，所以决定成立军直政治部文艺室的时候，胡耀邦首先就想到了公木。从此公木的生命行程开始了一个新阶段。按照上级服务抗战、鼓舞士气、勇于创作、多出作品的要求，公木带领全室战友很快行动起来，他们主要做了三项工作：（1）创办了一个综合性的文艺刊物——《部队文艺》；（2）成立一个文艺团体——鹰社；（3）置办了一个大型墙报——《蒺藜》。为了开展这三项工作，文艺室的十来位同志绞尽脑汁跑断了腿，可以说是尽心尽力，各项活动开展得有声有色。文艺室人才济济，有朱子奇、方杰、李溪、阿甲、李洁、周若冰、晋驼，后来又有侯唯动、李尼加入，大家彼此信任、理解，相处和谐，除了完成本职工作，每人都发挥才艺，进行文艺创作。晋驼埋头写小说着了迷，通宵达旦，废寝忘食，蝎子爬进裤裆里也没察觉，一时间成为笑谈。1990 年诗人侯唯动以此期间生活情况为背景，写了一首诗《梦见公木》，诗中有"顺着延河转 / 缓行杜甫川 / 倏地彩云端 / 握手又拍肩 / 山半腰小石桌 / 石凳团团坐 / 方杰、李洁、沙英 / 满面春风"等诗句，便是公木那一段文艺室工作的情景再现。

  1942 年 5 月 2 日，公木以部队文艺代表的身份参加延安文艺座谈会。请柬是在此之前的 4 月 28 日收到的。请柬由毛泽东、凯丰签发，红色油光纸油印。全文如下：

    为交换对于目前文艺运动各问题的意见起见，特定于五月二

日下午一时半在杨家岭办公厅楼下会议室内开座谈会，敬希届时出席为盼。此致

　　公木同志

毛泽东　凯丰　四月二十七日

公木看完请柬，激动不已。他立刻召集文艺室同志传阅了请柬，并征询大家对文艺工作的意见，同志们兴高采烈地谈了很多，衷心希望领导能派更多的作家到部队，重视写兵，培养兵写兵。在座谈会开始前，周扬向毛泽东介绍公木说："他就是公木，《八路军大合唱》歌词的作者。"毛泽东高兴地握着公木的手说："好，写得好啊。写兵好，唱兵好，要写八路，要唱八路。"公木激动地回应："听主席的话，好好学习，多写八路军战士。"

在会上，毛泽东就文学艺术的性质、作用等问题作了一个开场白。最后他提出，希望与会同志对此能多多地发表意见。公木就写兵和兵写兵的问题作了发言。

5月8日，分组讨论，公木和萧三、柯仲平等人分在一个组。柯仲平关于"普及与提高"的发言引起公木的思考。公木认为：民歌体旧瓶装新酒是普及；自由体需要创造性的语言，这就是提高。前者多用于叙事，后者更适于抒情。毛泽东在一旁听取大家的发言，并记下发言的要点。

5月23日下午，毛泽东就讨论提出的问题作了总结性发言，即《在延安文艺座谈会上的讲话》。座谈会结束后，公木和大家蜂拥到

办公厅前与毛泽东等中央领导合影留念。

延安文艺座谈会之后，为了更好地走文艺大众化的道路，到实践中创作更多的文艺作品，又加上军队机构调整，成立近两年的文艺室撤销，公木结束做了五百四十天的部队文艺工作。胡耀邦主任和邓飞副主任出席撤销文艺室座谈会，对文艺室一年半的工作给予充分肯定：方向正确，思想健康，干劲十足，成绩显著。不久，公木去鲁迅艺术文学院参加整风，开始了在鲁艺工作的新历程。在鲁艺工作期间，他有了新的工作环境，新的人生体验，也有了新的努力方向，就是按照毛泽东的要求，努力为工农兵服务，走一条文艺和大众相结合的道路。他为此进行了不懈的努力，并取得了突出成果。

1943年春节前后，公木和作曲家刘炽赴陕北子洲县马蹄沟镇十里盐湾收集民歌，协助盐工闹秧歌、写歌词，前后两个月时间。

1943年二三月，改写《鸟枪的故事》。不久，他根据自己在大生产运动中的切身体会和所见所闻写成通讯，与他人合编出版了《生产前线》一书，毛泽东为该书题字。

6月，为反内战作《我们的进行曲》一歌歌词，郑律成谱曲。

1944年春，公木与厂民（严辰）、何其芳等鲁迅艺术文学院师生去东山采集和整理陕北民歌，辑录陕北民歌信天游，编写成一个红军恋爱的故事，有三四十句，从中表现出老百姓对工农红军的热烈拥护和革命乐观主义精神。

秋天，与诗人天蓝同去南泥湾访问，看到昔日一片荒草丛生的南泥湾，经过三五九旅的治理，现已变成"陕北的好江南"深受鼓舞，拓宽了创作的视野。

冬季，与鲁迅艺术文学院戏剧音乐系的孟波、刘炽、于蓝、唐荣枚赴陕北绥德地区，帮助盐工闹秧歌，采录民歌，编写歌词。

1945年春节，在绥德十里盐湾闹秧歌，写歌词，采录民歌。不久，任鲁迅艺术文学院文学系新生班班主任，负责教学工作。

2月3日，作唱词《十五大任务打花鼓》、《联合政府领唱秧歌》、《下南路》等。作诗《十里盐湾——种盐英雄郭富才》、《十瓢水》(《十里盐湾》小唱之五)、《人人都说种盐好》(《十里盐湾》小唱之一)。

公木在鲁艺工作这一段时间忙忙碌碌，生活很充实，创作也取得丰收，心情非常愉快。这期间，他曾作《七律·信天游》一首，可见其当时的心境。

  鹰鹞盘飞宝塔头，
  轻烟散绕桥儿沟。
  赶脚毛驴走得得，
  货郎扁担颤悠悠。
  战士归来骑白马，
  田夫耕罢吆黄牛。
  十里歌声唱不断，
  漫坡遍野信天游。

公木在延安度过七年，经历过抗大、军直政治部文艺室、鲁艺三个时期，在这里，他由青年步入中年，进入了人生的第一个辉煌期，创作了《八路军进行曲》等一系列歌词，应邀出席延安文艺座谈会，主持军直政治部文艺室工作业绩不菲，到鲁艺积极走与大众相结合的文艺道路成果丰硕，为今后的人生道路、文学创作、学术研究奠定了坚实的基础。在延安，他也受到过挫折，婚姻的失败使他内心受到创伤，但火热的斗争生活抚平了这个创伤。在延安，公木也曾受到过委屈。在审干中，由于公木在文艺室工作时主持出版了《蒺藜》墙报，并在上面发表了讽刺诗《大围墙》、《小围墙》，联系他过去被捕入狱旋即又被国民党释放出来的历史，从而被怀疑为潜入到革命队伍中的暗藏特务，列为"抢救"对象受到逼供审讯。康生是个搞极左的人，曾驻莫斯科共产国际多年，头脑中有许多苏联肃反的经验，以致审干运动一开始就走偏了方向。他认为，抗战初期到延安的青年，许多是经过国民党特务训练后派进来的，延安特务如麻。于是，对抓到的人大搞"逼、供、信"，然后抓出一个"抢救失足者经验"。康生在延安作了"抢救失足者"的动员报告，随后各单位掀起"抢救运动"，大搞"逼、供、信"，从而出现许多冤假错案，干扰了审干工作的正常进行。公木对"抢救"产生了怨气，对通过"逼、供、信"手段进行审干持怀疑态度，认为审干是正确的和必要的，但"抢救运动"是错误的，伤害了一些好同志。

　　四十五年过去了，在延安生活的每一件事，都值得留恋，连那些创伤、挫折、不快、委屈等都值得一一回味。因为幸福和痛苦，欢乐和悲痛，从来都是联结在一起的啊。站在宝塔山上，眺望延河水，延河水逐浪而行，公木的思绪也随之流向了更远更宽阔的地方。

* * * * * * * * * * *

镌刻在东北大地上的脚印

东北有嘉木，

挺拔知根深。

不与争春色，

自有岁寒心。

……

在公木八十寿辰时，臧克家特赋诗一首，题目是《东北有嘉木——祝张松如（公木）老友八十寿辰》。"东北有嘉木"，不仅是对公木品格的赞誉，也是公木长期在东北生活、战斗、工作的写照。

纵观公木一生，他一辈子有大半时间是在东北度过的。公木享年八十九岁，我们对其一生所生活的地方进行切割分拆，对此就看得更加清楚。

公木从七岁到十七岁在家乡及正定上小学、中学。1928年到北京上学，至1937年卢沟桥事变后离开北京，这一段时间近十年（期间曾去河北正定、山东滋阳教书各一个时期，此处不细计）。1938年8月到延安，至1945年8月离去，共计七年时间。从1945年10月到达东北，至1954年秋从沈阳调北京，共计九年时间。1954年到北京文学讲习所任副所长、所长，至1959年1月只身下放长春，共计四年时间。从1959年1月到长春，至1998年10月30日逝世，共计三十九年时间。细细算来，公木前后两段共计在东北四十八年时间，占去一生八十九年岁月的一半还多，他把一生中大多数时光都洒在了东北这块热土上。

公木不仅一生中在东北生活时间最长，而且足迹遍布东北的许多重要城市。他在吉林省长春市、通化市创办过大学，从事教育工作；他在哈尔滨、佳木斯市经历过创办大学的重要阶段；他在辽宁鞍钢从事职工教育工作，后调至沈阳在中国作家协会沈阳分会短暂停留。由于有一段时间"劳动改造"和"文革"时期的开门办学，公木的足迹也到过广大的东北乡村。东北这块土地，给了公木历史文化的滋养，提供了生活和工作的条件，使他创作激情再度迸发，写出《英雄赞歌》的歌词，写出《中华人民共和国颂歌》等著名诗作；这块厚重的土地承载着他，使他沉下心来从事学术研究，取得了《老子校读》、《第三自然界概说》等累累学术成果；东北这块获得新生的大地感染着他，使他在杏坛孜孜不倦地培育学生，育得桃李满天下。在长达四十八年的生活工作中，公木这个"燕赵之子"融入了东北这块黑土地，与之结下了深厚感情。

在东北，公木经历了血与火的考验，不能忘记，他在创办东北大学时那段极为惊险和惨烈的一幕。

1946年5月22日深夜，根据东北局的指示，学校北撤。校领导白希清、舒群作紧急报告。学生纷纷响应号召，坚决跟着共产党走。在教育长公木带领下，黑夜徒步跟着十二辆装载物资、设备的大车北上。5月23日上午，到达米沙子车站后，乘闷罐车北上到达丁家园车站，遇到国民党飞机的扫射和轰炸，司机被炸死，学生马希文牺牲，苏庆儒等十三名学生受伤。师生环立于马希文同学遗体周围，沉痛追悼死难者。公木怒火中烧，义愤填膺，在致悼词（"五·二三"悼词）时控诉国民党反动派杀害青年学生的暴行，号召学生要把仇恨投向国民党反动派。他说：马希文之死再一次表明，东北青年要想获得解放，只有坚决地跟着共产党前进。他利用这件事加强对学生的政治教育，自己也做好牺牲的准备，不惜一切也要完成学校搬迁任务。6月1日，公木和东北大学最后一批师生到达佳木斯市，实现战地搬迁、按时开学的计划。

在东北，公木创造了人生辉煌中的众多辉煌。不能忘记，他在鞍钢主持职工教育时所创造的骄人业绩。

1951年9月，公木调任鞍钢教育处处长。到鞍钢以后，公木遵照毛泽东"要出钢铁，要出人才"的指示，全力献身于黑色冶金企业职工和干部的培训工作。他亲自动手编写教材和学习资料。他编写的《教育手册》，1952年由鞍山钢铁公司内部印行。他编写的《速成培养工人技术员的经验》，1953年由东北人民出版社出版。他还亲自为职工讲课、作报告，经常深入基层，到工人中了解情况，为鞍钢的职工教育开创了新局面。整个鞍钢十几万人，组织了五万人的教育网，目标是十五万人，生产第一线的七八万人（连基建十多万人），上至经理，下至每个工人，都要受到教育。鞍钢有个老干部学校，当时公木自己也上学。每天早晨念两个小时书，工程师、技术员、工人都学习。有业余学校，有正式学校，组织成教育网。这样鞍钢实际成了一个大学校，为全国职工教育工作树立了榜样。

1984年，《当代鞍钢》编委会邀请公木写稿，回忆在鞍钢工作时的情况。他欣然写了一首长诗《黄花颂》。在《黄花颂》一诗中，他回忆了多少年来时常浮现在自己记忆屏幕上的一件往事。

  1953年秋天一个深夜里，
  送我去梦乡，刚要启程时，
  电话铃响了，把我从床上唤起，
  朦胧里飘浮着一个大问号，
  忙伸手抓起耳机。

  "喂，喂，喂，你是张松如？
  鞍钢教育处长？"
  "啊，啊，我是，我是。"
  "喂，喂，我是北京，
  中共中央办公厅。"
  "啊，啊，什么事，什么事？"
  "毛主席刚刚看过你们的工作总结，很满意，
  向你们祝贺！"

我一下子睡意全消，
　　猛回身将老伴推醒。
　　有困难分担，
　　困难就折半减轻；
　　有福共享，
　　幸福就加倍地变浓。
　　……

　　党中央、毛主席的肯定和鼓励是对鞍钢教育处工作的最高奖赏，作为教育处处长的公木，自然沉浸在幸福之中。1953年8月，公木写了《鞍钢培训工作检查总结报告》。这个报告在鞍钢召开的大会上宣读，并形成文件上报中央。毛泽东对这份工作报告很满意，让中央办公厅打电话表示祝贺。《黄花颂》一诗记叙的就是这样一种情景。公木讲过，他本来是不愿意离开鞍钢的，但当时分管文艺工作的周扬在视察鞍钢时看见了他，认为公木做文艺组织工作更为合适。周扬在延安时就熟悉公木，了解他出众的才华和憨厚的为人，愿意把他调到自己"麾下"，应该说这个决定也是合适的。公木虽然对鞍钢恋恋不舍，但还是愉快服从了组织决定。

　　在东北，公木也遭遇过人生挫折。在东北大学（后改为东北师范大学）工作时，在学校向正规化转变的问题上，以校长张如心为代表的部分老干部认为从短训班过渡到正规化大学，主要问题是谁领导谁的问题。我们共产党人、老干部不仅应该领导，而且能够领导正规大学。而以公木、智建中为代表的部分中年领导干部则认为学校向正规化转变，为了适应新形势，以便更好地领导学校工作，老干部当然要继续领导，也能够领导，而前提是必须钻研业务、加强学习。如果不懂业务，就难以胜任领导工作。认为学校要有学术研究空气，学校对知识分子要给予信任，生活上要适当照顾等。这本属党内同志在工作上的意见分歧，但由于"左"倾思想的干扰，上纲上线，学校党组织多次召开党员干部会议展开了对所谓"旧型正规化"的批判。会上令公木、智建中进行检讨。公木主张正规化办学校，并编写过校则与校志，都被列为错误，并无端遭到诬陷，被扣上"右倾机会主义"的帽子，给予留党察看的处分，并将他调离工作岗位。几年后经过申诉，虽然组织上撤销了处分，但在公木心中留下了不浅的创伤。

让公木同样忘记不了的是，在他遭受人生磨难时，是东北接纳了他、呵护了他。1958年夏季被错划为"右派"后，他心里确实有些迷茫，不知向何方而去了。就在这时，从杨公骥教授那里了解公木处境的吉林省委宣传部部长宋振庭明确表示，欢迎公木到长春去，由此公木又和东北结下了不解之缘。巍巍长白山，辽阔大东北，森林煤矿，大豆高粱，冰天雪地，铁马雄风，给公木留下热烈、温暖的美好记忆。公木在长春的工作、生活相对稳定，他在这里度过后半生，达到了人生事业的高峰，在教学、科研、创作方面取得了丰硕成果。

三 坚定的信仰

"假如让我得重生"

一个人，如果没有信仰，就等同行尸走肉。

一个人，如果没有正确的信仰，将会对社会和他人造成伤害。

一个人，如果树立了正确的信仰而不能始终坚持，甚至成为《红岩》中"甫志高"那样的叛徒，将遭人唾弃。

一个人，如果选择了正确信仰，又能长期坚持终生不渝，必然会有所成就，有益于人类社会，受到人们的崇敬和爱戴。

公木是一个选定了正确信仰而又终生不悔的人，他和许多共产党人一样方向明确，信仰坚定，不管顺境逆境，都坚守如故，表现了坚定的政治操守和无私无畏的品格，为人民的福祉、党的事业、中华民族的发展进步作出了贡献，自己也实现了人生价值。人们怀念他、追思他，更要学习他坚守信仰终生不悔的品格。

1930年1月，由郝培庄介绍，公木和孙志远加入了共青团，在北师大医务所的一间小病房中秘密进行了庄严宣誓。宣誓由万九河主持，市里派一名代表李续刚（又名李又常，也是北师大同学）监誓。公木从此走上了革命道路，而在当时公木的心中，他已经是共产主义者了。他根据团组织的指示，首先在北师大成立了新兴文学研究会，通过阅读进步书刊和新文学来宣传革命，团结和吸引广大师生，开展党团组织的工作。不久，公木加入华北左翼教师联盟，并被选为执行委员。此外在校内又先后发起并参加中国社会科学家联盟、北平文总和北平读书会等组织。他还和谷万川接受党的指示，在北师大筹建北方左翼作家联盟北师大小组，公木任组长。他从参加团组织开始，就把自己置于党的领导下，一切按党、团指示去做，并创造性地开展工作。

1938年10月，公木在陕北瓦窑堡抗大一大队，经马文介绍加入中国共产党。从1930年入团到此时入党，经过八九年时光，这期间，他在严峻斗争中经受考验，先后两次坐牢。以后公木还有过两次被追捕都机警逃脱的经历。以上情况说明，公木不仅革命斗志坚强，还积累了丰富的对敌斗争经验，不断成长进步，从入团开始初步选定政治方向，到在瓦窑堡入党，八九年时间大浪淘沙、沙里淘金，多处多地的斗争考验，昭示公木已与小资产阶级思想彻底决裂，开始成为一名真正的共产主义战士。而这八九年间，公木也进一步通过观察、考察，更加明晰地认识到，在中国，只有中国共产党的领导，才能拯救民族于水火之中，才能将日寇逐出国境，中华民族才有光明前景。一个知识分子只有跟着党前进才有前途和光明的未来。因此，冒着纷乱的战火，他南下找党；因此，他才在西安"弃儿"、置女儿的生死于度外，奔赴抗日前线；因此，他才西渡黄河，到了当时全国青年人向往的革命圣地延安。"入了党，就是党的人，一切听从党的安排"，公木农民式最质朴的认识，也是最坚定、最深刻的认识。从此，他把一切交给了党，交给了壮丽的共产主义事业，奋斗一生，坚持一生，至死未悔。

这种情感认识，公木在多首诗中表露过。尤其在遭到挫折时，这种情感更加浓烈。尽管屡屡遭受磨难，他也毫不沮丧，对党和人民披肝沥胆。这种思想感情突出体现在《答友人·三首》中。其中一首写道：

> 一从结发读宣言，
> 便把头颅肩上担。
> 遵命何如革命易，
> 求仁自比得仁难。
> 穷途未效阮生哭，
> 晚节当矜苏子坚。
> 问俺早知这么样，
> 早知这样也心甘。

诗是答好友龚棘君（杨公骥教授）的。"在林彪、'四人帮'炙手可热的时日，龚棘倍受冲击，半身瘫痪，还被迫上山下乡，携妻将雏，伴书篓三十余只，辗转泥途中，美其名曰走'五七'道路。三年后又被召回，书物颇有遗失，书篓中耗子作窝，生活非常狼狈。有个年轻同志见而怜之，慨然说：'师乎！早知今日，悔不当初吧。'意谓，如果能够卜如今的下场，早年大概就不会投奔革命了。龚棘凛然相告曰：'共产主义，任重道远，自在意中，何容选择？'因致书于我述其事，且喟然叹曰：'我辈之不为人知也类如此。'因作三律以答之。"公木回顾了参加革命的经过，接着述说了追随革命的不易和艰难。当时公木和好友都身处逆境，遭"纷纷白眼"，潜"猪棚淘粪"，自嘲"打开书篓抓耗子，好汉从不皱眉头"。但是紧接着异峰突起，直抒胸怀："穷途"即遇到挫折时，绝不像"竹林七贤"之一阮籍那样"辄痛哭而返"，而是要像汉朝名臣苏武那样保持美好的晚节，忠于祖国和人民。最后用极其朴素的语言表明：早知今日如此也心甘情愿，绝不后悔。这是和好友的共勉，也是公木的自励。诚如他在本诗追记序言中说的："是的，在国民党反动派的统治下，有特务盯梢，遭牢狱禁锢，是理所当然；生活在林彪、'四人帮'当政的年月，遭受摧残与打击，也是势有必致。凡此一切，都叫阶级斗争，没有什么不平和不满可说，只需要正视它，力求知己知彼，时刻准备着，力所能及，自强不息。"这正是公木自身形象的具体写照。

  假如让我得重生（四首选一）
   假如让我得重生，
   定必这般约略同。
   尽管迷离离失落，
   依然轰响响光明。
   几多事后诸葛亮，
   谁个潮前毛泽东。
   逆反反逆凭辩证，
   河殇不废太阳升。

这四首诗是公木赠老友艾青的。1991年8月，在艾青作品国际研讨会上，公木朗诵这组诗作向艾青贺寿，引得艾青深深共鸣。公木在第一首诗中明确表示对一生的追求和信仰无怨无悔。他真诚地表白："假如让我得重生"，"我必定不改初衷，继续与历史主线相结合，不是相游离，更不是相违背。纵使无容逃避地要穿越失误又痛苦的盘根错节，仍必坚执剥寻真理的镌刻刀，经受得住任何'干雷'、'酸雨'的'袭礼'和'烤验'"。被错划为"右派"后，遭受二十年磨难，但公木的信念不变，指向不变，对党的感情不变，始终坚信党的领导。他不仅自己渴望有一天回到党的怀抱，而且鼓励自己认识的同志积极加入党的组织。原长春地质学院教授李沐荪感受尤深，曾回忆道：

我当时31岁，不是党员，被打成右派后，思想很苦闷。公木引导我看了不少书，其中有《反杜林论》和黑格尔的哲学著作等，还赠送我一本列宁的《哲学笔记》，这对我帮助很大。更为难能可贵的是，他被打成了右派，开除了党籍，仍对党没有二心，多次鼓励我今后要努力争取入党。我要求进步和他的帮助分不开。

公木和李沐荪是在农场"劳动改造"相识的，分手后曾几次询问李沐荪是否申请入党。当李沐荪提出入党申请后，公木又和他谈心，指出应当怎样去争取进步。在公木的帮助下，李沐荪经过长期努力，终于实现心愿，加入了中国共产党。

吉林省图书馆的全恩辉在"反右倾"中被"拔白旗",受到过处分,公木帮助过他,开导过他,让他正确对待这些挫折。全恩辉回忆:

我永远记得,那是1961年末的一个雪花飞舞的初冬,在我步行送他到吉林大学招待所途中,他拍着我的肩膀,以几许超然的语气,亲切鼓励我说:"我年轻时,曾一度为报国无门而上下求索过,那是多么苦恼的事。比起那个黑暗的时代,你们这一代毕竟幸运多了。你们有理想、有信仰、有目标,尽管人生道路上也会遇到坎坷,遇到些麻烦,但命运终归掌握在自己手上,你要坚信自己的选择。在结合本职业好好工作、加强学习,不断充实自己之外,要摆脱世俗的喧嚣,力戒自我消沉和浮躁,任人非议,勇敢地去走自己的路。"……"比如作为一名战士,为抢救战友而受到伤害,或者本是去救死扶伤却遭人误解乃至诬陷,那他仍是战士。难道还有因那些伤害、误解和诬陷,不再战斗下去的战士吗?"

吉林大学中文系教授郝长海回忆:

1978年,公木老师的冤案昭雪后,他向党支部提出了重新入党的申请。在讨论他重新入党的支部大会上,公木老师给我上了一次生动难忘的党课。当他讲到今天能参加支部大会,能向党组织和同志们汇报他为什么要重新入党时,公木老师激动地哭了："我是一个犯了错误的孩子，曾一度被母亲赶出了家门，今天母亲又宽容地让我回家……"说到这里，他已泣不成声，在座的所有党员都已热泪盈眶。其实，是党犯了错误，可公木老师一点也没有述说自己所受的委屈，表现了一个老共产党员对党的深厚感情，对党的事业的执着和迷恋。这次支部大会是我入党以来印象最深的一次会议，在公木老师身上，我看到了一个老革命对党的赤胆忠心，受到极大的鼓舞和鞭策。从此以后，我对公木老师更加敬重，并产生了要研究他、宣传他的想法。

公木的女儿白桦回忆：

1982年我从新疆返兰州后，即去长春探望父亲，闲谈中我直率地问父亲："您对'反右'和'文化大革命'是怎么看的？"父亲很认真地对我说："对于过去和现实中出现的问题，我们（父亲指的是像他们这一代老共产党人）都有责任。工作是我们做的，我们没有做好工作，才会出现这样、那样的失误。"他微笑着指着自己继续说："运动中连自己也被划了进去，这都是我们没有做好工作的原因。"我听了觉得很新奇，原来父亲在戴着"右派"帽子的时候，在"文革"中受批斗的时候，他的思想，他的心都坚守在革命队伍中，仍然把自己当作永不掉队的、但"没做好工作"的革命战士。父亲还十分关心地对我说："你们的道路还很长，历史总是向前发展的。你要坚定革命信念和信心，这在任何时候都很重要。"

公木有坚强的党性，对党忠诚，终生不动摇自己的信仰，但他不是"愚忠"，不是"一味盲从"，而是基于理性的判断和认识。他坚信共产主义信念，坚信共产主义才能真正实现世界大同，尽管前进道路上有一些挫折，但"弯弯曲曲弯弯曲，侧侧平平侧侧平"（公木诗句），道路是曲折的，前途是光明的。他说："你看那黄河，从发源地下来，曲曲折折，拐了多少弯，但它依然奔腾向前，终将流入大海。"

以上的事实充分展示，公木在坚守共产主义信仰方面为我们树立了典范。也许在现实生活中，有人不能理解他的行为，提出这样和那样的疑问。不容讳言，在当今的市场经济大潮下，人们的信仰开始缺失了，甚至一些领导干部忘记初心，丧失了信仰，堕落成人民的罪人，成了大大小小的"苍蝇"和"老虎"。这是我们非常痛心的，也是一些人不再崇尚信仰的原因。但是，我们假如把公木的表现和老一辈无产阶级革命家放在一起，和无数为共产主义事业牺牲的先烈放在一起，我们就会深深理解公木的行为。如果老一辈革命家没有坚定的革命信仰和坚强的党性，就不能前赴后继、百折不挠、抛头颅、洒热血，最后夺取革命事业的胜利；如果没有坚定的信仰和坚强的党性，党的地下工作者在早上出门不知道晚上还能不能回家的日子里，恐怕连活下去的勇气都没有；如果没有坚定的信仰和坚强的党性，那些被押在重庆渣滓洞、白公馆的共产党人，就不会视死如归，随时做好牺牲的准备。他们坚信，革命事业是正义的事业，必定会有胜利的那一天，同时，他们怀着必死的决心，拼命进行战斗，确信光明必然到来。因为有坚定的信仰，便有智慧；因为有牺牲的决心，便产生了勇气。有了智慧和勇气，便会视死如归，大义凛然，就会为远大的目标牺牲个人的一切利益，这就是信仰和党性的力量。有了信仰和党性，我们的内心就能够强大，任何敌人也摧不垮我们，即使灭掉了我们的身体，也灭不了我们的信仰。

一个共产主义者能为共产主义事业献出一切，自己受一点挫折、委屈又有什么呢，这就是公木等共产党人在挫折面前泰然处之的根本原因。今天在中华民族伟大复兴的征程中，树立正确的信仰非常重要，"不信东风唤不回"，只要大家一起努力，信仰就会在全社会凝聚起巨大精神力量。

* * * * * * * * * * *

在"劳动改造"的日子里

1959年元旦，这是一个奇冷的日子，公木从北京坐火车到长春，一个人在吉林省人委招待所孤独地度过了节日。节后第五天，组织上安排他到吉林省图书馆任馆员，半劳动，半工作，公木愉快地接受了分配。

当时在吉林省图书馆工作的年轻人高宪民，清楚地记得公木到馆里报到时的情景，他回忆说：

我和公木先生相识是在1959年1月的一个星期天。上午十时左右，我一个人在男独身宿舍看书，听到敲门声，就说"请进！"门被轻轻推开了，走进一位五十岁上下的男同志，中等身材，面目和善而深沉，头戴中国传统式皮帽，身穿青色皮领棉大衣，脚是黑布棉鞋。我问："你找谁？"

来人轻声细语地说："我是来省图书馆工作的。"

我心头一震，忙站起来，说："您是公木老师！"

先生连忙摆手："别称老师，我是张松如，以后叫我老张，请多帮助。"先生看了看宿舍，问了问有没有床，就走了。

当时，图书馆刚从呼伦路等地搬至新民大街新楼。一楼大厅各类图书堆积如山，全馆经常半天工作，半天劳动，把外文书、影印书用麻袋装了（每袋书重75公斤以上），从一楼搬到三楼。一百五十多斤重的麻袋连我们小伙子都望而生畏，何况先生已年近半百。先生背起麻袋，一干就是三个多小时，直累得汗流浃背，气喘吁吁，但先生从来不叫苦，不说累，咬紧牙关坚持干到下班。

高宪民的回忆让我们看到了公木在图书馆"劳动改造"时的一些片段。纵然繁重的体力劳动和困难时期的饥饿使他健壮的身体消瘦了，体重由一百六十多斤，减到一百一十多斤，然而他在精神上还是那样的充实。每天扔下笤帚、淘粪勺，或者是整理完图书目录、索引，就坐在图书馆后楼自己的住室里潜心读书。晚上不管是繁星满天，还是乌云密布，那间斗室总有如豆的灯光。青灯黄卷伴一杯开水，这是惨遇逆境的公木的最怡然自得的时光。他读马列经典著作，读《中国哲学史》、《中国思想史》和《老子》、《庄子》、《史记》等书籍，尽情地在书的汪洋大海中遨游。这一段业余读书生活，不仅为他今后从事学术研究打下了坚实的基础，提高了他透辟认识分析问题的能力，更重要的是中华民族赖以生存、延续和发展的公正无私、进取不息的精神，开阔着他的胸怀，充实着他的感情世界，使心中的革命激情燃烧得更加旺盛。

高宪民看到公木在繁重的劳动之余，仍然天天读书到深夜，从不间断，不解地问公木：

"你在延安时就在鲁艺任教，解放后在东北师大当过教育长，后来在北京中国作协文学讲习所当所长，已经是教授级了，还学啥？"谈到读书，先生滔滔不绝，如行云流水："小高，知识是无止境的，活到老、学到老。我相信，我的知识有一天还会用在讲台上……"还给我讲了"秉烛而学"的故事，先生说："趁年轻的时候抓紧时间学习，就像早晨太阳刚出山关，正是好时候；而在事业有成、正当壮年的时候抓紧时间学习，那就像中午的太阳又明又亮，更是好时候。咱俩，张松如，高宪民，一个壮年，一个青年，都是学习的好时候。"先生意味深长的话语，使我受益匪浅。

在图书馆期间，公木"改造"得极其认真，尽心尽意地完成组织上交给的每一项工作。去车站拉煤，不等别人招呼，他扛一把铁锹就跳上了车；秋收时节，他跟着毛驴车，从农安县农村往长春市拉苞米棒子；到戏校义务劳动打地基，他拉石头，挖土方，和青年人赛着干；到农场锄地，他一个人把一条垅，别人跑在前面，他满头大汗地在后面撵；为了给农作物多施点肥料，他手握淘粪工具，沿街掏马葫芦；从南关扇子面胡同往图书馆运线装书，他一天跟三轮车跑十几趟，为了每次往楼上多搬一些书，他在胸前搭块木板，用绳子吊在肩上；清理书库，他抢干最脏、最累的活，参加古旧书整理分类，别人下班了，他还加班加点地干；他主动报名参加图书馆业务学习，向图书馆熟悉业务的同志请教，向他们学习图书馆分类和编目，不久就能独立工作，一天分一百三十多种图书。看到公木朴素、实在，干活从不叫苦叫累，也只字不提自己的遭遇，不吐露半句怨言，还省吃俭用接济家庭生活条件差的职工，馆里许多同志都愿意和他接近，公木也和大家相处得很好。一些职工主动和他接触，关心他的生活。一位女职工见公木的眼镜坏了，就把老父亲的眼镜拿给他使用。"改造"中的公木不能看《参考消息》，有的职工就趁和公木坐在一起时，把报纸摊在桌上让他看。公木一次上街，遇到他过去教过的学生，他们还称他"老师"，并不因为他被划为"右派"而疏远他，这使公木在遭遇人生寒冬时感到温暖，有一种向上的动力。他把在图书馆的劳动看成自己应尽的劳动义务，不认为是惩罚，觉得自己是共产党员，做什么、做好什么都是自己的责任，都是为了建设祖国的需要，就是践行自己的世界观，就是在为人民服务。来图书馆之前，公木对图书馆的业务是生疏的，但既然来了，就应该熟悉起来，他对自己说，我既然来到这里，就必须使这里的工作有新的起色。终于，默默无声的行动，重新赢得党和人民的信任。公木在回忆这一段经历时说：在我五十岁即"知天命"之年的前后，曾有机会在吉林省图书馆工作了三年，这三年，给我留下了相当深刻的印象。在这一段时间里，我虽然没作出什么贡献，但对我个人来说，却是具有非常重要的意义：一、身体锻炼得更结实了。二、在三年工作中，使我初步了解到图书馆的业务内容是很丰富的，它的责任是很重大的。这使我每当想到或听到"图书馆"这个词，便像听到一位"亲友"的名字似的那么一种感受，感到亲切。在省图书馆期间，这是我一生中读书最多的时期。

1961年5月初，公木被指名参加省直农场毛泽东著作学习班。这个学习班，又是生产队，专收"右派"进行教育改造。二百多名"右派"分两个班，住在搭起的大席棚里。作为生产队的一员，公木任积肥组组长，参加了从春播到秋收的全过程。他这个冀中平原农民的儿子在离开土地近四十年后，暗自吟唱着"土地之盐归土地，森林底鸟返森林"的无声之歌，又开始在大田里劳作。整日和同伴们贪黑起早，顶烈日酷暑，从事繁重的体力劳动。他忠实履行积肥组组长的职责，提粪筐拾粪，下粪坑淘粪，还买了几本关于粪肥的书，认真钻研。弄清了什么是磷肥，什么是钾肥，什么肥长叶，什么肥长果。当金秋季节来到，望着籽粒饱满的庄稼，公木和憨厚朴实的农民一样，由衷地感到喜悦。到了冬天，大田里的活干不了，就炖猪食养猪，用备好的土垫圈，干得饶有兴致。东北的冬天气温低，住的席棚里需要烧炉子取暖，他说自己年纪大觉少，主动承担起夜里看炉子的任务。

公木还是毛泽东著作学习班的学习辅导组组长。学习班每周由上级派人讲两三次课，主要内容是学习毛泽东著作，学习完之后开展讨论。作为被指定的学习辅导员，他每次都认真组织讨论，鼓励大家要多学习政治理论，用马克思主义的观点去观察、分析现实，在任何情况下，都要坚信党，都不能动摇共产主义的信念。先后有几十名同志在思想上受其积极的影响。在此他结交了许多好朋友，来自于长春地质学院的李沐荪就是其中一位。李沐荪在《忆张松如老师》一文中回忆他和公木一起"劳动改造"的情景：

大约领导上在反右四年之后打算分期分批给"右派"们摘帽，我们在六一年集中起来，在农场边劳动边学习。分成两个队，各有一名主任管理，每个队下设三到四个学习班，组长由"右派"中选派，张老师是积肥组组长，各队有自己的宿舍，北墙一铺长炕——实际上是木板搭的长床——大家挨肩而睡，我就睡在张老师旁边，冬天在屋子中间用砖砌成火道取暖。那宿舍原是农场的鸡舍，改为人舍。张老师其时已过五十，我身体也不健壮，都被分在积肥组，任务是挖一个大约5米乘8米的粪池，每天农场去车到市里拉来粪便，卸到池中，马粪堆在池边，我们的任务就是把马粪青草送入池中，再盖上一层土来沤粪，过了一段时候，粪熟了，就起出来堆在道边，然后开始倒粪，以防止粪烧过头失肥效，倒过两三遍，就成了好的农家肥，可以往地里送了。

日复一日，一边倒粪，一边闲谈，相互讨论一些问题。我们都是"右派",但是张老师鼓励我将来要入党,我也表示有这样的要求和信心。他说:"现在当然谈不上这样的事,但是要有信心,我相信你将来能争取上。"

公木还结识了诗人丁耶,两人常在一起交心谈天。丁耶被打成"右派"后,精神不怎么振奋,"在劳动期间表现出一种失望的放松自己",爱讲牢骚话,生活也缺少规律,公木开导他:虽然我们目前受到挫折,但组织上没有放弃我们,给我们劳动改造的机会,任何时候都不要自暴自弃,放任自己。丁耶听取公木的开导后精神振奋起来,两人成了知心朋友。

一年后在农场的劳动结束,组织上在酝酿"右派"摘帽时,让公木参与给组内的同志做政治鉴定。开过鉴定会后,他本着公正、客观的原则给小组内每个组员写评语,充分肯定他们在劳动期间的积极表现,有利于大家摘掉"右派"帽子。公木自己也被摘掉"右派"帽子,当名字下又复现"同志"二字时,他眼眶里饱含着激动的泪水。

许多人的经历表明,人这一辈子不可能事事皆顺,既会遇到顺境,也会遇到逆境;既会遇到春风扑面,也会遭遇暴雨倾盆。一个真正的共产党人如何在逆境中砥砺前行,公木用自己的言行交出了一份优秀的答卷。

＊＊＊＊＊＊＊＊＊＊

"谁个潮前毛泽东"

　　对中国人民的伟大领袖毛泽东同志，公木始终充满着爱戴和崇敬之情。不管新中国成立后革命和建设有几起几伏，自己也遭受过人生挫折，但公木认为这是前进中的问题，是探索中遇到的挫折，应该正确对待和科学分析。当社会上出现否定毛泽东和毛泽东思想的思潮时，公木却以诗的形式，表达对毛泽东的敬仰，他在《假如》一诗中写道："几多事后诸葛亮，谁个潮前毛泽东。"对事后说三道四，对毛泽东的一生作为品头论足的人，公木嘲笑他们是"事后诸葛亮"，接着又借句反问：又有谁像毛泽东那样站在历史潮流前面做"弄潮儿"，做开天辟地的大事业呢？告诫人们对人对事要客观辩证，尽管遇到过挫折，但革命大潮总是波浪向前的。有的人贬低我们中华民族，否定中国革命，推出像《河殇》这样的东西，但是都无损于太阳的光辉，太阳在人民心中永远是亮堂的，领袖在人民心中是受到衷心拥戴的。

　　公木对毛泽东有很深的感情。1942年5月，毛泽东亲发请柬，邀他参加延安文艺座谈会。对公木参加延安文艺座谈会的情况，我们已有章节言及。参加此次会议收获很大，他在晚年多次讲道："《讲话》对我的诗歌创作，对我以后的生活道路都产生了巨大的影响，使我心明眼亮，纠正了我在文艺创作上的一些错误和模糊认识。"在延安文艺座谈会召开之后，他在"文艺为工农兵服务"方针的指引下，重新活跃在文坛上，迎来了自己诗歌创作的新的高峰期，收获了更多的优秀成果。公木以自己的创作实践证明，毛泽东所提出的文艺发展方向是正确的。

公木对毛泽东的崇敬，不仅是出于纯朴的感情，更有理性的认识，是一种科学的态度。无论在革命斗争中，还是社会主义建设中，领袖都有重要作用，领袖的作用不可或缺。最简单的道理，干成一件事，干成一种事业，总有那么一群人，那一群人总要有人"挑头"，挑头的人就是"头"，就是领袖，领袖起到旗帜、核心和凝聚人心的作用。我们共产党人干革命、搞事业也是这样。毛泽东是在革命斗争中经历血与火的考验成长起来，经过实践检验，能够带领中国革命走向胜利的领袖。公木到延安后，深刻感受到了边区人民对毛泽东的拥戴。毛泽东在窑洞里写出来《论持久战》，分析得那么透彻，说得那么清楚，成了指导全国抗战的纲领性文件，公木打心眼里佩服。他还接触过一些经历过长征的老红军，听他们讲长征中的故事，讲遵义会议，讲四渡赤水，一些红军战士告诉他，要不是毛泽东正确指挥，我们这支队伍早完了。有个老首长曾给他讲遵义会议后的苟坝会议。苟坝会议的议题是研究"打打鼓新场"，会上绝大多数红军将领都同意打打鼓新场，认为可以在遵义会议后扩大战果、歼灭敌人、解决给养等，唯有毛泽东不同意。他认为红军目前的主要任务是"避敌"，敌人没发现我们，没主动打我们，我们就不应该"主动出击"，如果被敌人发现目标进而被"咬住"，那就会陷入危险的境地。因此，他不主张打，主张赶快走。在会上，毛泽东的意见被否定了，毛泽东很生气，甚至以辞职表示不满，但他的意见没被采纳。会议结束的深夜，毛泽东夜不能寐，陷入深深的焦虑中，他提着马灯走了一里多地去周恩来住处交换意见，希望他把"下达作战命令"的时间推迟一下，再商议商议。两人又一起到张闻天的住处，三人经反复磋商取得共识。正在这时，军委情报部门获得重要情报：大批敌人正在急速向打鼓新场集结，已布好"口袋"等红军去钻。在这种情况下，红军部队采纳毛泽东的正确意见急速转移，从而避免了又一次遭到灭顶之灾的危险。公木听了许多关于毛泽东英明指挥、正确领导的故事，结合自己的亲身经历，进一步确定了拥戴毛泽东的情感、思想和观念，相信中国革命在毛泽东等一批领袖们的领导下，会从胜利走向胜利。

中华人民共和国成立后，在毛泽东领导下，我国完成了社会主义改造，建立了社会主义工业体系，初步奠定了四化建设的基础，科学、文化事业有很大发展，人民过上了幸福稳定的生活。但是在探索前进中，毛泽东也带领我们犯过错误，走过弯路，出现了"反右"扩大化，错误地发动"文化大革命"等问题。如何看待毛泽东的失误和错误，公木完全同意中共中央《关于建国以来党的若干历史问题的决议》中下的定论，赞成正确评价毛泽东的功过是非，对就是对，错就是错，一码是一码，不能一概肯定，也不能一概否定。瑕不掩瑜，要看主流、看大势，要充分肯定毛泽东对中华民族、中国人民、中国革命的重要贡献，对其做出符合实际的客观评价。

公木晚年的一个重要贡献，是主持全国毛泽东文艺思想研究会的工作，组织专家学者深入开展毛泽东文艺思想研究，发掘弘扬毛泽东关于文艺论述的思想精髓，用于指导新时期的文艺实践。

1980年6月25日至7月3日，由吉林大学中文系文艺理论教研室的同志发起，在长春市召开了毛泽东文艺思想学术研讨会。南京大学、北京师范大学、湖南省文联等全国各地二十多个单位的四十余名同志，就如何正确评价和准确理解毛泽东文艺思想等问题，展开了热烈的讨论。大家遵照当时中央确定的"研究无禁区，宣传有纪律"的精神，畅所欲言，各抒己见，摆事实、讲道理，广泛地交换了意见。与会的同志一致认为，面对打倒"四人帮"后出现的新形势，宣传贯彻毛泽东文艺思想是更为艰巨的任务，应当成立全国性的毛泽东文艺思想研究会，交流经验，提高水平。大家提议由当时任吉林大学副校长的公木担任研究会会长。公木毫不犹豫地接受了大家的提议。在此后的多次活动中，他尽管年老体弱，身体欠佳，诸事繁忙，仍然为研究会的成长壮大费尽了心血。从1981年起，在长达二十多年的时间里，研究会先后在延安、长沙、成都、石家庄、杭州、武汉、厦门、贵阳—遵义、敦煌、南昌—井冈山、大连、长春、青岛等地召开过大小学术讨论会、理事会和《毛泽东文艺思想研究》定稿会。所有这些活动，公木都直接、间接地参与，并以各种形式给予关注和影响。他不是"挂名"的会长，不是"遥控"的权威，而是身先士卒、举着大旗率领战士冲锋陷阵的指挥员。除了组织开展活动，他还亲自开展研究工作，坚持每次年会都提交论文。他时刻不忘理论与实践相结合的马列主义原则，讲话与文章总有鲜明的现实针对性，努力对现实提出的问题给予正确的回答。在长春召开的首次毛泽东文艺思想学术讨论会上，他的发言《延安整风与文艺座谈会》，不仅追述了当年延安整风与文艺座谈会的真实情景,深表怀念之情,还明确指出:"消极的东西只是延安整风的支流,整风的成绩是否定不了的","延安的文艺整风取得了明显的效果。解放区的文艺运动同工农兵群众有了进一步的结合,出现了很多优秀作品……这是主流,应给予足够的评价"。

三年后,在成都学术讨论会上,公木作了重点发言,题目是《朝着我们选定的目标,前进再前进》。其中对一个阶段的研究成果作了概括:

> 我们逐步在以下问题上取得一致认识:第一,既然毛泽东思想是马克思主义普遍真理与中国革命具体实践相结合的产物,毛泽东思想是马克思列宁主义在中国革命运动中的发展;那么毛泽东文艺思想理应是马克思列宁主义的文艺思想和美学思想与中国文艺斗争具体实践相结合的产物,是马克思列宁主义文艺理论和美学思想在中国文艺运动中的发展。第二,既然毛泽东文艺思想是整个毛泽东思想的有机组成部分,不能割裂开来;那么,它同中国几千年的文化传统,特别是与"五四"文学革命传统便必然紧密地结合着。它是革命文学创作实践的理论表述。

这一席话,就是对当时社会上提出的究竟如何正确对待毛泽东文艺思想的问题的一个原则性的回答,这次发言中对延安学习讨论会提出的对毛泽东文艺思想一要坚持、二要运用、三要发展的原则,予以充分肯定。这个原则为研究毛泽东文艺思想指出了正确方向,在这一方向指导下，毛泽东文艺思想研究取得了丰硕成果。

公木对宣传毛泽东思想的另一大贡献，是对毛泽东诗词的解读。

毛泽东是伟大的革命家、政治家、理论家、军事家，也是一位独领风骚的伟大伟人。作为一位伟大的革命实践家，在中国的历史上，留下了他深深的足迹，作为一位豪放的浪漫诗人，在长期的革命实践中，他始终以诗为伴，在他一生各个重要阶段，都留下了辉煌的诗篇。毛泽东诗词，堪称诗词中的泰山北斗，反映着中国革命的光辉历史，体现着革命导师的伟大思想、博大胸怀，又具有哲学家的深邃、军事家的睿智，更具有诗人的豪情和才气。对毛泽东诗词进行讲解和解读，学习其深邃的思想智慧，让更多人受到艺术熏陶，这是许多专家学者在毛泽东诗词发表后，努力在做的一件事情。

公木有深厚的文学功底，兼擅新诗旧诗创作，有丰富的创作实践，对诗词创作素有研究。1964年元旦，毛泽东十首诗词发表。元月9日下午，公木主持吉林大学中文系"学习毛泽东诗词座谈会"。他在开场白中说："主席是时代的巨人，主席诗词是诗中的太阳，他的心是与我们相通的，我们应该凭自己的能力，飞翔在主席开拓的大如宇宙的广阔的意境中。"当年3月他就为吉林大学中文系学生开讲"毛泽东诗词解读"课。从政治视角，从艺术视角，从诗词创作规律的角度进行分析，大胆深入，向人们展示一个瑰丽独特的艺术世界。他的《毛泽东诗词讲稿》历经数次修改更臻完善，1994年更名《毛泽东诗词鉴赏》由长春出版社出版，先后重印二十多个版次，发行九十多万册，创造了诗词鉴赏类图书畅销的奇迹，产生广泛社会影响,被中国书刊发行业协会评为全国优秀畅销书。《毛泽东诗词鉴赏》共收毛泽东诗词五十七首,按毛泽东诗词写作的前后顺序编排。在每首诗或词后面都加有题解、笺注、赏析三部分。

公木先生作为著名诗人,他的《毛泽东诗词鉴赏》一书,自有其独特之处。他认为,读诗,也同作诗一样,需要想象。要展开想象的翅膀,飞进诗人所创造的意境中去,驰骋在诗的海阔天空中。而能飞多高,能飞多远,这取决于自己的才能胆识,取决于自己的生活经验、理论修养和精神状态。毛泽东的诗词是诗歌的太阳,是艺术的北斗。它的博大,可以囊括宇宙;它的精深,可以包容古今。短弱的翅膀,是不能周游遍览的。读毛泽东诗词,必须与毛泽东的思想沟通。公木在这方面取得突出的成就,与他首先是战士,又是诗人,又是学者的生涯有关。因此,他在解读赏析中,常常有自己独到的见解。比如,对于"毛泽东的哪一首诗词最好"这一问题,有人认为《沁园春·雪》最好,对此公木却不苟同,他深思熟虑地说:"毛主席公开发表的诗词一共五十七首,最好的当属《七律·人民解放军占领南京》。你想,他与蒋介石两党、两军斗了整整二十七年,最终以人民解放军攻占南京为标志,宣告了蒋家王朝的彻底覆灭,这当然是人民的胜利、正义的胜利;也当然是'虎踞龙盘今胜昔,天翻地覆慨而慷'。对此,毛泽东不能不感到由衷喜悦,并由喜悦焕发了葱郁的诗兴,于是才有这首雄浑劲遒的新史诗。这不是任谁都可以写出来的"。公木接着说,1949 年 4 月 21 日,毛泽东和朱德联名向各野战军和南方各游击区发出了《向全国进军的命令》。命令说:"(一)奋勇前进,坚决、彻底、干净、全部地歼灭中国境内一切敢于抵抗的国民党反动派，解放全国人民……"命令颁布之后仅四十多个小时，即4月23日夜，南京便告解放。这命令的诗的表现，便是此律的首联两句。公木强调说："除非是签署在这皇皇文告上的三军统帅，有谁能成为写出这等名句的伟大诗人呢？只有像毛泽东这样出类超群的诗人和哲人才能办到。这等作品，才是毛泽东的得意之作、上乘之作。"因为解读全面、深入、独特又文采斐然，公木的《毛泽东诗词鉴赏》和另一本臧克家讲解毛泽东诗词的著作，成为全国读者公认的解读毛泽东诗词的权威版本。

* * * * * * * * * * *

一个绝不随风飘荡的人

公木的老友臧克家这样评价公木，这个写出随风飘扬的歌的老伙计，绝对是个"绝不随风飘荡"的人，无论诗品还是人品。"诗人为战友，木讷见醇纯。君子貌若愚，含练实超伦。"这是臧克家在一首诗中对公木的由衷赞叹。

一个共产党员不随波逐流、随风飘荡，需要坚定的信仰、坚强的党性，需要有坚持不懈的真理追求精神，需要把党性和人民性高度统一于自己的言行；一个普通人不随波逐流、随风飘荡，必须有真善美的追求，牢牢守住真善美的"底线"。这需要胆识，更需要无私无畏的品格。不随风飘荡，才能"沧海横流，方显英雄本色"。公木这棵松树不随风飘荡，根本原因就在于扎根中国共产党人追求真理的土壤中，扎根于中华传统文化的土壤中，真正做到了"千磨万击还坚劲，任尔东西南北风"。

1955年1月，公木刚刚调入北京工作不久，即为天津一位名叫侯红鹅的青年作家是不是"胡风分子"的问题，斗胆顶撞过作协一位领导（公木同时兼任作协青年作家委员会的工作）。当时主持胡风专案的某领导通知公木说，天津有个叫侯红鹅的青年作家，也是个"胡风分子"，应该批判审查。公木抗拒了这位领导的通知，说侯红鹅只是个初出茅庐的青年写作者，至多认识天津的方纪、鲁藜、阿垅，找不出他与胡风有什么直接联系，不应该随便抓人，随意地划成什么分子。

侯红鹅当时还很年轻，仅跟"胡风集团"中的诗人鲁藜通过几封信，连面儿也没有见过，就要被当作"胡风分子"来批判。公木认为这不应该。所以在他为中央"胡风反革命集团"专案组提供的侯红鹅的政审材料中，实事求是作了汇报。由于他拒绝执行通知，后来，这也成为他被划为"右派"的一条罪状。

侯红鹅就是后来的著名诗人和小说家林希。前几年他在一篇散文中说："别以为我是个小毛孩子，连大诗人公木先生都受了我的株连，那时候我也算是一种病原体了，类如SARS时期的果子狸，自己没事没事的，使健康人受感染，果子狸有知，也应该惭愧兮兮才对。"

1955年9月30日，中国作家协会党组写了《关于丁玲、陈企霞等进行反党小集团活动及对他们的处理的意见》的报告，上报中宣部并转中央。报告归纳"丁、陈反党小集团"的活动主要表现在四个方面：

一、拒绝党的领导和监督，违抗党的方针、领导和指示。

二、违反党的原则，进行感情拉拢，以扩大反党小集团的势力。

三、玩弄两面派手法，挑拨离间，破坏党的团结。

四、制造个人崇拜，散布资产阶级个人主义思想。

从此，批判"丁、陈反党集团"拉开序幕。公木对这场斗争持否定态度，他明确表示不能认为丁、陈是"反党集团"，说有的领导暗示说：前年开斗争丁、陈的会是必要的，只是有些过火。他不同意，他认为在那种时机，用那种形式，开那样一个会议，是根本错误的。还在多种场合用一些具体事实替丁玲辩护。公木和丁玲、陈企霞都没有太深交往，而都是一些正常的工作关系。抗战胜利后，公木长期在东北担任教学工作，跟丁、陈也没有什么亲密关系，他跟丁、陈的有限接触，大多发生在到北京文讲所之后。他站出来说话，不是搞什么"抱打不平"，而是觉得共产党员应该实事求是，从实际出发坚持自己的态度。实际上，所谓批判"丁、陈反党集团"是站不住脚的，一些人也有意见，丁、陈也屡屡申诉，但当时"黑云压城"，大部分人随波逐流，公木不愿违心附和。在那时候坚持实事求是的立场，这需要多大的勇气！在此之前的肃反运动中，公木全面认真把控文学讲习所的运动局面，对工人作家高冠英是否定为反革命的问题，经过细致的调查研究，断然否定了专案组为凑成绩而做的一个预定结论。坚持实事求是，使讲习所的肃反运动搞得既平稳，又有成绩。据留存的文字资料记载，他当时说过这样的话：

> 肃反不是镇反，镇反对象是公开敌人，是社会渣滓，不会搞错，重判了也不可惜。肃反对象是暗藏的敌人，在自己队伍里，如不慎重，非常容易误伤好人。我有三次经验：(1)延安抢救运动，我被抢救过，尝受过逼供信的滋味，那次运动产生了很大的消极影响。(2)在佳木斯东北大学，1947年春搞回忆运动。我在一个单位参加工作，整个运动完全重复了在延安抢救运动逼供信的错误，也产生了很大偏差。(3)这一次肃反运动，一开始就注意了反右防左，避免了逼供信，偏差最少了。结果还是错斗了一些好人，斗争面宽了。这是为什么？有人错误地以为这是搞群众运动的结果。如果用运动这么大的力量，发动调查研究，即用审干的方式来进行肃反，偏差可以预防，效果同样可以取得。

"松柏本孤直，难为桃李言。"公木不随波逐流，也由其生性耿介、为人正直的性格所决定。

1942年6月18日，端午诗人节座谈会在延安文化俱乐部召开。公木出席了座谈会。老中青诗人齐聚一堂。在谈到评估屈原的历史地位时，公木和胡乔木发生了争论。胡乔木认为，作《载驰》的许穆夫人、作《巷伯》一诗的寺人孟子和作《烝民》的尹吉甫等人都比屈原早好几百年，因此不能说屈原是中国最早的第一位诗人。公木反驳说：" 要是这样推断，那作《南音》的涂山氏女，不是更早上千年吗？" 争论的结果还是服从公议：屈原是中国最早的一位大诗人。

在吉林省图书馆"劳动改造"期间，公木平时少言寡语，但在图书分类上有时却和其他同志争得面红耳赤，敢于坚持自己的正确意见。有人劝他："以你现在的情况，何必太认真……"公木却说："对党的任何工作，必须做到认真负责，不能含糊，要于心无愧！"

"劳动改造"结束登上吉林大学讲堂后，公木在授课安排上既根据教学需要，又突出特色，不人云亦云。受当时极左思想影响，一些教师讲课概念化、简单化，公木却很能放得开，敢讲自己的独到见解。据公木的学生桑逢文回忆：

> 先生讲课的最大特点是联系实际、生动活泼、深入浅出、好懂易记，深受同学们欢迎。比如，他给我们讲授汉代辞赋家赵壹的《刺世疾邪赋》的情景，至今回味无穷。赵壹在汉代辞赋家中并不算最出色的，与贾谊、司马相如比起来稍逊一筹。而先生在讲课时却选了赵壹的《刺世疾邪赋》，肯定是经过慎重思考的。这篇文章尖锐地批判了当时统治阶级的腐朽、道德风气败坏、邪恶奸佞的得势、权门豪族的不法、正人贤才和贫贱阶层被压抑，入木三分地揭露了当时有的人为了私利阿谀奉承的丑恶嘴脸，鲜明地表达了作者愤世疾恶、正直耿介的性格。公木先生在讲课时，给我们讲清了这篇辞赋反映的时代背景，对文中的典故准确阐释，语言生动优美，分析透彻深邃。当讲

到"舐痔结驷，正色徒行"时，先生非常气愤，他说，给有权有势的人舔痔，这样的人还真的得以坐上四马高车，而正直的人由于不去出卖灵魂，不去讨好权贵，只能徒步而行。这样的结果无疑助长了奉承拍马、追逐名利的风气。话锋一转，他神态凝重地教导我们说，现在是新社会，人们要有新的精神面貌。今后无论在什么地方，做什么工作，都要坚持正直、诚信做人，要树立"宁可站着死，决不跪着生"的精神，不要献媚取宠，不要趋炎附势，要懂得人格和尊严比什么都重要，要相信正义最终会战胜邪恶。

当时只是觉得先生讲课生动形象，含义深远，使我很受启发和教育，现在回想起来，它的意义远不止如此。先生当时已年过半百，经历了革命的历练和人生的坎坷，但他正直的品性不改。经历过反右斗争等政治风浪，不少人心有余悸，不敢讲真话、讲实话。如果是明哲保身，先生讲课时可以不选赵壹的这篇辞赋，即使选了也可以含糊其辞，应付几句了事。而先生却敢于那样率直地阐明自己的观点，真是难能可贵。

公木性情耿直，不为政治气候和学术思潮某种波动而摇摆，治学和做人都是那么真诚，不仅给学生、也给所有接触过他的人留下了深刻印象。

* * * * * * * * * *

永不停步的真理追求

公木的一生，作为共产主义者，他坚守理想，努力为实现信仰去奋斗；作为学者和智者，他追求真理，为之百折不回，力求更接近真理，永不停步。他把坚守信仰和追求真理辩证统一在一生的奋斗中。共产主义是共产党人的信仰和奋斗目标，但要实现这个奋斗目标，需要极其长远的过程，这个过程不是自然实现的，更不是一蹴而就的。在奋斗过程中必须遵循事物发展的客观规律，必须坚持实事求是的思想路线，必须坚持一切从实际出发，要坚持不懈地探索真理，按真理指引的方向前进，只有这样，才能达到理想的彼岸。由此而言，探寻真理的过程，也就是向奋斗目标前进的过程。积极探索真理，勇于坚持真理，是当代共产党人的特征和本色。

对待真理，公木身上具有屈原的执着："路漫漫其修远兮，吾将上下而求索。"他佩服那些为真理而献身的人。公木的一个学生回忆："当年给我们上课时，公木老师说过这样的话：'和张志新比，我们这些在"文革"中活下来的人，谁敢说自己是真正的共产党员？'"实际上，公木这一生为追求真理吃了不少苦头，受尽人生磨难，但他百折不回，仍然坚持在追求真理的道路上奋力前行。

在《七十三岁自寿》一诗中，他依然表现出强烈的追求真理的信念。

挥手向时间告别
每分每秒都是永诀
御风与流光同步
一瞬一息都将常驻
真理像道路一样
弯曲而没有尽头
莫矜夸已经占有
只贵在永生追求

真理的基石是真实,真理只会在真实之树上开花,决不会在谎言之藤上结果。正如另一首《找到自我》中所言:

真理如同空间和时间一样广大且绵长,
不诩把它占有,但要永生不断追求。
追求!找到真实的自我——
不枉此生最最重大的发现;
而真实便意味着无私与无畏。

1980年3月1日,公木喜读党的十一届五中全会公报,看到党中央为刘少奇平反、恢复名誉的决定,心情激动不已,感赋拟俳句二十章。公木百感交集地写道:

三 坚定的信仰

把历史真实，
再还给真实历史：
"刘少奇同志"

为什么仅仅
叫一声，就会使人
不仅泪纷纷？

这名字不只
代表着一个人，而是
老一辈整体。

公木为真理的胜利而欢呼，赞扬党恢复了实事求是作风："历史的良心，／容不得半点迷信，／权威等于零"，"要实事求是，／就是按规律办事，／像公报说的"。

《申请》是一篇"鉴诗"。胡耀邦1980年2月中旬在剧本创作座谈会上讲到《战国策》中的邹忌讽齐王纳谏的故事，告诫社会主义文艺家和一切工作人员不要拒绝人民的批评。公木很受启发，3月10日写了一首一百多行的长诗，发表在同年五月号《北京文艺》上。诗中首先生动地叙述了"邹忌讽齐王纳谏"这个古老的故事，接着表述了对总书记的告诫由衷拥护，对党风的根本好转寄予热切希望。诗中写道：

胡耀邦同志讲说它，
是告诉我们文艺家：
要从中汲取应有的教训，
创作的铜镜是广大人民。

是的，实在是至理名言：
真和假，善和恶，美和丑，
要区分不能仅凭主观，
也不能听信亲爱者的夸口。

　　公木认为当时党风还没有根本好转，官僚主义对创作横加干涉，缺少民主空气。一些人特别是一些领导干部还不能正确对待文艺作品这面"铜镜"，他们"总爱对着镜子发脾气，／甚至想把它摔个粉碎——／因为镜子没有学会说谎"，他们只喜欢一些人"像妻妾一样偏私和恐惧，像门客一样仰承主人鼻息"，只愿听"河水涣涣，莲荷盈盈"的赞美诗。公木出于一个共产党员对党风根本好转的迫切心情，提出自己的"申请"：

所以，敬爱的耀邦同志！
那故事最好是再多讲几遍吧，
以我们党中央书记的名义。
让我们上上下下都好好借鉴啊！

诗中，公木直接和党的总书记对话，提出自己坦诚的申请，这样的诗是少见的。"申请"这一举动本身就很感人，它表达了一位党员诗人对党的赤诚，对端正党风的强烈要求和愿望。公木耿直的性格、坦荡的襟怀，读者从诗行间很容易体会。

《真理万岁》，1981年6月写于病榻。据公木讲，这是他倾听了党中央《关于建国以来党的若干历史问题的决议》广播后的感想，以诗的形式写成。党的十一届六中全会的《决议》是我们党对建国以来党的历史的科学总结。公木听后捕捉自己感触最深的一点，即党的实事求是的优良传统的恢复，并以此为基点，构思了《真理万岁》一诗，抒发了对党的实事求是优良传统的恢复的深切感受，用辩证唯物主义、历史唯物主义的观点雄辩地说明，真实，是客观存在的，不以人们意志为转移的客观历史事实。"不以任何主观意志／不顾任何权威批示／不管任何巧妙构思／不论任何华美颂辞"，在历史面前"一切大大小小／一切长长短短／一切是是非非／一切明明暗暗"迟早要露出自己的真相。

  抹的黑不久长，贴的金粘不住
  凡是谗诬，凡是谀媚
  在实践的锤击下都将被戳穿
  历史荧屏上只显示真实
  而真实也必将被显示
  包括虚假也必将被揭底

真实的光辉冻云冷雾不能遮掩
真实的污垢白浪洪涛不能洗涤

这是经过十年浩劫的人民群众的共同思索，与人民同心的公木表达了人民的心声。

近些年来，他不断地思考着社会、人生问题，思索着什么是人生的真、善、美。他认为，"真"和"善"是美的基础。他认为：

只有真的才能够是善的
只有真的又是善的才能够是美的

这是公木对真善美的理解。他由衷地欢呼党恢复了马克思主义的实事求是作风，并坚信这种实事求是的精神是能够发扬下去的。

诗从繁衍生息的人类社会起笔，反复抒写真与假的对立，强调"真实"是永恒的，紧紧扣住"真理万岁"的标题。诗的结尾写道：

人类历史长河，一道波涛汹涌的浊流
真实的冲击力不在泥沙而是洪水
升华为云蒸霞蔚，它通向浩瀚的宇宙
鱼虾和恐龙的化石则长埋在泥土里

诚如公木在《找到自我》一首诗中所言：

而真实便意味着

无私与无畏

换句话说，就是只有无私无畏，才能坚持真实，去接近真理，而追求真实的最可宝贵的品质是说真话。诗人丁耶回忆公木时说过这样的话："诗人不能说假话，要讲真话，真话不一定是真理，但真理一定出于真话之中。"一位学生毕业时，向公木请教到社会上工作后的处事方法，公木说：在工作中，不一定都讲真话，但一定不要说假话。在公木看来，说真话是求真理的前提，他这样教育学生，自己也是这样做的。但须知讲真话有时是要付出代价的。1958年，在中宣部工作的一位中层领导干部被打成"右派"。有人让公木"揭发"他。公木和这位领导干部很熟，是北师大同学，又是延安时的诗友，他不但没有"揭发"，还证明这个人没有"反党言行"。最终，公木因此事连同其他罪名也被打成了"右派"。

党的十一届三中全会之后，我们党实现拨乱反正，党和国家政治生活回到了正常轨道。经过三十多年的改革开放，逐步形成了安定的社会环境，全社会倡导求真务实，为我们追求真理创造了良好的社会条件。让我们像公木先生那样，以"莫矜夸已经占有，只贵在永生追求"的真理追求精神，在从自然王国向自由王国发展中去探索规律，一步一步向奋斗目标挺进。

* * * * * * * * * *

人比山高　脚比路长

《吉林大学校歌》是公木为吉林大学建校五十周年而创作的。唱起它，莘莘学子认识到肩负的责任，更加珍惜学习的时光，努力在求知的道路上前行。特别是"人比山高，脚比路长"这两句歌词，集中体现了不惧一切困难、勇往直前的奋斗精神。他用朴素的语言，揭示了一个道理："再高的山，人也能踩到脚下；再长的路，人的脚步也能到达"，只要认准目标，努力拼搏，坚持不懈，坚定地走下去，没有翻越不过的高山，没有蹚不过去的大河，多么远的目标也能实现，多么美好的憧憬也能变为现实。

"人比山高，脚比路长"是"革命理想高于天"、"英特纳雄耐尔就一定要实现"的具体表述，也是"我们的事业一定能成功，一定会成功"的通俗表达。他用诗一般的语言，表达了一种唯物主义者的自信和昂扬向上、志在必得的奋斗精神。言简意赅，文浅理深，给人磅礴万钧的精神力量。

"人比山高，脚比路长"是公木一生不懈追求的精神写照，是他一生奋斗经验的凝聚。他年轻时追求真理，跟着共产党干革命，但却受到了种种不公平的对待，可他从不灰心，从不放弃，是坚定的信念支撑他，使他的人生过得有价值有意义。一辈子的奋斗，使他功成名就，在歌词创作、诗歌创作、教学育人、学术研究方面取得了累累成果，达到了别人难以企及的高度。公木在诸多领域都有重大贡献，可谓功在民族、功在国家、功在当代，泽被后世，而这一切都是不懈奋斗的结果。

1985年10月，吉林大学举行公木创作学术活动五十五周年讨论会，正逢公木七十五岁寿辰。公木的战友、诗人朱子奇代表北京一些老同志、老战友出席会议，在会上作了热情洋溢的发言，并赠送给公木寿诞纪念品——一头木雕老牛。朱子奇说：

> 公木诗兄，老战友！老牛一样的人！我给你从北京牵来一头老雄牛的木雕。这木料不怕虫蛀，不畏霜打！这牛来自古恒河、泰戈尔故乡。今年又是牛年。对于真正的战士和诗人来说，年年是牛年、月月是牛月、日日是牛日。不是吗？"甘为孺子牛"。而你就是一头不知疲困的牛，一头不会衰老的牛，默默向天国行走，不止步，不回头！你吃的是草，苦涩的草，苦涩的草呵；挤的是奶，洁白的奶，香甜的奶呵，各种维他命都有的、营养丰富的奶呀，多少吨，多少吨……

公木就是一头拓荒的牛，永远在路上，永远在行进中。

人的一生或长或短，都是以时间为单位计算的，以一分一秒堆积的，所谓奋斗，就是努力抓住一分一秒，争分夺秒地从事工作和事业，为社会创造财富，实现人生价值。公木深知时间的稍纵即逝："挥手向时间告别，每分每秒都是永诀"，在《七十三岁自寿》这首诗里，表现出了强烈的紧迫感：

我注望着　注望着　注望着
时间
望也望不见时间的
容颜
　　只望见一番番
　　春花春鸟　　秋月秋蝉
　　夏雷暑雨　　冬雪奇寒
　　黄河东逝呵白日西掩

我注望着　注望着　注望着
风
望也望不见风的
踪影
　　只望见一宗宗
　　杨柳依依　　樯帆蓬蓬
　　悠悠白云　　猎猎旗红
　　沙飞石走呵树拔屋倾

诗人感到时光的急速流逝，以为"御风与流光同步"，才能创造壮丽的人生：

　　一只无形的手

一种潜在的能源

头染白霜潇骚

脸写狂草凌乱

　　来往变古今

　　瞻顾为前后

　　这中间紧紧地连接以

　　创造——有生无　无生有

这种奋斗精神和紧迫感，在公木晚年表现得尤为强烈和明显。朱子奇这样评价公木：

　　你的晚年既充实，又丰富。写了好多好多高质量的著作呵，其中，如近年好几首感时抒怀之作，表现了一位人民老诗人气度上那饱经沧桑却锋芒不减的雄风。真挚，道劲，胸襟开阔。情感与思绪经历了岁月的沉淀，更纯熟了，更集中、更深化了！诗艺方面，格式的排比，用语的对称，断句的透彻，有声有色，铿锵有力！称得上具有当代中国气派和民族特色的"公木诗风"。用马列主义观点，用辩证唯物论和历史唯物论的眼光，用诗的文笔，完成了《老子校读》等力作。这部书已在国内外产生了广泛影响。在美国、日本的一些最高学府，研究中国、东方古代文明史、哲学史的学者们，已给予重视、称赞、引用。邓小平同志接见过的美籍华人教授陈鼓应先生就佩服你的《老子校读》写得深入浅出,特专程来访,要求同你合作研究老子。我还特别记得,你抱病撰写了《萧三评传》,对这位为党中央称为"我国无产阶级老一代革命家、杰出的国际诗人",也是你的老战友、老诗友萧三,给予了公正的、深刻的评述与估价,这也表现了你对同志、战友一贯具有的深情与品德。

公木的奋斗还表现在遇到挫折的逆境中。逆境中最能考验一个人的意志和品格。一些人在逆境中夭折了,一些人在逆境中奋起了,公木属于后者。他一方面在逆境中"随遇而安",另一方面"到什么山上砍什么柴",在限定的环境中去奋斗,争取有所作为。

公木在被错划为"右派"后,开始认真思考今后所要从事的工作了。诗,是不能再写了,写了也没处发表。诗集《人类万岁》不能出版,使公木痛苦万分。以后岁月悠悠,路还很漫长,选择一个怎样的岗位去为祖国效力呢?公木费了一番心思。他十分清楚,自己不能再搞文艺工作了,不能再指导青年创作或与他们一起研究创作了,已失去了这个资格。他先想到去教书,自己曾经做过中学教员,又在抗大、鲁艺和东北大学工作过,对教育工作比较熟悉。然而又觉得已不能去讲政治、讲经济、讲时事、讲形势和他所熟悉的文学了,于是决定去当数学教员,教几何、代数。在正定读书时,几何、代数他学得很好。他到王府井新华书店买了一批数、理、化教材,搜集了不少几何、代数课本,利用挨批判的空隙,把这些课本都看了一遍,每道习题都进行了认真的演算。那时,"大炼钢铁"不允许他参加,谁要参加炼钢铁是光荣的,就像"文化大革命"时跳"忠字舞"一样。在那寂静的长夜,他除了整理过去的诗稿,就是在数学的王国里遨游。后来因为到吉林省图书馆"劳动改造",没有实现去当中学教员的设想。但公木在逆境面前不气馁,争取"有所作为"的准备工作做得很是充分,绝没有得过且过、混天度日的思想。

因为奋斗,就会"东方不亮西方亮",有"失之东隅,得之桑榆"的收获。正如公木所言,在长达七千多个日夜中,由于环境的限制,他作诗甚少,收获并不体现在这一方面,而是在其他方面。在"劳动改造"的间隙、在"开门办学"的间隙,他都抓紧一分一秒研究学问。《毛泽东诗词讲解》、《老子校读》等学术著作的深入研讨,就是一点一点挤时间完成的。研究毛泽东诗词是社会大力提倡的,公木以此为课题,深入发掘,终成权威之言。当时他无资格研究马列政治读物,那就研究《老子校读》,借助马王堆出土的最新成果,反复校订研阅,终成一家之言。

到了晚年,进入顺境,但公木强烈感到自己拥有的时间不多了,愈加发愤著述,《古树著华集》里的文章大都是这个时间段完成的。公木晚年患肾病,他的子女要捐肾给他做肾移植,他不肯,直到病重时才住进医院。医生说,如果进行透析治疗还可以延缓一段时日,可是他不同意。他说:"如果接受透析,我只能躺在病床上了,不能研究和写作,生命还有何意义?"因此,他坚持不住院,不换肾,不透析,继续在家里伏案写作,直至当天摔倒当天送医院抢救后去世。可以说,公木真的是奋斗终生,为党和人民的事业,也为他自己喜爱的事业。

"人比山高,脚比路长",让我们将其作为座右铭牢牢记住,努力去登上"山高人为峰"的理想境界。

四　诗人的风采

从《脸儿红》到《父与子》

　　作为我国著名诗人，公木对我国诗坛的贡献是巨大的，为后辈留下了许多脍炙人口的诗篇。在中国诗坛，他和臧克家、田间、艾青等并肩齐名，处在同一创作时期，成果也一样丰硕。著名诗篇有《我爱》、《哈喽，胡子！》、《鸟枪的故事》等。从1927年第一首《脸儿红》到1998年7月写下最后一首诗《鹏城颂——致张朔》，他的创作长达七十余年，先后出版过《我爱》、《人类万岁》、《中华人民共和国颂歌》、《黄花集》、《崩溃集》、《棘之歌》、《公木旧体诗抄》等十多部诗集。在我国现代诗坛这道闪亮的星河中，公木是一颗灿烂的明星。他也同其他一些著名诗家一样，有着诗人的别样风采。那么，公木的诗创作发轫于哪里，又是走过怎样一条独具特色的创作道路呢？让我们从他创作发表的第一首诗《脸儿红》谈起。

　　入中学的第二年，亦即十五岁那年，"缪斯女神前来叩击诗人的心扉"，公木开始热衷于写诗。不过很少发表。那时没有学报，老师把学生写的诗选一选用毛笔抄好，贴在会客室的墙上，让客人浏览，这在当时也算"发表"吧！公木这一时期写的诗歌绝大部分"发表"在会客室里，自然也没有流传下来。据他回忆，这些诗歌大部分是写学习的感受、体会，师生、同学之间的情谊，没有什么更丰富的内容，艺术技巧也不太成熟。此期间，他开始以"魂玉"的笔名向报刊投稿，少数作品偶然被《大公报》副刊和《晨报》副刊采用。十七岁那年（1927年），念四年级时，他在《大公报》副刊《小公园》上发表了诗歌《脸儿红》，这是公木公开发表的第一首诗歌。署名"魂玉"。它写得较早，并保存下来了，实际上是他练习写的一首词。这首词是这样的：

> 小饮归来意朦胧，
> 徘徊夕阳残照中。
> 山青青，
> 草青青，
> 一片春色遥映落霞明。
> 花香暗自迎衫袖，
> 无语对东风。
> 蓦伤情：
> 那人儿何处去也？
> 秋千底下喜相逢。
> 无奈人前却装不相识，
> 低头过，
> 空把脸儿红。

这是公木写的一首词，实际上没有这个词牌，是模仿词写的。就这首词本身看，似乎是写恋情的，但是当时公木并没有恋爱，学校里都是男同学，反映的是很要好的男同学之间的感受。公木晚年在《我和〈脸儿红〉》一文中说:"诗情是纪实,意中人是同级同学冠玉,纯粹是一种柏拉图式初恋心理的悸动;醇洁、羞涩、微妙,尽在'魂玉'这个署名中蕴含着。这种感情,随着年龄的增长,被时代风雨漂洗,却永生烙印在脑际直到耄耋。不过被理性压抑着,偶然犹在梦里显现罢了。"由此可见,虽然是一篇习作,给诗人自己的印象还是很深的。这首诗营造了今天看来有些"小清新"的爱情氛围,爱情的描写已脱离陈旧的俗套,语言活泼风趣,但仍可以看出对旧体诗词的模仿的痕迹。内容是注重个人心灵的独特体验,反映了作者在上中学年龄段的感受和情思。以后随着人生道路的变化、经历的丰富和视野的开阔,公木创作道路不断开拓,诗风也有很大的变化。《脸儿红》的发表,诱发了公木的创作激情,也透露出作者具有诗歌创作的潜质和才情。

1929年在北师大《师大生活报》发表的《爱的三部曲》,是公木在诗歌创作方面爱情题材的进一步开发,形式也向新诗转移,明显看出是受了"五四"白话诗的影响,初步显露了诗人的创作才华。诗是这样写的:

一、人家

不见想人家,
见了怕人家,
连一句话也不敢
跟人家说,
只是偷偷地看人家。

二、那人儿

那人儿向东去了，
朋友拉我向北。
我死也不往北！

三、爱人

爱人出嫁了，
丈夫不是我。
唉，抽棵烟吧！

1933年，公木在《文学杂志》第三、第四期合刊号上，发表了两首诗歌《父与子》和《时事打牙牌》。这两首诗是在公木对新诗内容和形式有了新的认识，在鲜明的观点指导下创作的。他在一篇文章中明确指出："在今日的中国，在新诗歌的现阶段中，我们主张，新诗歌的创作，一方面，要尽可能利用活在大众中的旧形式；一方面，要极力创造能够被大众所了解，至少，能够被大众前卫所了解的新形式。"公木这种观点是具有辩证思想的，合乎文艺发展规律，也是他努力在实践着的。

《时事打牙牌》是利用民间流行的曲调，宣传反帝爱国内容的诗，属于"旧瓶装新酒"。这首鼓动诗这样写道：

中华民国二十年，九月十八那一天，关东起狼烟。唉咳哎咳哟，关东起狼烟。山海关外风云变，日本强把满洲占，大炮响连天。唉咳哎咳哟，大炮响连天。

……

苏俄本是共产国，自由平等新生活，人人都工作。唉咳哎咳哟，人人都工作。五年计划真伟大，全国产业电气化，生产倍增加。唉咳哎咳哟，生产倍增加。

这些诗在一二·九运动中被广为传唱。1931年至1932年间，公木曾与同学谷万川、李树藩、杨殿珣合作创作《时事打牙牌》四百多首，宣传红军土地革命及东北义勇军抗战斗争，油印散发，对民众奋起抗日和追求新生活起到了鼓动作用。

《父与子》是一首叙事诗，它描写了在青黄不接之时，地主三阎王乘人之危，强行逼债，夺走了农民家仅有的七亩地、一眼井，逼瞎了"小驴儿"妈的双眼。诗中揭示了地主和农民尖锐的阶级对立的现实，塑造了父与子两代农民的形象，反映了两代人截然不同的精神面貌。父亲对剥削、压迫他的地主，虽然也怀有仇恨，但胆小怕事，忍气吞声，逆来顺受。当他把"穷人阎王"催债逼命的事告诉了儿子，激起了儿子怒不可遏的仇恨之火时，他却感到惶恐不安了。他含恨忍痛地劝说儿子：

啊哟，傻孩子，
不要胡诌！

> 你不要
> 　　拿着鸡蛋碰石头!
> 你爸爸
> 　　受了他一辈子的欺压,
> 你,还得受!

儿子是新一代农民的形象,已经开始觉醒,不仅对剥削压迫者的阶级本质有认识,而且大胆地表白反抗的决心:

> 不,爸爸
> 　　你们忍受,
> 　　我们却要动手。
> 你们去
> 　　向他乞怜,
> 　　向他磕头;
> 我们,
> 　　我们却要动手!
> 如今已是穷人翻身的时候。
> 　　哼,爸爸,
> 　　走着瞧吧!

我们知道,二十世纪三十年代的中国农民仍然处在水深火热之中，社会地位和物质生活比起二十年代来丝毫也没有改变。但新一代农民，经过大革命的洗礼和土地革命的影响，身上滋生了一种老一代农民不曾有的新的观念和意识，也就是说他们觉醒了，起来反抗了。对于农民在观念上或意识上的变化，在三十年代的小说和戏剧中是有明显反映的，而在诗歌中有意识地去把握，除中国诗歌会的诗人，公木是最早的一位。他青少年时代是在农村度过的，对农村中尖锐矛盾的对立，以及农民遭受的痛苦和反抗，都有切身的感受，他看到"交出押死的地契时父亲颤抖的手"和"染湿我的鬓角的涩咸的母亲的泪珠"（《自己的歌》），因此能够写出《父与子》这样反映现实比较深刻，又有鲜明的形象、充沛的感情、浓郁的生活气息的诗篇。

从《脸儿红》到《父与子》，公木经过了从创作发轫到开始成熟的过程。这一过程，不仅是诗歌形式的变化，也不仅是诗风的变化，更是诗歌内容和主题的变化，是公木从开始走上进步道路、深刻思考中国命运，到逐步投入革命洪流、立志为民族解放而奋斗的人生经历在诗歌创作上的反映。他从表达个人忧怨的情诗转向为民族命运呼喊的"主旋律"，表明在这样一个死亡与新生同在、与抗战共存的时代里，诗人的精神与艺术气质成熟了，时代锤炼了诗人的品格，也熔铸了诗的风格，人格的崇高与审美的崇高都在《父与子》写出的那一刻完成了，表明公木已开始选择一条与民族同在、与时代同歌的道路。我们不反对诗歌创作的小情小调，以及个人思绪的抒发，但在国家民族面临生死存亡的关头，具有家国情怀的诗歌创作是最值得关注和推崇的，诗歌不能仅限于"媚世"，还必须有战斗的呼喊。

＊＊＊＊＊＊＊＊＊＊

《哈喽，胡子!》

一个著名诗人，一生中总有几个重要创作阶段，而每个阶段又有几个里程碑式的作品。公木就是这样。延安时期是他诗歌创作的一个重要阶段，《鸟枪的故事》、《我爱》、《哈喽，胡子!》都是这个阶段里程碑式作品，而《哈喽，胡子!》是里程碑上的碑尖之作，代表着这个阶段的主要创作成就。赏析这部作品，对了解公木的诗歌创作以及走过的人生道路都有所帮助。

《哈喽，胡子!》创作于1942年3月15日，首先发表在《部队文艺》上，后由周恩来带到重庆，交给胡风，发表在由胡风主编的《希望》（重庆版）上。那时候，周恩来每次离开延安到国统区，总要征集一些诗文稿件带去，分别介绍给各报刊发表，以扩大解放区文艺作品在国统区的影响。

公木通过这首诗写出了三十年代在革命斗争中成长而趋于成熟的青年知识分子的共同心境——共同的解脱，由踟蹰到坚定，在斗争中变得质朴而坚强的痛苦历程。

诗一开篇，寥寥几句，就刻画出一个爱思考的知识分子形象：

多么繁茂的花朵开放在你的心里，

那肥沃的像我们家乡底黑土一样的心啊！

而你脸上的皱纹褶得那么深，

你为什么总爱眯起眼睛来看世界呢？

接着诗锋一转：

是的，我了解你如同了解我心爱的诗篇：

对那些用大拇指指点着自己底鼻尖做自我介绍的演说家，

对那些编造从三岁起就顽强地反抗母亲底巴掌的英雄，

对那些以剽窃和说谎相炫耀而伸长手臂去抓取名誉的天才，

对他们你永远不屑翻一翻眼皮，

轻蔑的笑影闪跳在你胡须的丛林里。

哈喽，胡子！

但是为什么在年轻的伙伴中，

你总显得如此孤寂又如此沉默呢？

是的，这一切我都知道：

你底双肩担负过也还担负着

比任谁更多的痛苦，

正如你底胡须

比任谁底更密更长。

诗人接下来充分肯定了"胡子"的革命斗争坚定性，对他在敌人"硬"、"软"两手攻击下决不妥协的斗争精神予以赞美——

> 自从对罪恶挥起愤怒的剑，
> 你不曾把紧握的剑柄松弛。
> 浮着脂粉的眼泪没有浸软你横起的心，
> 戳在心窝的枪口没有吓退你迈进的步伐。
> 你一启程就向着"自由底王国"，
> 单凭你正义的直感选定了这个方向。
> 你从口红和酒排底包围中冲出，
> 留一片蠢然的嗤笑在你底身后。

在描绘了"胡子"和敌人具体斗争的经过，赞誉"你毫无保留地付出你底勇敢和忠诚"，虽然失去最宝贵的自由，"而你的心里却燃着一点永不熄灭的火种"之后，诗人把笔触伸向"胡子"内心深沉的痛苦：

> 而你底形貌却慢慢变得滞重了：
> 时间底手，
> 在你本是油黑的脸上，
> 偷写出无数条纤细的褶皱；
> 在你牛犊般的身体里，在你风箱般的肺腔里，
> 装进了各式各样的病苦。

爱和忧愤熬煎着你，
比那风雨和劳苦熬煎着的你底哥哥
还更显得苍老。

接下来场景变换，"胡子"到了延安，这个他日夜向往的地方：

你底心谦虚得像一只空瓶：
你向老乡问一声路，
必定先来一个最端正的敬礼；
你坐在"合作社"，
从不敢放肆地喊一声小鬼或敲一下桌子；
因为你来到了延安啊，
这个被你爱得心疼的地方，
这个被你爱得想到就流出热泪的地方！
对每一个人甚或打身旁擦过的赶路者，
你都从心里呼唤着"同志，喂，同志！"
这个比铜锤击打洪钟还响亮的名字，
这个把战斗的队伍结合成一堵铁墙的名字。

可是，到了新的环境中，到了新的战斗集体中，"胡子"似乎表现出了"不适应"，开始有一种融入不进的感觉，"你还没有学会放开喉咙歌唱"，渐渐地，"胡子"被感染了：

你站在七月底队伍中间，
大地在你脚下痉挛，
太阳在你头上跳荡。
你投射出惊奇而又快乐
生疏而又亲切的目光，
注视着那些张大的嘴巴，
注视着那些飘扬的旗帜，
注视着你底无尽长的行列：
这是你底梦，你底理想，你底希望啊！

进而，"胡子"选准了自己坚定的政治方向，确立了终生不悔的信仰，坚决服从真理，时刻准备着为理想最后的实现而战斗：

而你，不知道疲倦，
你常说疲倦是由于过多的休息。
在真理底面前，
你永远是一个倾听命令的小卒。
真理命令你："前进！"
你就立刻迈开阔步，没有踌躇过；
真理命令你："冲锋！"
你马上就上好刺刀，把仇恨投向敌人。
你从不吝惜付出血去灌溉，付出生命去繁殖，完全用不着老朋友为你担心啊！

这时，"胡子"已经完全融入到延安这个大熔炉、这个战斗的集体中来了。

因为你底心里自燃着永不熄灭的火种，
风一吹就会发出炽热的熊熊的火焰来；
因为板着脸的冰床阻不住潺潺潜流的河水，
春来嘘一口气息冰床也会展开笑颜而欢唱。
水要奔流，火要燃烧，
声响和光彩就是这样产生的，
你就要生活在声响和光彩里了！

接着是诗人为"胡子"送行，胡子就要上杀敌的前线去了，诗人为他送行，为他呐喊加油。

战斗在向你召唤，
血洗的原野在向你召唤，
那里的人民以诚朴刚毅，以汗和血耕种着他们底土地。
而今那土地被强盗底足迹玷污，
河川里流淌着羞辱的眼泪，
田垄里播种着不屈的头颅，

把稳你底方向盘，旋动你底引擎吧，
迎上去，迎上去，迎上去！

在作了一番留在后方也不会虚度年华的自我表述之后，诗人把全诗推上了高潮，不仅期盼着胜利会合，而且能看到"胡子"进一步成长为真正的革命战士。

哈喽，胡子！
我不想再多说什么，
我们都不是喜爱剖白自己的家伙。
让我们再紧紧地握一握手吧！
下次见面该是在庆祝最后胜利的会场上，
长白山底倒影跳动在鸭绿江底浪心，
你密长的胡须也许要染上几星白霜；
而我一合眼就仿佛看见了
那白霜上镀一层欢笑的红光。
那时候孤寂和沉默将不会再伴随着你，
你该也习惯于高声地欢呼，
学会放开喉咙歌唱了！

读完《哈喽，胡子！》这首诗，心情久久不能平静。不仅为这首好诗的艺术性所折服，不仅为其中洋溢的革命激情所感染，更为诗中塑造的真实的主人公形象而赞叹。这首著名诗篇，由浅入深，层层递进，塑造了一个活生生的具有鲜明个性的知识分子，歌颂了他无私无畏、勇于为革命献身的精神。

据考证，《哈喽，胡子！》这首诗是以真人真事为基础创作的。公木以其同乡、北师大同学和挚友李洁（原名李树藩）为原型。李洁是公木在延安军直文艺室工作的老战友，他俩是一起来到文艺室的。李洁是学外语的，以翻译为主，也写过一些散文小品。有人进一步考证，李洁曾经参加南下请愿团被关进苏州陆军第一监狱，西安事变后被党组织营救出狱，辗转到了延安。到延安时满脸的络腮胡子，"胡子"就是这么来的。

一般读者都认为这个"胡子"中有公木自己的影子。公木的朋友、东北师范大学教授蒋锡金认为：也可以认为他是诗人的自画像，——因为公木的髭须本来很稠密，所以有人也称他为"胡子"，——但我认为这首诗所写的并不就是哪位青年的腮颊上的"胡子"，而是写了那个时代许多革命青年由苦闷到解脱、由彷徨到坚定、从战斗的锻炼中变得质朴而坚强的痛苦历程，也是一个群像。蒋锡金先生的分析是很有见地的。

但我们读完这首诗，结合对公木人生历程的了解，发现诗中有"公木"太多的踪影。公木 1930 年 1 月在北师大读书时加入共青团参加革命，两次坐牢，在山东、河北等地颠沛流离，1937 年 10 月参加抗战，1938 年 8 月到延安。这个经历，和诗中主人公"胡子"是大致相同的。而且一些具体经历和诗中有很多细节相似。请看下面一段：

> 从你手中飞出的石子，
> 打中过圆肥的警官底头；
> 那象征着权威的蓝白字的木牌，
> 曾被你从衙门口上摘下而捣碎；
> 在没有月光的夜里你用粉笔去宣告真理，
> 涂满一条小巷又一条小巷；
> 你坐在饭摊底短凳上，
> 草草地填满叫响的肚皮，
> 而后就踏着磨透底的皮鞋前去——
> 迎着乞讨者伸出的乌黑的手，
> 迎着烟囱林喷吐的浓重的煤烟，
> 迎着侦缉队闪亮的锥子似的眼睛。

诗人王小妮在追思公木的文章中写道："公木老师坐着他快松散的旧藤椅，上面还有一个厚重的棉花垫子。一般藤椅都是一对，我在他家里只见过一只。东北普通市民家里很少藤编织品，所以给我的印象，有学问的人才配坐那儒雅发声的东西。公木老师给我们讲他当年在北平参加'飞行集会'（学生运动）。他还模拟出街头的爆炸声，是学生们扔出瓶子、灯泡之类。藤椅也响，垫子也掉了，公木老师手舞足蹈。'飞行集会'使他回到二十岁，比眼前的学生们还年轻。"

我们作为公木的学生,也曾几次在课堂上听他讲"飞行集会"的情景,说到激动处,他两手挥舞,嘴里"嘭嘭嘭"地模仿着爆炸声,课堂上一时静悄悄的,我们对这位当年出生入死的革命者充满敬意。《公木自传》中也有这段经历的叙述:"1930年春加入中国共产主义青年团,随后在校内发起并参加中国社会科学家联盟、左翼作家联盟及华北左翼教师联盟等组织,并参加'北平文总'的活动。不过最主要的活动还是在街头巷尾涂写粉笔标语,在天桥西单等地搞飞行集会散发传单等等。"

此外,诗中"镣铐底音乐伴奏着你灰暗的句子"、"再不必惊恐有携带绳索黑手来叩门了"、"我不会让女人的花朵落进眼里拔不出去"等诗句,都能从公木生活中找到关联。

以上论述,并非想证明《哈喽,胡子!》中的"胡子"是公木的"自画像",而是想说明,诗中主人公的经历和成长道路和公木高度吻合,如果没有那样的经历,没有那样的情感,没有那样的曲折,没有那样的思想认识,公木是写不出《哈喽,胡子!》的。换句话说,《哈喽,胡子!》的形象、思想认识是公木自我经历的真实写照。当然我们也是赞成"群像说"的。因为在当时大的时代背景下,追求进步的知识分子都走过大致相同的道路。民主革命时期的知识分子,差不多都经历了从个人主义到集体主义、从民主主义到社会主义的转变,一个革命诗人也不例外。但实现这种转变却是十分艰难的,有时是迂回曲折的。知识分子的这个转变的历程,自然要在诗歌里留下清晰的印痕。

《哈喽,胡子!》发表后,受到人们普遍赞誉,被视为是公木这一阶段最好的诗作。但也有个别人提出质疑，认为这首诗"小资产阶级"情调太浓了。今天看来，这种观点显然是戴着"左"的有色眼镜看问题。人们不禁要问：为什么一个经受了革命烈火淬砺而纯化和变得锋利的革命者，一个能置自己的任何得失于不顾，以生命去听从真理的号令，甘愿做革命事业的小卒和园丁的人，倒成了"小资产阶级"呢？难道无产阶级都只能是呱呱坠地就是天生的英雄吗？

经过时间的检验和淘汰，已经充分证明《哈喽，胡子！》不仅是公木延安时期的代表作，也是现代诗史上的一篇佳作。

该诗在诗风和艺术技巧上也有可推崇之处。全诗形象鲜明，感情炽烈，字句看似平淡，却有极深的情感表达。据公木自己讲，他那时受美国诗人惠特曼的影响很深。一次在与萧三谈论美国诗人惠特曼之后，萧三把仅有的一本1936年莫斯科英文版《草叶集》赠送公木，嘱咐他："我读不上口，希望你能够从中有所吸取。"公木搬着词典啃读，虽然很吃力，但也很入迷。那种大气磅礴的长排，非常适合表达热烈的情绪，用以创作政治抒情诗是理想的形式；稍作变化，直抒胸臆，即使低沉，也极自由。因而便有意向它学习。在到文艺室前夕所写的《再见吧，延安》中，已露端倪，及至建立了"鹰社"，得到天蓝的帮助，更多理解了一些惠特曼的精髓，还试译了《我坐在大地上》等若干首。《我爱》、《哈喽，胡子！》正是公木在这种兴头上写下的。

这里还要叙述一段公木和萧三的友谊。公木和萧三相识相交在延安时期，对诗歌有许多共同见解使两人走到了一起。1940年春夏之交，公木与萧三、刘御、师田手、海棱等人发起建立"延安诗社"（即

"新诗歌会")。萧三，著名诗人和社会活动家。1939年"五一"前夕由苏联回到延安。始任鲁艺编译部主任，不久改任延安俱乐部主任，兼中央宣传部文委委员。延安诗社开展街头诗、朗诵诗活动，编辑油印四开《新诗歌报》，萧三写发刊词：《诗人，起来！》公木通过萧三介绍，和"怀安诗社"交往，改变了视旧体诗为"发辫小脚"的误见。在萧三的带动下，《新诗歌报》收集、编发了朱德、董必武、林伯渠、谢觉哉等前辈一些旧体诗词。马雅可夫斯基逝世十二周年纪念会上，萧三作报告，还朗诵了他新译的《左的进行曲》，高长虹、柯仲平、高敏夫都朗诵了自己的新作，博得了热烈的掌声。公木在这次纪念会上用家乡方言朗诵了他的《鸟枪的故事》，与会者反应强烈，出乎意料。萧三、柯仲平点头表示肯定。当公木创作出《哈喽，胡子！》、《我爱》等诗篇后，萧三鼓励有加，他满意地对诗友说："公木是你们中一位有威望的老大哥啊！"公木终生不忘萧三给予自己的帮助，晚年抱病撰写《萧三评传》，对老战友、老诗友、杰出的国际诗人萧三给予公正的评价。

* * * * * * * * * * *

光的赞歌永世唱

歌唱祖国、礼赞英雄，从来都是文艺创作的永恒主题，也是最动人的篇章。在公木的诗作中，歌唱祖国、礼赞英雄主题鲜明，旋律高昂，占有重要位置，也在社会上产生过重要影响。气势磅礴的《八路军大合唱》、永远向前的《中国人民解放军军歌》、惊天动地的《英雄赞歌》、一气呵成的《中华人民共和国颂歌》等，作为公木歌词、诗歌创作的主旋律，都给人们留下了深刻印象，有的还将永世传唱，起到激励人们发扬爱国主义精神、树立民族自豪感和国家荣誉感的重要作用。

公木晚年在抒怀诗中写道："光的赞歌永世唱，假如让我得重生。"意思很明确：假如有来生来世，仍然会以歌颂光明为己任，以鼓励人们向上为己任，这是内心深处的呼唤，是对过去创作的自我肯定，也是对一些人所谓质疑的掷地有声的回答。

《中华人民共和国颂歌》是公木诗歌创作的重要篇章。

1949年10月1日，这是一个改写历史的日子，是中国人民永远难忘的日子，是中华人民共和国从血与火中走来庄严诞生的日子。在北京，在天安门城楼上，毛泽东向全世界宣告：中华人民共和国中央人民政府成立了！中国人民从此站起来了！那带有湖南口音的普通话，一时激起了天安门广场欢呼的海洋，人们歌唱，人们欢呼，人们拥抱，人们流泪，在极度兴奋中度过这激动人心的时刻。有人讲过这样一个细节：在毛泽东宣布毕中央人民政府公告之后，有一短暂时间找不见他的身影，仔细寻找，发现这位伟人站立在一个角落里泪流满面。何以至此，当然有激动成分，但更多的成分则是想起中国革命成功的艰辛不易，想起那些为中国人民解放事业而牺牲的先烈和战友，仅毛泽东一家就献出了六位亲人啊。这种心迹，在毛泽东为"人民英雄纪念碑"起草的碑文中可见印痕。"创业艰难百战多",作为开国元勋,毛泽东自然有同于常人又不同于常人的感受。

  10月1日这一天,中国绝大部分地区,除西南、台湾等地方外,均已解放,全国人民欢欣鼓舞,庆祝这一盛大节日。庆祝活动如同同心圆,以北京为圆心,一层层向外延展,在广大城市和乡村形成一波一波快乐的波澜。在我国东北重要城市沈阳,游行队伍人山人海,红旗如林,锣鼓喧天,人人兴高采烈。公木由长春到沈阳参加东北局会议,正赶上这隆重庆祝的时刻。他前进在宛如潮水的队伍中,同人们一样呼喊着口号,庆祝这来之不易的胜利成果。这个从血雨腥风中走过来的战士诗人,从参加革命的那一刻起,就为了这一天而奋斗不息。这一天终于到来了。置身此情此景,他再也抑制不住内心的激动,就在当天晚上回长春的火车的小茶几上,铺开稿纸,写下了火热的诗句:

    我们走上了宽阔的
    通往社会主义的新民主主义底大道。
    枯了的井又冒着清泉,
    干了的河床又涌现着波涛。
    新中国底太阳披着彩虹,
    从灿烂的东方底地平线上,
    轰响着升起来了,升起来了!

诗人完全被伟大的历史时刻所激动着，语言充满了浓烈的抒情意味。10月2日，回到长春，便拿出了这首二百零三行的抒情诗《中华人民共和国颂歌》，刊登在《东北日报》上。这首诗里，倾注了他的全部深情，蕴含着走过的战斗历程，那是怎样的青春年华和峥嵘岁月啊。这首长诗是公木这一时期的代表作。晚年的冰心女士读到这首诗，还特意写信来，称赞诗意"大气磅礴"。这首诗是公木从现实生活中摄取的形象在自己感情波流中的映照：

> 我从一座高大的饰着松枝的拱门中走出。
> 巨幅的绣着镰刀锤子的红旗
> 和五星红旗交叉在门首上，
> 在十月底高空里，
> 掠着彩云，迎风飘扬。
>
> 我阔步行进在大街当中，
> 大街已经淹没在旗帜底海洋里了。
> 每个人的脸上都笑开了花，
> 和那旗面一样鲜红。

诗人描述了自己独特的感受：

> 人们，我叫不上名姓来的，

四　诗人的风采

> 在今天以前从没有见过一面的，
> 却又是这么稔熟，这么亲切，
> 我永远分离不开的人们呵，
> 我亲爱的中华人民共和国底同胞！

诗人为什么对自己的同胞有这样深厚的感情，原因在于："我们生活在一个时代里，／战斗在一个时代里，／地主老爷底皮鞭和帝国主义强盗底刺刀，／驱迫着我们走上共同的命运，／我们的血和泪共同流在一起，／共同被风雪吹打被太阳煦照。"基于深切的感受，诗人"翱翔想象的羽翼，飞架联想的桥索"，以想象、幻想、夸张的手法描绘了毛泽东的声音："如同山洪，如同飓风，／如同分裂岩石的瀑布底音响——／汹涌着，激荡着，倾泻着，／向东方，向西方，向南方，向北方，／打开一切通往未来的闸门，／冲破一切阻挡前进的堤防……"

> 中华人民共和国中央人民政府，
> 已于本日成立了！
> 占人类总数四分之一的中国人，
> 从此站立起来了！

此时，诗人的感情达到高潮：

我们底心随着这共同的韵律而跳动，
我们底脸上泛着共同的笑底红光。
来呵，我亲爱的中华人民共和国底同胞们，
让我们共同为这千载难逢
万古流芳的开国底吉日良辰，
来尽情地欢腾庆祝吧！
是跛子也要舞蹈，
是哑巴也要歌唱。

诗的结尾照应开头，这样写道：

我挺起胸膛站立在
高大的饰着松枝的拱门之前。
巨幅的绣着镰刀锤子的红旗
和五星红旗交叉着
庄严地飞舞在我底头顶上。

的确，这首共和国的颂歌记录了人民的胜利，开创了歌颂中华人民共和国诗歌的先河，占据了开篇第一章的显著位置，具有很强的政治影响力和艺术感染力。

礼赞英雄是公木诗歌创作的又一重要方面。英雄是民族最闪亮的坐标，对英雄心怀崇敬，浓墨重彩记录英雄、塑造英雄，让英雄在艺术作品中得到传扬，这是文艺工作者的责任。公木牢记这一责任，注重在诗歌创作中塑造英雄形象，弘扬英雄精神。

1950年8月，公木写了一篇政治抒情诗《烈士赞》。这首诗写妻子对丈夫的怀念，没有哀伤的情绪，格调高亢，情浓意深，充满了革命乐观主义精神。十四年之后，公木创作歌词《英雄赞歌》时，这首诗的意境、形象被再次借用，熔铸出新的形象，使英雄精神进一步得到升华。

公木歌唱英雄人物，同时也歌唱普通劳动者，因为英雄就在普通劳动者之中，伟大出于平凡，普通劳动者身上蕴藏的英雄人物的品质同样值得歌颂。

作为鞍钢散歌的《风波》，在新中国两代工人生活情状抒写中所显示的风情，比起早年所作的《父与子》中两代农民的心境又有新的开拓。《风波》里的父亲，争的是"上夜校"，"学文化"；儿子和媳妇"通夜通夜不睡觉"，闹的是"机械化要发明创造"。新中国两代人的抒写，以及由此生发开来的对先烈的缅怀，对新生活的礼赞，对"风光无限老来红"和"生命在转化为儿女孙男"的讴歌，也都从不同方面开拓出意远情深的新诗境，显示出诗人广阔的视野、博大的胸襟和崭新的艺术天地。

如何处理歌颂光明和暴露黑暗的关系，这是文艺界长期研讨的一个问题，也是每一位作家和诗人在创作中必然会遇到又必须回答的问题。公木一位弟子回忆，有一次，他们谈到某些作家以写"假"、"丑"、"恶"现象为自己"专利"时，公木先生竟然激动地站起来，挥着手势说:"生活中确有很多假丑恶应该写,但是作家必须用真善美去照亮那些假丑恶呀!"这掷地有声的话语,揭示文学的本质以及公木自己坚持的创作理念。文艺不能机械地反映生活,也不能一味地宣扬消极腐败的东西,应坚持用光明驱散黑暗,用真善美战胜假恶丑,公木是这样认识的,也是这样进行创作的。所以如此,是因为他坚信前途是光明的,道路是曲折的。光明一定能战胜黑暗,社会一定能不断进步。

公木一个学生回忆:一次,当谈到社会存在着种种不正之风甚至腐败现象时,公木的表情变得有些严肃了。他接过话题说,腐败问题也包括学术腐败,必须下决心治理,但是对此也不要大惊小怪,这是社会转型时期出现的问题,世界许多国家都有这个问题,就连英、美、法等西方资本主义国家,也都经历过这个阶段。这就好比修一条堤坝,出现蚁穴和缝隙是难免的,只有发现了堵塞了这些蚁穴和缝隙,才能加固堤坝,不至于溃堤。对于社会上出现这样和那样一些不如人意的问题,除了加强教育外,最主要的是要靠逐步地建立健全法制,健全制度,才能使不正之风和腐败现象得到遏制。我们的社会一定会向着更好的方向发展。公木对我们党的前途总是充满信心,对很多问题都有深刻的认识。而这些认识,就是他"光的赞歌永世唱",坚持用光明驱散黑暗,用真善美驱散假恶丑的依据和动力。

* * * * * * * * * * *

"爬也是黑豆"

爸爸和儿子一同来到谷场中，
谷场上有一片黑咕隆咚。
爸爸说："那是黑豆豆，"
儿子说："那是黑虫虫。"

爸爸和儿子发生了争论，
做爸爸的当然是理直气盛。
真理自然要一边倒在他手里，
这用不着证明就可以肯定。

可是，儿子忽然高兴地大声吼：
"爬哩，爬哩！爸爸，你瞅，你瞅！"
爸爸不耐烦地勃然大怒：
"瞅什么？爬，爬！爬也是黑豆！"

　　以上是公木所写讽刺诗《爬也是黑豆》的诗句，读了这首诗，人们一定会忍不住笑出声来，多么形象、寓意多么深刻的诗句呀。短短十几句，就把一种社会现象形象生动地刻画出来。这种社会现象就是"父道尊严"或"官道尊严"，发展到最后就是刚愎自用，听不进去一丁点下属的不同意见，结果只能是蛮不讲理，甚至是指鹿为马，混淆黑白，如果身居高位，还可能对党和国家的事业造成危害。"爬也是黑豆"不仅成为这首诗的代名词，而且具有象征意义，成了一种社会现象的代名词。强烈的讽刺作用，使不顾真实、只信威权的"爸爸"们无地自容。

《爬也是黑豆》只是公木众多讽刺诗中的一首。二十世纪五十年代，公木怎么对讽刺诗感兴趣，突然拿起笔写起讽刺诗来了呢？这和当时的大形势有关系。毛泽东1953年1月5日为中共中央起草的党内指示中谈道："官僚主义和命令主义，在我们的党和政府，不但目前是一个大问题，就是在一个很长的时期内还将是一个大问题。"（毛泽东《反对官僚主义、命令主义和违法乱纪》，见《毛泽东选集》第五卷）在这种大背景下，公木响应党中央的号召，结合自己的亲身感悟，写出一系列诗篇，既符合中央精神，又把握时代脉搏，用诗歌的形式直刺官僚主义危害，这在当时是不多见的。

中国早就有以诗讽世的传统，公木对其是熟知的。因为早在五十年代初，他就在东北师范大学给中文系学生讲授"诗经选读"课，当时聆听公木讲课的傅庆生、周毓芳回忆：

> 选篇中的《巷伯》是一首政治抒情诗，作者是"寺人孟子"。由于"孟子"遭到"谮人者"的诬陷，将受到残酷的宫刑。这是他临刑前发出的愤怒吼声。诗的第六章的译文是这样的："那些诬陷人的家伙／是谁给他出的主张／捉住那些家伙／去喂虎豹豺

狼／虎豹豺狼不吃／扔到那冰冻的北大荒（投畀有北）／北大荒不要／扔到没有人烟的天边上（投畀有昊）。"诗中的"有北"，古注称北是"北方寒凉不毛之地也"。还没有一个成词来概括北方这一特点。东北地区的人们却有个习用的成词"北大荒"，概指荒凉酷寒没有人烟的地方。公木老师用"北大荒"来译诗中的"有北"，就用了北方习用的成词，在表达诗意上，既生动而又深刻。诗中"有昊"一词，古注解道："昊，天也。投畀有昊，使制其罪。"古注是说天是有意志的，是能给人治罪的神明。可见，这种解释含有天命神学的神秘意味。公木老师把"昊"译作"天边上"，是将"昊"解释为自然的天。译文较深刻地反映了"寺人孟子"疾恶如仇的精神，而那"谮人者"则是豺虎所不耻、天地所不容的恶棍。孔子曾称道过《巷伯》说："恶恶如《巷伯》。"赞美善善恶恶的正义精神。

在公木写的讽刺诗中，可以看到他受到《诗经》思想内容和艺术表现形式的影响。公木自幼熟读《诗经》，对其中的篇章耳熟能详，长期滋润其中，受其影响是自然的。而借鉴其中的表现形式讽刺我们社会中的不良现象则是自觉的。诗人把深切的生活感受熔铸在诗篇中，把激情和理性结合在一起，运用想象和夸张的手法，辛辣地讽刺那些应该揭露和鞭挞的病态事物，热烈地表达自己的爱憎感情。

与《爬也是黑豆》同期创作的诗作还有《据说，开会就是工作，工作就是开会》、《在站长室里》、《"忘我精神"》等诗篇。

《据说，开会就是工作，工作就是开会》这首诗，是公木这个时期写的讽刺诗中最有代表性的一首，也是写得最有特色的一首。诗人抓住了社会政治生活中的一个顽固病象——官僚主义作风，并给予尖锐的讽刺。诗歌的构思巧妙、新颖，先使读者迷惘，悬念迭出，一步一步引向深入，最后使读者恍然大悟。诗的开头，写一位记者下厂遇到费解之事：

　　　　当下班的汽笛还没有收住尾声，
　　　　工厂底大门呼然关得紧紧。
　　　　"守卫同志，晚间我还要发稿……"
　　　　而他根本不听，也不看我的证明。
　　　　守卫同志只简单地挥挥手：
　　　　"快去参加会议，不能走！"

当记者决定去找工厂的领导采访，见到的是：

　　　　……厂长室里不见一个人影，
　　　　党委书记室早锁上了门，
　　　　工会主席室、团委办公室都扑了空，
　　　　活见鬼！莫非他们都钻了老鼠洞？

这里设下悬念，令人迷惑不解。既然下班不许出门，那么人哪儿去了呢？

  只见在地板上狠狠地按倒一位工友，
  厂长和党委书记扯着他底左右手，
  工会主席和团委宣传部长扳着两条腿，
  他们拉好架式一齐用力，准备四马分肥。

  忿怒，推着我像枪弹一样扑过去：
  "你们在干什么？是什么道理？"
  然而，晚了！那位工友已经被劈为四份，
  他们简直没有看见我，都掉头走去……

  上面这两段，诗人采取极致的夸张，巧妙地运用幻觉的手法，描写了叫一个工友参加四个不同会议的可笑场景。当这位记者觉得自己"被甩在四个会场的中间"时，诗人笔锋一转，场景又回到现实中来：

  我看见四个会场同样门窗紧闭，
  我听见四个会场同时宣布会议开始。
  四个会场进行着四种报告，
  他们各霸一方各有一套：

  一个报告技术措施，

> 一个动员挖掘潜力，
> 一个总结社会主义竞赛，
> 一个宣传改善劳动组织。

> 题目虽然各有不同，
> 内容却是大体一致。——
> 正是党政工团合串同一脚本，
> 而又敲锣打鼓分唱对台戏。

这样名目繁多的会议效果如何呢？记者无意间抬头，隔着窗户看到会场里边——

> 有的张着嘴打呵欠，有的闭着眼打鼾，
> 大多数都是肢离体碎，五官不全……

这里"肢离体碎，五官不全"，又属于夸张和幻觉。到此为止悬念之谜解开了，真相大白了。但是诗并没有就此止笔，而是通过团委书记对记者的解释，进一步揭示了会议主持者们对"开会"的谬误认识：

> "会议就是我们底生活方式，
> 完整的会议制度还要逐步建立。
> 缺席，那就等于旷工，

一次自我检讨,二次广播批评。"

……

"你说学习?学习当然重要,
不过一定要在业余;
而开会就是工作,
工作就是开会。"

……

"不过,睡眠时间嘛,
那实在不能太照顾。——
这全凭提高政治觉悟:
疲劳就是光荣,辛苦就是幸福。"

诗到此已达到了"以己之矛,攻己之盾"的目的了。最后,诗人别有风趣地安排了一个轻松幽默的结尾,让记者诊断出会议迷的病症之所在:

"你慢慢讲,你慢慢讲!
你底头滚烫滚烫;
不过,老朋友,你底心却冰冷冰冷,
——这病还不轻哩!"

这一回发愣的轮到他自己:
"你开玩笑!"他喃喃地自言自语。
"开玩笑? 不是!"我摇摇头,
"怕是一种传染病,千万不能大意!"

我继续严厉警告:
"你,和你们整个领导,
如果不快快去挂急诊号,
那眼看就不可救药了。"

……
"你说,你不知道
这种病症底名字?
我告诉你:官僚主义!
——恶性的官僚主义!"

　　这首讽刺诗,以一个记者采访时所见、所闻、所感为线索,开篇巧妙、自然地设下悬念,并以此推动情节曲折起伏地发展。结尾活泼幽默地点名题旨,发人深思,令人回味。
　　《"忘我精神"》一诗,诗人运用讽刺和夸张的手法,勾勒出生活中人们常见的一种人:满肚子原则却富于"忘我精神",原则拿在他手里像抡起的板斧,专门用来劈别人:

他瞪着眼看着一只打开的龙头，
自来水泛着白光嘟嘟直流。
他气愤地站着动也不动，
看有谁肯跑来拧一拧动动手。

他气得脖子暴青筋，脸腮发红，
原地不动一直站得两腿酸疼。
前后左右不见一个人影，
没有谁走过来把龙头拧一拧。

有一天，在检讨会上他慷慨发言：
"伸伸手就办到的事大家都不管！
浪费的自来水管够供我用一年，
这证明大家都缺乏共产主义观念！"

当人们问他"那么，你自己呢？同志！你怎么样？为什么你不抬抬手把那龙头关上？"他竟然觉得这种发问很奇怪，因为他根本没有考虑"他自己应该怎么办"的问题。

讽刺诗与生活有着紧密的关系，好的讽刺诗，能够干预生活，促进生活的进程，因此人民是需要它的。但是针对人民内部一些问题的讽刺诗，出发点是非常清楚的。我们要看到社会主流是好的，不良现象是支流，讽刺不良的人和事，目的是使这些问题得到纠正，铲除病菌，使我们的身体更健康，使光明面扩大，社会更进步，事业更发展。公木的讽刺诗，对这个原则把握得很好，非常到位。

同一时期，诗人以高昂的政治热情，关注着世界风云的变幻和人类进步事业的发展，写了一组反映国际政治生活题材的政治讽刺诗。这些诗爱憎分明，既表现了共产党人高度的国际主义精神，又对国际上丑恶行径、黑恶势力、无耻行为进行无情的鞭挞，让人们看清它们的真实面目，以免上当受骗。这些诗作有《忌讳》、《如此这般》、《艾登爵士的哲学》、《弗莱斯特尔的幽灵挨门拜访》。

从以上各类讽刺诗的分析中，我们看到公木已熟练掌握讽刺诗的技巧。讽刺诗不仅需要主题正确、客观真实，还需要借助想象、夸张、虚幻、悬疑等表现方式，达到幽默活泼、生动深刻的效果。从远处追溯，1933年，公木和谷万川、李树藩、杨殿珣合作创作的《时事打牙牌》（共四百首），就含有讽刺诗的成分。而公木真正创作讽刺诗则是在延安时期。1941年冬季，公木发表诗歌《崩溃》、《水》等，前者讽刺了德、意、日法西斯阵营中的丑闻及垂死挣扎的丑态，后者是讽刺我们队伍内一些人的不良风气的。

《水》这首诗写得含蓄、深沉，以比喻和象征的手法讽刺那些不愿做默默无闻的平凡工作，而一心想出人头地的所谓一鸣惊人者：

  水渗入酒里，
  水笑着吐出白沫：
  "从此我也算作酒了！"

而自封为酒的水不能使人醉，
反累得被冲淡了的酒
为饮者所诟詈。

诗歌揭示了一个深刻的哲理：物尽其用，人尽其才，各得其所，才是对的。不能异想天开，想入非非。要尊重事实，遵循客观规律，谁要违背它，谁就会受到惩罚。伟大是出自平凡的，其实水是非常宝贵的，但却认识不到自己的价值，因此盲目地妄自菲薄。

其实，世界假如没有水，
绿洲也要变成沙漠，
一切生命将枯萎，——
水又何必自惭非酒而脸红？

当时受延安写讽刺小品的影响，《蒺藜》墙报刊登了朱子奇、侯唯动的歌颂诗，同时也刊登了公木的讽刺诗《小围墙》：

大围墙里又修起小围墙，
这可不同于北京的紫禁城。
紫禁城里住的是龙种皇王，
是革命首长住在小围墙当中。

龙种皇王依靠血统统治人民，
人民的呼声都使他心惊胆战。
因为他集中了万众的仇恨，
城墙越高越厚才越保险。

革命首长和人民同呼吸共命运，
他是通向未来驶向光明的领航，
他是人民的火炬人民的胆人民的心，
又有什么用呀这几段低低的围墙。

低低的围墙投射出窄窄阴影，
像弯弯曲曲的一条黑线。
还是这外面阳光更好风更清，
来吧，把阴影踏碎把黑线踢断。

对这首《小围墙》，人们有不同看法，公木也受过一些人的批评。但实践证明，公木对党、对人民、对祖国充满了挚爱，他揭露、讽刺我们生活中的一些反面事物，是为了敲响警钟，引起人们的注意，是为了及时克服纠正，并非纯是冷嘲热讽。从他写的讽刺诗中，我们可以感受到诗人对生活的热情，对事业的关心，对人民的责任感。这样的讽刺诗是党、国家和人民所需要的。

****

冰冻犹有傲霜枝

五十年代是公木激情满怀、诗兴勃发的时代。他除了兢兢业业完成党交给的本职工作，一面在诗坛上放歌，一面在诗歌研究领域里耕耘。仅1957年一年，就发表论文和其他文章十篇，发表诗歌九首。8月，论文集《谈诗歌创作》问世。12月，诗集《黄花集》、《崩溃集》同时由作家出版社和新文艺出版社出版。可谓"五谷丰登"，硕果累累。然而就在他挥毫纵横，引吭高歌，进一步施展自己的才华时，一场意想不到的灾难降临了。1958年夏季他被错划成了"右派"，从此走上了一段长达二十年的在逆境中奋进的人生道路。

1958年以后直到"文化大革命"结束，本当是公木创作生命力最旺盛的时候，却较少有诗歌留下来。其中的原因是不言自明的。公木在一篇评论萧三诗歌的文章中慨然写道："读完这部选集，最后一首诗篇《八十三岁自寿》作于1979年10月，由它逆推上溯，倒数第二首、第三首，则是作于1964年和1962年。这中间空白了十五年到十七年。为什么空白达如是之久？其原因是人所共知的，无庸赘述了。呜呼，人寿几何，去日苦多。悠悠岁月，滔滔江河。逝者如斯，不舍昼夜。空白空白白驹过隙。这一生经得起几度空白呢？"这是面对萧三的感叹，也是公木的自叹。近二十年间，公木的诗歌创作几乎是空白。"并不是说七千三百日大好时光，从我身边空空流过去了；我不曾懒散，更不曾绝望，付出了高昂的学费，收益还是巨大的，不过不是在诗歌创作这个方面。"

从公木写于1959年4月的诗《帽子》中，可以透视出他当时倍受压抑的处境和心境。

它，它挡住明亮的太阳，
照，只照见我恍惚空虚——
影子呢，影子已经跑了光。
一个丢掉影子的人，
光明自然成为禁区。

它，它遮断温暖的视线，
认，也认不得我姓甚名谁——
名字呢，名字被钢叉剿斩。
一个丢掉名字的人，
友谊理当视作忌讳。

童年时是多么想望：
得到这样帽子一顶——
什么样，没想；只要
戴上它去玩捉迷藏，

便没有人能看见我的踪影。

而今于无意中得到,
一阵吼声给扣在头上——用力甩,也甩不掉。
隐身、息影、变形——论功效
可远远超过了童年的幻想。

而且就连这玩艺儿本身,
也是无形的,肉眼看不见——
是袄是棉,谁也说不准。
却箍得紧紧,其重千钧,
把头夹扁,把腰压弯。

公木这顶"无意中得到"的"甩不掉"的帽子,"挡住明亮的太阳",友谊也成了"忌讳"的别称。而又正因为其无形才"功效"奇特,使诗人有"把头夹扁,把腰压弯"的感受,承受着"其重千钧"的精神压力。过去,公木曾在诗坛健笔纵横,恣意放歌,而此时却远离诗坛,悄无声息。这绝非诗人沸腾的热血凝固,而是"符合真情的实感无由表达";诗人重交情,讲友谊,却不得不把友谊深埋心底,绝少交往,为的是不给朋友招惹麻烦。漫漫长夜,诗人在失却光明的"禁区"里生活。

1958年以后,公木的诗歌创作不仅量少,而且留下来的几乎都是旧体诗，都不曾发表，多是书怀和赠答友人的。这样的状况，一直延续到粉碎"四人帮"时。公木一向是力主写新诗的，为什么这时期却作起旧诗来了呢？这一方面是因为他有较深厚的古典诗词修养，更重要的是人所周知的历史原因所造成的。那时，"即或'情动于中而形于言'也多半用些隐晦的语言，更基于习俗和历史的惰性，还外加上一道平平仄仄障眼法"。好在写来只供自读，顶多送给一两个挚友看看，更往往是左嘱咐右叮咛："看过交火君"。"偶得烬余，也无非是些《书怀》、《无题》、《答友人》，七言八句，古旧之类，在质与量上都是微不足道的。这就是说，我也写起旧诗来，是在'扩大化了'的'反右斗争'到'史无前例'的'文化大革命'连亘二十年的时代背景下，以及我个人的一些历史条件和现实际遇促成的"，公木这段自述为我们研究诗人的旧体诗创作提供了方便，同时也更使我们倍加珍惜这"烬余"偶得的宝贵诗篇。

　　仔细研读，可以深深体会到，公木的旧体诗词既不是发思古之幽情，也不是超凡脱俗的田园牧歌，同作者的新诗一样，反映了热爱党、热爱祖国、热爱人民的赤子之心，抨击黑暗和歌颂光明的战士之志，以及微观生活、洞察世事的诗人之怀，尤其表现了他"问俺早知这么样，早知这样也心甘"的投身革命的矢志不移的抉择，"一唱雄鸡天又白，依然万里东方红"的对党和国家前途的坚定信念，展现了他那种"射雕鸣镝平生愿，落雁虚弓半世缘"的独特思想感情，倍见他"胸中焰火吐氤氲"的激烈壮怀和把个人得失置之度外的高风亮节。

　　这一时期，公木写得最早的旧体诗是《蒲公英》、《啄木鸟》、《咏松》。这三首诗作于1962年冬，都是为吉林大学中文系学生所办墙报的题词，从中我们可以看出处在逆境的诗人的信念和追求。尽管受到打击，他仍然渴望为社会、为人类作更多的贡献："掘得肥根良药苦，采来瘦果高粱甘。"他称赞《啄木鸟》"剥剥复啄啄，羞作呢喃鸣"，这是对学生的鼓励，也是自勉。《咏松》一诗，鲜明地表达了作者的志向。他赞美松树"傲繁霜"的品格："白露凝珠弹蜡泪，绿波侵翠闪霞光。"在诗的结尾，他气势磅礴地写道："电击雷轰根不拔，蛟龙蜿蜿蟠苍穹。"这是对松树不屈不挠精神的概括和描绘，也是诗人的自我写照。

公木对党、对革命事业炽热的感情，同样表现在其他旧体诗作中。如1964年写的《述怀四首》之一：

何处阴霾不放晴，
哪条大道没泥泞！
风风雨雨凭天意，
是是非非任党评。
肉烂依然锅里滚，
船翻犹自岸边行。
漫云踽踽沙滩浅，
白浪洪涛一脉通。

诗一开篇，作者高瞻远瞩，以唯物辩证法的判断，写出了革命历程中难免晴中有阴，更不会长阴而无晴。人生的道路上，难免坎坷泥泞，但共产主义毕竟是人生的一条大道。深邃的哲理思想统摄全篇。第三句中的"天意"是客观规律，说明一切事物的变化，自有客观规律，革命也必须遵循这个客观规律。第四句诗人坦露胸怀，从事革命工作以来的是与非，任党凭鉴，自有公论。对党一片"吾尽吾心"之虔诚，见于言表；对革命"心底无私天地宽"之情操，涵于诗里。第五、六句直抒胸臆，表明心迹。用幽默的笔调，深沉的语气，道出了诗人对革命的初衷不变，即使受到了损害与弃置，依然坚贞不渝。在其他诗中，到处都能看到这种信念的表现。诗人在另一首《述怀》中写道："坠甑已破合铺地"，"葵断蓬头仰向日"。前句用了《后汉书》中记载的孟敏荷甑坠地的故事，并巧化陆游"功名已甑坠，身世真瓦裂"的诗意。诗人将自己比喻为炊甑，纵然坠地破碎，也应当献身铺地，使坎坷变平坦，利人行走。这种"落红不是无情物，化作春泥更护花"的为他人而自我牺牲的精神，正是诗人的可贵之处。后句，诗人把自己比喻为向日的葵花，纵然蓬断花衰，亦不变向日之心，来表明自己尽管受到了无情的打击和摧残，但跟从党走、向往光明、追求真理的心志不变，信念不移。

　　诗的结尾，说出自己虽然处在一种孤行的寂寞处境，窘于浅水沙滩，但革命的白浪洪涛，却与之一脉相通，大有鲁迅那种"心事浩茫连广宇，于无声处听惊雷"的激昂而又博大的思想感情。

　　在"文化大革命"中，诗人和人民一起受难。他一次又一次地被批斗，被审查，被勒令交代问题，而罪名都是无中生有地罗织起来的。

当时，国家乱了，社会乱了，学校已没有正常的教学秩序，公木被打成"黑帮"，除了交代问题，就是参加"劳动改造"，或在学校打扫卫生，或到农场参加劳动，"锄杠作篙撑碧浪，镰刀如月割黄云"。那时，夫妻两个带三个孩子，还有一个老保姆，生活也是十分困难的。在萧瑟的秋风过后，公木沿长街拣落梢，作引柴："拣拣落梢侧道边，盈筐频得把腰弯。难雕朽木难为火，易折青枝易冒烟。"可见当时生活的困窘。

在林彪、"四人帮"横行的日子里，诗人没有低眉折腰，当然更没有用他的笔为这些权势者写半句颂词，而是忧愤交加，五内鼎沸，日夜难安。1969年写的《无题·十首》真切地记录了诗人的这种心境。诗人表示了永不向邪恶势力屈服的高尚气节，"任他顽劣嘲牛鬼，竭我悃诚师马恩"。"漫道落红无意绪，化成泥土润花根"。"收拾浮名塞敝屣，胸中焰火吐氤氲"。除了表达不屈的气节和斗志，诗人还渴望能早日廓清满天乱云，收迷雾而正乾坤。在《赠桂友兼悼张海》诗中写道："焦渴难禁思延水，迷惑莫开忆鸳湖"。他希望"万里重归大泽乡"，诗以陈胜吴广起义的大泽乡代指革命根据地延安。他认为党总有一天经历迢迢万里的曲折路程后，能重新恢复在延安时那样的光明正大。在"四人帮"作恶多端、"洒向人间都是怨"的日子里，诗人写出了民意："鱼僵倦眼望归川"。他把人民比喻为断水的鱼，倦眼虔恳地渴望党能力挽狂澜，拨乱反正，恢复人民与党的鱼水相亲关系。诗人认为丙辰清明人民群众悼念周总理、揭露"四人帮"的斗争是正义斗争，称赞贴在天安门广场的诗"非以诗篇作生命，而以生命作诗篇"。

1976年4月，公木在赠友人的诗中无限忧愤地写道："漫天缟素落平芜，无限江山尽咽鸣。鬼域几番牙咬紧，人间一片血模糊"，表示无论在任何情况下，自己的信念绝不动摇，"一自红旗拂顶额，便将热血许菁莒"，同时对党的事业也越来越关心和忧虑了。

诗人强烈的爱党、爱国、爱民的思想感情，始终像一根闪亮的金线，贯穿着一首首珍珠似的诗词，光彩夺目。"文章不是无情物"，诗是情的产物。只有充满了鲜明、强烈、深刻的感情的诗，才能放射光彩，才能产生热能，才能发出威力，才能像汹涌的洪水一样冲开读者心灵的闸门，汇流浩荡。

"口里真心话，笔端动地歌"（《坠柬拾零》）。公木的旧体诗，继承和发扬了我国诗歌正视现实、说真话、吐真情的现实主义传统。像"总为人前多犟嘴，幽光狂慧种原因"，"名高谤盛浮云过，气悍灾多暴雨淋"，"每惹权威白瞪眼，更教诗友暗操心"，"演戏何如看戏好，作歌不是唱歌人"，"学泅得溺寻常事，一片冰心在玉壶"，"好自殷勤酬父老，慎无灭裂负耶娘"等句，都是发自肺腑的真言，也是放射光辉的警句。

公木的旧体诗，和新诗一样有"骤雨狂飙霹雳光"的气势，激励人的情怀，鼓舞人的斗志，拉着读者在真理的大道上奔跑。他有"我欲以头撞帝阍"的胆量，他有"长啸挥钎凿混沌，豪歌仗剑裁昆仑"的气魄。公木有着丰富的革命斗争实践和马列主义的人生观，他用历史唯物主义对生活进行严肃的考察和思考，热烈尖锐，富有哲理，具有独特的深刻性。他的诗有雄浑而又现实、清新而又古朴的独特风格，给人以深、新、美的享受。在诗艺上，本时期的旧体诗作，"有意把民歌句法羼进诗词里，试探着使旧诗结构靠拢新诗型"。

公木对旧体诗词的认识有一个发展过程。在二十年代末三十年代初那几年间，也就是诗人从事左翼文艺的初期，曾经"把它和中医、京戏看作与发辫、小脚一样的封建残余"，不屑为之。到了延安以后，接受了整风教育，学习了《反对党八股》，而且更重要的是由于参加了以萧三为核心的"新诗歌会"，并通过他接触了延安五老的"怀安诗社"，认识到了古典诗词也能反映现实，服务抗战。但诗人仍同意毛泽东这样的意见："旧诗可以写一些，但不宜在青年中提倡，因为这种体裁束缚思想，又不易学"。然而，由于特殊的历史原因，使公木较多地作起旧体诗来了。以后随着这些旧作的发表和新作的增多，使他更多地联想到毛泽东《在延安文艺座谈会上的讲话》中讲的另一段话："对于过去时代的文艺形式，我们也并不拒绝利用，但这些旧形式到了我们手里，给了改造，加进了新内容，也就变成革命的为人民服务的东西了"。诗人风趣地说："旧瓶也可以装新酒嘛，只要酒是佳酿，旧瓶也不妨华美精致，也许有些人只有这样才更能品尝出'悠悠迷所留，酒中有深味'哩。"逆境中的旧体诗作连同在此前后写就的一些篇什，结集为《公木旧体诗抄》，诗人自谦这是一个"涩果"，然而我们却从中品尝到美的甘饴。

这一时期，公木的新诗寥寥，屈指可数。1960年冬，他创作了《夜行吟》一诗。诗中写道：

我从昨天来，
我到明天去。
告别长庚，
奔赴启明——
长庚已经隐没，
启明还没显形。

我从昨天来，
我到明天去。
头上乌云，
脚下泥泞——
乌云遮断星月，
泥泞泛起榛荆。

我从昨天来，
我到明天去，
拨开黑暗，
咬紧寒风——
寒风吹冻发僵，
黑暗泼墨染浓。

我从昨天来，

四 诗人的风采

我到明天去。
背离长庚,
面向启明——
长庚沉落天外,
启明闪现心中。

这首诗表达了他虽然处于逆境,但心中仍有一盏明灯。他的精神是昂扬的,信念是坚定的,他没有灰颓没有沮丧,如同当年投奔革命一样,"从昨天来","到明天去",坚定不移地追求光明。这是公木当时心境的真实写照。

在仅有的几首新诗中,最值得称道和研究的是写于1973年的《荆之歌》。全诗如下:

陡峭的山崖,倾斜的土岗,
是我的族类聚居的地方。
与荒芜结伴,与偏僻为邻,
蜂蝶和莺燕从不来访问。

春天公平地分给我一身绿衣,
百花园里可没有我的位置。
我不开放灿烂的花朵,
却要孕育丰富的果实。

我浑身披着骄阳的烈焰,
不怕炎热和焦渴的磨炼。
有时又娱乐在暴风雨里,
伴奏的——雷霆,伴舞的——闪电。

西风裸露了我褐色的躯体,
而夺不走我累累的果实。
这日月与风雷结晶的珍珠啊,
像一簇簇火星儿点燃在天宇。

我守卫在西红柿白菜萝卜的边疆,
呵斥那失礼的鸡鸭贪馋的猪羊:
"止步!喂,止步!"挥舞着武装的手臂,
使冒犯者垂涎三尺退后而转向。

冰冻的季节铁叉子送我进灶膛,
哈哈哈!我哗笑,我欢唱。
贡献了全部的生命,
爆发出炽热的火光。

该诗写作时,"四人帮"的概念虽不明晰,但诗人已经明显地感受到了令人窒息的"帮天下"的大气压,"眼前竟走着狐鼠蛇狼,心头丛生出榛莽荆棘"。正是在极度苦闷、找不到出路而又不甘绝望、对未来怀抱信心的情况下，写出了这首自喻诗。诗人曾说过：当时想，只要根不死，就有火种，有希望。他通篇以荆自喻，表现了诗人坚贞不渝的革命意志，在任何情况下绝不趋炎附势的高尚品格，和对人民是给予而不是索取的献身精神，以及笑迎困难的昂扬斗志。名为写"荆"，而读完全篇，一个抒情主人公的高大形象赫然站立在我们面前。

这首诗在艺术上的突出特点，是通篇采用了象征和比喻的手法，造成一种深入浅出、言近旨远的艺术境界。风格凝练，意境深邃，文字洗练，寓意深刻。它继承和发展了《诗经》、《离骚》等诗歌的表现手法，但从语法、句式、节奏、韵律等看，又是现代自由体新诗，并且渗透着外国诗的某些神韵，可谓兼具民歌、古典诗歌和外国诗歌的长处。毫不夸张地说，这首诗是公木在逆境中精心创作的一篇力作，在他的全部诗歌创作中占有一席之地。

* * * * * * * * * *

老树著花花更繁

粉碎"四人帮"，特别是党的十一届三中全会召开以后，诗人的心情前所未有地兴奋。"诸君莫笑老夫狂，老矣欣逢粉碎'四人帮'"（《虞美人》）。他轻松、愉快，有"久在樊笼里，复得返自然"的感觉，同时也感受到了肩负沉甸甸的重任，于是情动于中而形于外，思时事于心怀，遣深情上笔端。爱，爱得直言不讳；恨，恨得及至骨髓；喜，喜得眉飞色舞；讽，讽得入木三分；言，言得淋漓尽致。先后写了《祖国颂》、《真实万岁》、《申请，以及关于申请的申请》、《读史断想》、《东风歌》、《神女峰》、《蜀行杂吟》等一百多首诗，开拓面广，内容极其丰富。

对祖国、对领袖、对光明的真挚热烈的歌颂，对"四人帮"的揭露，是这一时期公木诗歌的主要内容和重要主题。"我为你唱过颂歌／也流过泪，流过血／挨过皮鞭，挨过饿／然而飓风永远摧不败／根生自衷心的花朵／啊，亲爱的古老而又年轻的母亲／我的祖国，我的中华人民共和国"(《中华人民共和国》)。这是赤子对母亲的发自内心的呼唤和赞美！对领袖，诗人也同样倾注真挚的爱。在《秧歌队员的歌》中，描写了毛泽东对秧歌队员的关心，"一件大衣披在俺身上，小心风硬莫着凉！""抬头望呵抬头望，头顶上升起红太阳。"对领袖热爱敬仰的心情跃然纸上。《东风歌》专为纪念周恩来总理诞辰八十周年而作："为了迎接您光辉的八十诞辰／让我献上一曲《东风歌》／虽然我没有婉转动听的歌喉／却有着跳动的火热的红心一颗。"

爱和憎是紧密联系在一起的。在歌颂祖国、歌颂领袖、歌颂光明的同时，诗人对"四人帮"进行了无情的揭露和鞭挞。"林彪'四人帮'／鬼蜮恣横行／更有某顾问／阴霾蔽长空／冷日瘦凄惨／猹猹吠'顶峰'"(《坚持毛泽东思想》)。周总理逝世，举国悲哀，"叵耐那蛇精狗怪／幸灾乐祸／兀自狂欢酣舞婆娑"(《周年祭歌》)。但是，"四人帮"

的倒行逆施是不能长久的。"狗怪蛇精遭网猎／神州八亿结同心"，"擒妖打鬼有来贤／一振长缨缚党奸"[《读〈天安门诗抄〉》(三首)]。

关心党的前途、国家命运和四化建设，是诗人诗作又一个重要内容。现代迷信、"两个凡是"束缚人们思想，阻挡社会进步，给党的事业带来危害，他以诗歌为武器起来斗争，一针见血地写道："若彼凡是派／都是瞌睡虫／躲在'本本'上／鼾声做颂声／大纛当虎皮／枉自夸忠诚！"表现了坚强的斗争精神。

诗人对党和国家前途命运的关注是多方面的。作为一个共产党员，他关心党的事业及四化大业的继往开来。1979年他写了《青年们准备接班》这首诗。诗中写道：

　　扭弯的铁轨——拆换，
　　腐朽的枕木——拆换。
　　拦路游荡的牛群羊群，
　　还有那蹒跚在路基上的醉汉，
　　——警笛长鸣啊，全部驱散！

如果不是从党的大业考虑，绝不能从宏观着眼写出此诗！

反映诗人对客观规律的认识，表达诗人的执着追求和生命不息、奋斗不止的品格，是其诗作又一内容。公木无论是参加革命还是写诗都经历了漫长时期，知识厚，阅历深，对事物有较深刻的认识和独到见解，这些都反映在他的诗篇里。"真理无穷极／人民将永生／滔滔若江河／前进无竭停"(《坚持毛泽东思想》)。"季节显然已经迟到／但规律不会改变／巨大的艰辛里孕育着／幻想、希望、新的诞生／正是燃烧的痛苦引爆／痛苦的燃烧"(《痛苦的燃烧》)。他规劝那些妄图割断历史的人,"如果误认为万物皆备于我／既前无古人,又无后来者／一切从我亦即从零开始／那便去磨石作犁,钻木取火／在岩洞里刻画弯弯的牛角"。"假如只会以鼻音去奚落／母亲的母亲——一个干瘪老太婆／那就永生跌在地上啃土"(《读史断想·创新》)。告诉人们做人和作诗的道理:"假如记忆的仓库倾圮／想象的能源便发生危机／假如追求的航道迷斜／理想的灯标便势必毁灭／假如义愤的火山窒息／心灵的显象便陷于凝滞"(《读史断想·未来学》)。

1981年10月,公木写了《入冬木瓜海棠重华》四首,表现了"老骥伏枥,志在千里"的不断前进精神:

> 傲雪凌霜非此家,
> 而今叶落见重华。
> 漫云枝老无颜色,
> 红紫摇梢流晚霞。

> 人间底有老来红,
> 点缀干枝迎早冬。
> 尽管浪花不结果,
> 争妍斗艳赛娇浓。

作者在大连干部疗养院庭院内，看到秋天里，春华秋实叶落枝枯，唯一夜北风，冬天来临，枝头上又含苞累累，重现光华，粉红姹紫，盈路飘香。受其启发，故作此诗。诗人以入冬的木瓜、海棠为形象，表现了诗人人老志不老，将有限的生命全部献给党的事业的赤子之心。这种思想，在他的《七十三岁自寿》中表现得最为鲜明：

　　挥手向时间告别

　　每分每秒都是永诀

　　御风与流光同步

　　一瞬一息都将长驻

表现出诗人"御风与流光同步"的紧迫感及永生追求真理的坚定信念。"老骥不伏枥，奋蹄一驰骋。时乎难再得，昂首赴征程。"对后来者和同龄人都是有力的督促和鞭策。

歌颂友谊，怀念战友，回忆逝去的战斗年华，是其诗作的另一内容。有歌颂和国际友人之间友谊的，如《别清水正夫》："逢君又别君，桥头执手看流云，云海染黄昏。"但更多的是歌颂怀念在战争年代和战友们结下的深厚友情。

1983年5月，诗人去成都参加中国毛泽东文艺思想研究会年会，与挚友刘西林分离四十七年后邂逅。"乍逢问贵姓／审视惊呼名／执手声呜咽／盘肩泪纵横。"回忆当年走上革命道路的诸友，均已先后离世，生睹今日盛世者，只剩他俩，不胜唏嘘。当年"相伴寻荒庵，偕游赴梦天。前生缘已尽，此世意犹憨"(《重逢》九首)。在这悲喜交加的时刻，"转念旧时友，悲伤摧肺肝"。许多旧友已经先诗人而去世了。《挽辞联曲·悼郑律成》、《伯箫啊伯箫》、《哭智建中》都是悼念亡友之作，情真意切。《秧歌队队员的歌》，是作者1977年9月跟王家乙、刘炽、王昆共同回忆座谈而后写成的，完全是纪实，用的是陕北信天游的形式："枣园的灯火明晃晃，火塔塔高烧在枣林旁……"读者读之似乎也加入了秧歌队的行列，情绪为之一振。

诗人还有一些诗篇是记游之作。它们写于日本的樱花树旁，蜿蜒的蜀道上，美丽的大连海滨。诸如《游新宿御苑杂咏》、《枫亭望月》、《游桂离宫》、《咏富士山》、《蜀行杂吟》、《成都》、《游汉阳归元寺》、《登山海关放歌》、《过蒲圻》等，虽然都是些记游小诗，但也并不都是闲适之作，有的也有较为深刻的思想内容。或者描绘旅游途中的心境，或者写异国风情，或者歌颂伟大祖国的大好河山，或者记录下画一样的一个镜头，格调上也与前几部分内容不太相同。《诗二首·归人》平淡、朴素、自然："久别身成客，山村人影稀。涧无石不怒，檐有蝠纷飞。晚照熔孤雁，西风扫落晖。摇拳嘿吠犬，敲杖叩荆扉。"读之有东晋陶渊明及唐朝王维诗作之韵味。

总之，公木晚年的诗歌主题更集中了，题材更广阔了，思想更深邃了，视野更开阔了，雄浑、沉稳，充满着强烈的爱憎感情和决心为党和人民事业奋斗不息的豪情壮志。

公木这一阶段诗歌创作与前几个时期相比，大致有这样几个显著特点：

第一，纯朴而真实，凝练而深邃。

公木在诗歌创作上，倾向于惠特曼的意见："我决不多费唇舌，我决不在我的写作中使典雅、效果或新奇成了隔开我和别人的帘幕。我决不允许任何障碍，哪怕是最华丽的帘幕。我想说什么，就照它的本来面目说出来。"公木在《俳句》里写道："话说得真实，不回避也不夸饰，这也就是诗。"他的诗正如他所说的那样，单纯、真实，而又像海洋一样丰富深沉，它朴素，而又像自然界一样气象万千，纯朴而真挚，读起来使人倍感亲切。

第二，雄劲而政治激情高昂，锋芒犀利，散发着新鲜的时代气息。

公木历来主张："真正的文艺作品，应当是思想内容和艺术形式的高度统一，思想内容涉及的方面当然很多，至少包括政治观点、历史观点、哲学观点、道德观点、艺术观点等等。"因而，公木在自己的诗中，尽力使自己的艺术形式和思想内容统一。他认为："我们社会主义诗歌只能在社会主义现实的基础上发展。至于表现手法尽可以千变万化，甚至创作方法也尽可以多样化，而现实主义精神则应当作为社会主义诗歌创造的最高原则。"(《政治·现实·知识》)他的诗作，都与时代的政治紧密结合。如1978年10月所作的《读〈天安门诗抄〉》（三首），就以犀利的笔锋，揭露批判了"四人帮"的罪行，歌颂了反"四人帮"的英雄，称颂他们是"擒妖打鬼"的豪杰，政治基调高昂，洋溢着浓厚的时代气息。

第三，富有哲理。

公木的几乎每一首诗，都有着明了的哲理。

他的《读史断想三题》，就是一首充满哲理的诗：

> 信心，是焰钢炼自谦虚的炉膛，
> 蘸着汗水淬砺成的镰刀；
> 狂傲，只是在不毛的盐碱地上，
> 茁生的一丛丛蒺藜和杂草；
> 不斩荆披棘，健步也会绊倒。
>
> 现实，永介于既往与未来之交：
> 刹那是永恒的一个链环，
> 颗粒是广宇的一个细胞。
> 狐鼠乱窜于榛莽间，
> 一万年也踩不出一条大道。

诗以形象的比喻，告诉人们一个深刻的哲理：在通往光明的大道上，充满着艰难与险阻。只有树立信心，克服困难，才能达到光辉的顶点。

第四，注意寓思想于形象。

尽管诗人的诗直叙较多，但他还是考虑诗歌的特性，采用一些比兴的手法，使诗中出现生动的形象。如"老妻伴我下跳棋／一步跳到兰州／又一步跳到长春／跳了一个大三角形"（《成都》），多么幽默；

"大地噘起它的唇,向星空飞吻"(《别清水正夫》),多么有趣。最让人感到神奇的是《眼睛》这首诗。《眼睛》一诗是诗人偶读《诗刊》所载孙犁的诗《眼睛》,有感而和的。这首诗反映了诗人对人生的看法。他把人生分为几个阶段:婴儿、青年、中年、老年,认为每个阶段都有其丰富的内容,而每个阶段在人的眼睛里,则反映出不同的东西。全诗以"眼睛"来贯穿人的一生,形象、真实、幽默、生动:

世界反映到婴儿的眼睛里,
大不过妈妈的奶头。
日影恍恍,月色溶溶,风丝细细,
吹不皱一池春水。

青年人的眼睛搜寻世界,
猎人追逐猎物,情人追逐爱情,
蜂蝶追逐花朵,风追逐火,
辟剥作响的光与热。

中年人的眼睛把世界探索,
实验台上决定成败的数据,
田野里判分丰歉的收获季节,
"?"与"!"起伏交织的乐章。

世界浮现在老年人的眼睛中，
一本摸索断线了的百科书，
一张偿付过了的账单，
苦辣酸咸都已中和为平淡。

第五，形式奔放自由，无拘无束，表现出随心所欲的从容。

公木对诗歌从不拘谨于古老的形式。他认为："对诗的形式，需要最大的容受性。自由体、民歌体、旧体，都有进一步发展的天地。"表明自己"很倾心于惠特曼那种奔放、自由的形式，发挥自己的语言个性"。公木后期的诗作，形式上更趋于自由。《读史断想三题》五行一节；而《七十岁自寿》一诗，却是八行一节。在韵律上，也不追求固定的格式，打破了隔行必韵的模式，有的是节与节之间押韵，有的是隔节才韵。这种无拘无束的散文化诗歌，读起来自由活泼，自然流畅，潇洒豪放，意境显得更深远宏大。

＊＊＊＊＊＊＊＊＊＊＊

以生命为诗篇

公木是一个爱诗的人，达到真挚、酷爱的程度。你问他爱得有多深？有诗为证：

什么
生命力最久长？
什么
光照的最深最强？
是你啊，
我心爱的诗
……

我轻轻地低语，
用我底唇，
贴近你底耳根。
我有时也激动地狂吼，
暴跳着向着你，
像向着一位老朋友。
……

我爱过许多男人和女人，
却从没有
像爱你这般深。

这是公木 1941 年 9 月创作的诗歌《我爱诗》(后改为《我爱》)中的诗句。为什么爱得这般深？仍借用《我爱》中的诗句作答，因为——
　　雷闪，
　　不能把光芒和声响，
　　永留在天空。

　　颤抖的星，
　　水样的月光，
　　甚至灼烁的太阳——
　　能够照穿乌黑的夜，
　　直到把黑夜消灭。

　　然而它们照不亮
　　人的心，这大海洋：
　　……

诗人认为诗歌艺术能够照亮人们心底的海洋，能够引导人们思想的航船驶向光明的未来："你把一代的精神，／赋以活的呼吸，／吹向来世。"诗人认为诗歌创作还应该歌颂正义，歌颂真理，鞭挞一切剥削者和丑恶的事物：

　　你拂去蒙蔽正义的尘土，
　　你使罪恶低头而战栗。

你比空气更轻灵,
你是前进的急先锋。
对每个新辟的领域,
你总是做向导。
你的伴随,
是创造的意志,
是真理的美。
……

公木自幼喜爱诗歌,三十年代初期登上诗坛。他一直是位"业余诗人",但他的诗歌却直接服务于他所从事的革命事业。正如他在《公木诗选·后记》中说的那样:"吾十五而有志于诗,是从《千家诗》之类学起的……二十岁参加左联,认定了'文学是宣传',逐渐形成歌诗与诵诗的概念。从那时计算起,已整整过了半个世纪,一直是个业余诗人,就个人一点儿狭隘的实践经验说来,诗要用形象思维,必须抒发真情实感,形式应该不拘一格。……是否可以说从属于政治呢?我的答复是肯定的。前面所说的'业余',实质上就是'政治之余'的意思。首先是个战士,然后才是诗人。永远如此,不容颠倒。"

他十分赞同萧三的两句话:"我们首先是共产党人,然后才是诗人。"他说:"这话给我打下的烙印很深,我的理解,这就是说我们都是政治诗人。"公木的全部诗歌创作,都是沿着"政治诗人"的道路发展的。公开说明自己业余创作的"业余",就是"政治之余",这样,诗人就以极大的政治热情关注着政治，使更多的诗明显包含着政治内容，并且认为这是作家应具有的明确的社会责任感和历史责任感。自己要肩负起责任感，终生不渝地沿着这个方向走下去。

公木发展了萧三"我们首先是共产党员人，然后才是诗人"的观点，或者说把这种观点具体化，把"首先是个战士，然后才是诗人"（诗集《我爱》后记）作为原则坚守。这一信条不仅是诗人的思想原则，也是诗人的真实人生历程。公木是在革命的大熔炉里成长起来的诗人，他始终把自己的命运和党的命运、国家的命运紧密地联系在一起；他的诗歌创作，一直是与党的事业密不可分的，是与政治密不可分的。诗人曾经说过："我也曾经思考，经过怀疑，经过悲欢离合，经过检验抉择，最后才认定了要做一个'齿轮'，一个'螺丝钉'，一颗'铺路石子'的。不是我一个人的，而是我们一代人，追随着我们的前辈，面向着屠刀和战火，蜂拥地走到这条政治道路上来的。只就我个人的一点点经验来说，不是别的，正是政治给予我的生命以意义，给予我的诗歌以生命。"正是因为他有甘当党的事业的一个"齿轮"和"螺丝钉"的精神，才能在历经坎坷、几遭磨难之后，仍那么专注、那么热忱、那么坚定地关切党和国家的前途命运。

关于诗和政治的关系，公木自有清醒的认识，曾在多种场合做过阐释。他说："'为政治服务'（现在不作为口号来提倡，而我也不认为它有什么不对）并不意味着做'啦啦队'，而是兴观群怨，正变美刺，原是以诗做主体，由诗人来裁断的，即使所谓'纯诗'以及'纯诗人'也无法回避，莫不皆然，淡化以至摆脱政治，岂不也是一种政治态度？至于我，这一点从来没有含糊过的。""要进行政治宣传，也并不排斥艺术审美，力求思想性与艺术性相统一。政治与艺术，有矛盾对立的一方面，也有相辅相成的一方面，对我来说，两方面都有，而主要是后者：是革命给了我的生命以意义，给了我的诗歌以生命。从整体看，从长远看，这是一点也不含糊的。所以，政治之与诗，有人看作是病原体，我无意跟他们抬杠；但是，若依我看，则无宁是维他命，这也是没有任何人任何理由能说服改变的。""近来倡导重写文学史的论者似乎有一种说法：在延安，斗志昂扬，情绪高涨，只是审美完全被政治压扁了、挤干了，只剩下枪杆诗、街头诗和民歌，新诗被歌咏取代了，'我'被'我们'淹没了。可是，作为一种否定的见证，我却正是在这个环境里成熟起来的。在延安，我不仅结识了萧三、柯仲平、天蓝、何其芳、艾青、厂民、鲁藜以及郑律成、刘炽、向隅、冼星海，而且还接触了广大的工农兵群众和数以十以百计的爱好诗歌的青年同志，有的结成为终生的战友；我不只阅读屈原、司马迁、陶渊明、李白、杜甫、苏东坡以及惠特曼、聂鲁达、歌德、泰戈尔、普希金、莱蒙托夫、马雅可夫斯基，而且还发现了《信天游》、《兰花花》、《骑白马》、《打黄羊》、《走西口》、《绣荷包》以及像杂花生树、群莺乱飞般无数生动活泼的民歌小调。凡此一切，都启发并助长了我的审美意识，都在我的诗作历程上留下或深或浅的痕迹。更尤其值得一提、不容忽略的，正是在延安，其时其地，实现了马克思列宁主义普遍真理同中国革命具体实践相结合而产生了毛泽东思想，徘徊在欧罗巴的幽灵取得了亚细亚的形象：'幽灵转世中华相'，它标志着改变世界形势的中国革命的新阶段。具体落实，特别是经过整风运动，经过延安文艺座谈会，经过大闹秧歌运动，更给我、我的灵魂和我的诗打上了深刻的烙印。我明确了：文艺的工农兵方向，生活是文艺创作的源泉，源与流的关系，以及大众化的真实涵义与大众化的途径等等。这些无一不在我的诗创作的实践中得到验证，并指导了我的诗创作。"

公木还说过："以诗为生命，是二流诗人，以生命为诗是一流诗人。"显然，他不主张一个诗人以成为诗人或写出诗篇为目标，而是主张，一个诗人要投入革命洪流，以人类解放和人类大同为宏伟目标，把整个生命熔铸进去，写出讴歌时代推动社会进步的壮丽诗篇。

对诗歌和人民的关系，公木坚持诗歌为人民服务、为大众服务的观点。对某些人鼓吹的"自我表现"论、"文学本来就是少数人的事业，我宁愿为一个知音低唱'阳春白雪'，也不想给十亿盲众高唱'下里巴人'"进行了有力的批驳。并说："毋庸讳言，马克思主义不承认有什么绝对不变的永恒真理，而认为真理是一个过程。讲话（指毛泽东《在延安文艺座谈会上的讲话》——作者注）只是指出了一个前进的方向，在一系列根本问题上点明了正确的立场、观点、方法，我们必须根据新的实践经验，根据四十年来经历的胜利与挫折，根据当前世界革命形势与中国社会主义现代化建设的任务，根据科学文化的新成果，特别是文学艺术的新探索，不断丰富它，继续发展它。"他明确指出："大众化"，不是"化大众"，不是诗人自以为"高"，去俯就大众，而是向人民学习，把立场观点以至欣赏趣味移到人民方面来。当然，不是要扼杀个性和创造性，而是在人民的土壤中培植出"个性"，发展出"创造性"。"我总觉得离开现实，离开时代，离开人民，没有一条单独的'诗歌的'道路可以探索前进。古人已说过'汝果欲学诗，功夫在诗外'。'回到诗自身'，不能作为脱离现实、脱离时代、脱离人民的理论依据。如果脱离了，也便不能'回到诗自身'。""'回归文学'是厌烦现实、逃离社会的一种状态，在摆脱'政治侍婢'的地位这一方面，起过一定积极作用。但是它基本上违反意识反映现实、生活是唯一源泉的艺术规律。绝对化走到极端，便意味着回到象牙之塔，回到薄薄的大脑皮层，自我掏空，自我封闭。凡疏离人民者，自然也会被人民所疏离。"

纵观公木其诗其人，观察他从热情走向理性又走向智慧，从亢奋走向清醒又走向通达，而紧紧伴随其一生与艺术创作过程的是始终不变的执着与真诚。而这种执着和真诚，又建立在对发展方向的理性认识基础上。毫无疑问，公木诗中饱含着一种始终不断的激情。那份奋激与热情发源于中国知识分子"以天下为己任"的传统情愫，也来自于诗人个体人格的崇高和理性意识的清醒。激情是一个诗人的生命特质，但是，一个真正的诗人除了具有激情之外，还应具有自己的思想。单纯的激情不过是一种人生感受的宣泄，而思想则是一种人生价值的判断。公木曾经说过："诗以情感为主，但归根结蒂仍必奠基在理智上。"（《我爱》后记）

五 学者的风范

一本书折射出的高尚品格

人们常说一滴水可以折射出太阳的光辉，同样，一件典型事例，也可以折射出一个人的品质。《先秦寓言选释》是公木和朱靖华合著的一本书，从这本书的曲折出版过程，以及公木对人对事的态度，可以看出公木宽广的胸怀和忍让的品格。

公木在文学讲习所任所长时，朱靖华是所教务处的工作人员。朱靖华刚大学毕业不久，爱学习和钻研问题，公木鼓励他在做好本职工作的同时，积极备课争取做兼职教员。在公木的鼓励、支持下，朱靖华终于登上讲坛，给学员辅导古典诗词和外国小说，并从此开始逐步成长为一名有较高成就的人民教师，多年后成为有重要学术成就的著名专家、学者，不过这是后话。当时朱靖华"初出茅庐"，正是虚心问学的年龄阶段，他遇到了一个慈祥的长者，一个充满经验、智慧而又谦虚的学术引路人。朱靖华这样写道："我年轻时代，有些不自量力，很早就做着'写一本书'的朦胧的梦，谁料到我有幸际遇了公木同志，他使我那既朦胧又空幻的梦得以实现了！他帮我开了一个好头，并从此奠定和影响了我一生的科研方向和人生道路。"确实，朱靖华遇到了一个好老师，一个好的小环境。

1954年初秋，公木走进了北京鼓楼大街一百零三号中国作家协会文学讲习所，先是副所长，不久就任所长，全面主持文学讲习所的工作。学者邢小群在《丁玲与文学研究所的兴衰》一书中说："如果说文学研究所的时代是丁玲的时代,那么文学讲习所的时代应该是公木的时代。"丁玲时代的标志是"一本书主义",提倡作家以一本书名世,显示自己的才华,为社会作贡献。公木时代的标志是创作和教学并重,"得天下英才而教育之",把自己已经积累起来的丰富教学经验潜移默化到培养新中国所需要的文艺创作和研究人才。他到任不久,文讲所新增设了"文学概论"、"语法修辞"、"中共党史"、"世界近代史"等课程,还进行《红楼梦》、《水浒传》以及鲁迅、托尔斯泰、契诃夫、莎士比亚、马雅可夫斯基等一系列专题研究。他自己担任古典诗学的教学任务,并编印过《中国文学史》讲义。来这里学习的学员们都有一定的创作基础,他们除了听名家讲课和阅读名著外,主要是自己搞创作,然后再让教师进行指导。老作家和学员的关系是固定的,如艾青辅导张志民,张天翼辅导邓友梅,公木辅导流沙河,等等。

公木有浓厚的"学院情结",他雄心勃勃地提出了文学讲习所向正规化过渡的五年和八年计划,目标是办成高尔基文学院式的正规院校。他甚至发誓说:"不办成高尔基文学院式的正规大学,死不瞑目。"

在这种思想指导下,公木在教学实践中坚持教学与创作并重、教学与科研并重,要求全体学员夯实基础、厚积薄发,要求教员既要搞好教学,又要注重科研,用科研成果推进教学质量提高。对此,朱靖华有极其深刻的印象:

记得有一天,我去请教公木同志有关教学方面的事情,他兴致勃勃地拿起办公桌上一份庞大的教学计划说："培养一个高水平的现代作家和评论家，没有系统的文学知识和丰实的文学素养，单靠短时间打突击战的方法是办不到的！"他双目炯炯有神，异常兴奋地说："要提高学员的马列主义水平，要研读中外古今的一些名著，要加强创作实践……"原来，他手上拿的是一份建立"文学院"的规划。公木同志那时正值旺盛的中年时期，他的头上虽已有几茎斑白的鬓发，但他那丰圆的脸上却闪烁着晶莹的红光，厚厚的嘴唇角边，不时挂出丝丝的微笑，在他内在心灵里似乎充满着奋发向上的事业心，整个姿容透露着他特有的诗人兼学者的开拓性气质，令人顿生敬慕之情。他接着说，要在文学讲习所建立一套课程和教材，要准备讲授中国文学史，并从先秦起，配合编一套古典作品选释。他满怀信心地鼓励我参加教研组的教学工作和选注古代作品的工作，要我大胆地在实践中锻炼提高。我这个本来就富有幻想的人，听了他的远大规划，浑身热乎乎的，顿时情不自禁，为之意驰神往。而使我最激动的是，他慨然答应，要我协助他编注《先秦寓言选释》一书的工作，我当然欣然从命。

朱靖华所说的公木编注《先秦寓言选释》一书，就是公木"要求别人做到，自己首先做到"的一个具体行动，他坚持定期辅导学员、认真搞好教学，同时坚持进行科研活动。《先秦寓言选释》是他在东北师大时就着手进行的科研项目，现在又重新捡起来，并在《光明日报》连载了多篇系列研究文章,手头已积累了足够成书的大量文稿,而且已与中国青年出版社签订了出书合同。朱靖华深知公木让他协助是给他一个学习、成名的机会,是为了使他在科研道路上更好地成长进步。真是"无私的园丁"啊,他打内心深处赞叹。

合作的过程是愉快的,对朱靖华来说,合作又是一个不断成长进步的过程。公木谆谆告诫他:要练好基本功,要通读先秦诸子书,要在众多笺注著作中择善而从,要善于思考,不囿于固有见解,要严谨治学,立论有据……这些朱靖华都铭记在心,成为今后著书立说遵循的原则。

寒来暑往,经过两人共同努力,《先秦寓言选释》于1956年夏基本定稿,后又几经修改,送到了中国青年出版社。在将要出版时,公木遭遇了人生不幸。1958年7月,正在罗马尼亚访问的公木被急召回国,作为"反党反社会主义右派分子"被揭发批判,最终在10月末被中国作家协会划为"右派分子",开除党籍,降为行政十五级,并下放劳动改造。自选诗集《人类万岁》原定由人民文学出版社出版,现在也被取消。

1958年末,中国青年出版社决定出版公木与朱靖华合著的《先秦寓言选释》,通知朱靖华必须把公木署名去掉。朱靖华向出版社提出要求,如实在不便于在书上标明公木的名字,也应在书的后记或前言中说明此书系两人合作而成。但这一点要求,出版社也未能允准。在这种情况下,朱靖华怀着忐忑不安的心情多次写信给公木,终因地址不详而被退回。当时的情况是,两人合作的书出版了,署名却是朱靖华一个人的，他的心里充满了内疚和亏欠之情。

而更让朱靖华内疚和感到亏欠的事还在后面。"文化大革命"初期，朱靖华也遭到了灭顶之灾，他被打成"漏网右派"，并下放劳动改造。为了收集他的反动言论，造反派们从《先秦寓言选释》中找材料，当得知此书是朱靖华和公木合作时，他们喜出望外，以为找到了潜伏在朱靖华后面的"黑根"公木，于是派人到长春找公木"算账"。让朱靖华由衷感动的是，此时已身负重压的公木竟然挺身而出，把全部"罪过"都揽到自己身上。当造反派非要说书中的《说明》部分有问题，公木说："书中的《说明》部分，全部由我执笔，与朱靖华无关……"就这样，在享受成果的时候，公木未能署名，而因此书遭受灾难时，公木却站出来为朱靖华挡风遮雨。这是一种什么样的品格？如此高贵的品格，世界上有多少人能够拥有？

朱靖华在晚年说：

《先秦寓言选释》出版，是一场灾难，是一场噩梦；但同时，它却又是一部师生情义交织融汇的见证书，一部无私奉献者的崇高心灵坦现史，一部启示了我人生价值和走什么样的路、做什么样人的教科书。它的问世历程是令人心酸的，但它却是更具魅力的、甜美的、令我铭记难忘的一块里程碑。

"四人帮"粉碎以后，朱靖华与中国青年出版社负责同志联系商定，和公木再度合作，把《先秦寓言选释》扩大为《历代寓言选》重新出版。出版社负责同志诚挚地表示："借此还清历史旧账，并作为向公木同志致歉的表示。"于是，两人合作出书的夙愿，终于经过近三十年的波折而得以实现了！1983年、1985年《历代寓言选》上、下册相继出版，两个人血汗凝聚而成的科研成果，折射出公木熠熠生辉的人格魅力。

* * * * * * * * * * *

纵使凌云仍虚心

"未曾出土便有节，纵使凌云仍虚心"，这是古人对竹子的赞美。竹，挺拔秀丽，俊朗高洁，无论长得多高，纵使凌云，也虚心向上，永远谦虚谨慎。公木具有竹子一样的品格，尽管在诗歌创作、教书育人、学术研究等方面取得显著成果，但从来没有居高自傲、恃才傲物等一些名人身上常有的毛病，保持着谦逊的本色，低调行事，不喜张扬，不争名，不争利，待人接物谦虚和善、友好相处。既像竹子一样虚心向上，又像果实累累的向日葵那样质朴厚重。

公木的学生和所有接触过公木的人，都有着太多这方面的记忆。

在教学中、在接受采访中，只要提到《中国人民解放军军歌》，公木总是突出郑律成的功劳和贡献。他在不同场合这样说：

"是郑律成的曲子作得好，是音乐给歌词插上了翅膀。"

"题目是郑律成同志提出来的，布局也是律成定的，我不过写了八段歌词。"

"是郑律成同志为虎添翼。"

……

公木曾经对《东方红》的歌词进行整理，"东方红续成三叠"，他以诗的形式记载过这件事，也曾经在新中国成立初期的出版物中署名，以后由于种种原因，词作者就只有李有源了。有人问他："1949年出版的《大家唱》第三集，发表《东方红》歌曲时，署名是张松如改词，后来署名怎么又变了呢？"公木淡然地说："我只是在沈阳参与整理的执笔人，不能掠取创作之名。"

公木参加过电影《白毛女》、歌剧《青林密信》等剧的歌词创作。后来谈到这些，公木很低调地说："一般说，我参加过部分歌词的编写，但不能一定要说哪几段是我写的，更不能由此把歌词都编到我的诗集中去。"

众所周知，《英雄赞歌》的歌词为公木所写。这有影片《英雄儿女》当年的署名为证，有公木回忆具体写作过程的文章为证，有邀请公木作词者的回忆文章为证，《英雄赞歌》毫无疑问是公木作词，而非其他什么人。但在他生前曾起过"波澜"，一家报纸在刊登这首歌的歌词时，把作者署名标错了，"公木"署名没了，代之的是另外两人。一些亲朋好友主张公木出来"澄清"，但他也只是在报纸上发表一篇文章，把自己当年创作的经过又说一遍，让人们知道事情的真相而已。他相信那是一个"美丽的误会",没有谁会成心这么做。其宽宏大度与淡泊名利可见一斑。

在中国文坛,自古以来就有"文人相轻"的不良风气,尤其是文人之间互相看不起,贬低别人抬高自己身价。这种事例并不鲜见,根子是"名利思想"在作怪。公木淡泊名利,因之在与朋友交往中能够"文人相喜",特别在意学习别人的优点和长处。他推崇臧克家、艾青、丁玲等同辈人的作品,对一些年轻后辈的作品,也非常注意他们表现出的长处。在《春风函授》第六期上,公木把自己写的一首《蒲公英》和顾城写的《蒲公英做了一个梦》进行比较,自谦地说:自己的《蒲公英》概念化,干干巴巴没有诗意,也没有诗味,而顾城的《蒲公英做了一个梦》却"美极了!"美就美在活泼的想象和生动的联想,"人们读了它,感到美,觉得愉快"。

顾城的诗《蒲公英做了一个梦》如下:

蒲公英,蒲公英
蒲公英做了一个梦
梦见它变成了一朵云
一片最白的云
一片最轻的云
飘在蓝天中
晚上的风来采棉花
采到了白云

采到了白云做纱裙

做呀做

做成了一条长纱裙

送给月亮吧

月亮爱干净

为什么？为什么？

可能今天要结婚

可能今天要结婚

月亮换上了长纱裙

迷蒙蒙，迷蒙蒙

谁也看不清

　　一个人的谦虚不是"作秀"，不是装出来的。所以"谦虚"，是因为对社会、对他人、对自己有正确认识。一个人纵有再大成就，也会山外有山，天外有天，人外有人，"强中自有强中手"，"人在江湖走，哪有无敌手"，谦虚就能放下身段，取向别人学习的姿态。纵使天下无敌手，也有美女色衰、英雄迟暮那一天。即使站在潮头，稍不进取，也会被抛在大潮的后面。一般说，有重大成就的人，基本上都是有见识的人，越有成就越谦虚谨慎，如同稻穗，籽实累累时却弯下了头。浅薄的人，取得一点成绩就沾沾自喜，如狗尾巴草，没什么分量，却总是高昂着头，欲与稻穗相媲美。当然也有获得重大成就而被胜利冲昏头脑的人，如李自成之类，打进北京之后"天天过年"，屁股还没坐稳，就被吴三桂带清军撵得狼狈逃窜。因此，毛泽东在从西柏坡向北京进发时，才有"进京赶考"告诫，要求全党同志做到"两个务必"："务必使同志们继续地保持谦虚、谨慎、不骄、不躁的作风，务必使同志们继续地保持艰苦奋斗的作风。"

一个谦虚的人，知道继续进取，便必然淡泊名利，不为已有名利所累。如居里夫人竟将所得的奖牌送给孩子当玩具。因为那些奖牌只代表过去，躺在奖牌上睡大觉，只会淡出人们的视线。

公木是智者，对以上道理深有体悟，他的谦虚是真诚的，他的淡泊名利也是真诚的。老友臧克家这样评价他：

现在诗坛上歪风邪气，可谓多矣，重矣。主要是结帮成派，互相吹捧；争名争利，不讲人品与诗品。在这种混乱情况之下，公木同志的诚实、谦逊，埋头耕耘不问收获的精神，是独出的，为我所敬重。记得去年，他在延安时写的军歌歌词受到嘉奖，在某些人就会趁机宣传自己，或请人写文加以吹捧，以增个人身价。可公木同志为此事来了北京，又默默地回长春去了。他几十年伏案钻研，无间冬夏，他求的是真学问，为人也为己。他写的诗也为了表现时代，表现现实生活，绝非为个人名利争朝夕。歌词，在某些崇拜艺术至上的人的眼中，是低下的，不肯写。而公木同志写了，发生了普遍的影响，几十年来起的作用很大。但自己并不以此炫耀，只觉得为革命做了一件应该做的事情而已。

同一个谦虚的人必是淡泊名利的人一样，一个谦虚的人，也必是一个谦和的人。他把自己放在人民中，放在群众中，真正是"要做人民的先生，先做人民的学生"。公木就是这样一个谦和的人。

公木的学生、后来留在吉林大学中文系任教的郝长海教授回忆：

> 我对公木老师进一步认识和了解，则是我毕业留系任教之后。当时正值"文化大革命"时期，我们共同参加各种活动，共同上山下乡进厂实行开门办学，不仅要接受工军宣传队的再教育，而且还要接受"上大学、管大学、改造大学"的工农兵学员的再教育。记得七十年代初，我们中文系的十几位教师与第一期工农兵学员一起，到扶余"七〇油田"（今吉林油田）开门办学，师生同吃同住同劳动同学习，一个大棚子既是我们的住处，也是我们的教室。公木老师和大家一样，认真地做着自己所应做的一切。他是那样的和蔼、平易近人，工农兵学员和工人师傅对他也特别尊重。

公木的学生于殿才回忆：

> 35年前的冬季，公木先生已是年逾花甲之人，在以社会为工厂的文科办学声中，我们班和老师一起走到吉林省怀德县朝阳坡公社。住的是泥草房，睡的是硬火炕，吃的是百家饭，干的是生产队的活，上课在村小。这样的生活和上课条件，对于一位曾

经有过辉煌经历的老人，实在是有失公允。我们怀着对先生崇敬中带有畏惧不安的心情，向其述说着学习生活的艰辛，对这里的生活条件差表示歉意。老师只是淡淡一笑，摊开他那写就民族乐章的大手，略带严肃地说："这又怎么了？老百姓不也是这样生活的吗？咱们不都是从老百姓中来的吗？"老师的话让我们受到感染和教育。

毛泽东说过："谦虚使人进步，骄傲使人落后。"我们要牢记这一告诫，像公木那样，不管取得多大成就，"纵使凌云也虚心"，戒骄戒躁，不断进取，努力取得新的进步。

* * * * * * * * * * *

作诗·治学·为人之道

公木晚年，把自己作诗、治学、为人之道，归纳为：理论（文艺）建设意识，学术（创作）自由心态，真理（审美）追求精神，道德（纲纪）遵守观念。不拜神，不拜金；不崇古，不崇洋；不媚时，不媚俗；不唯书，不唯上。对上述归纳，公木曾在不同场合做过阐释，还写成文字赠送亲友。他自己则奉为座右铭，严以律己地遵循之。这个"道"是其一生作诗、治学、为人的经验总结，也是自己前行道路上遵循的原则，值得后世珍视和借鉴。

关于写诗、为人，已经有较多篇章涉及，这里重点叙述公木在治学方面走过的道路，从中寻求他思想发展的轨迹。

公木的学术研究起步很早，到晚年老树著华，更是硕果累累，为繁荣发展社会科学的一些领域作出了重要贡献。1935年公木《屈原研究》一文，署名章涛，刊于《东方文化》3月号上，同年还由北平震中印书局出版了他的第一本专著《中国文字学概论》。1954年他与杨公骥合写《中国原始文学》，并共同拟定《中国文学史纲目》。1958年与朱靖华合著的《先秦寓言选释》，由中国青年出版社出版。1979年1月，公木二十余年的冤案得以昭雪，被错划为"右派"的问题得到改正，恢复了党籍，进入人生新时期，学术研究也进入黄金阶段。他"御风与时间同步"，抓紧一分一秒时间著述写作，相继出版了《诗要用形象思维》、《老子校读》、《老子说解》、《诗论》、《商颂研究》、《历代寓言选》等专著。他还担任全国重点科研项目《中国诗歌史论》的学术带头人，主编《中国诗史》、《中国诗歌史论》等多卷本专著。皇皇六卷《公木文集》，其中大部分是这一时期完成的。特别引起学界关注的，是他在晚年出版《第三自然界概说》，提出"第三自然界"的理论范畴。他对《老子》等古代典籍的研究，将历史文献和出土文献相结合，开拓出学术研究的新境界，受到海内外学界的高度重视。

吉林省原社会科学规划办公室主任慈彪回忆：

> 1987年，公木先生主持承担了国家哲学社会科学"七五"规划重点项目《中国诗歌史论》的研究工作。这项课题的研究者

以吉林大学为主体，包括了来自东北师大、上海师大、北京语言学院、山西师大、辽宁师大、青岛大学、河南大学、山东省社会科学院等一批中青年学者。先生带领这些中青年学术骨干，呕心沥血，历时近十载，终于完成了蔚为壮观的课题最终成果《中国诗歌史论》丛书的撰写任务。全套丛书共九卷300万字，由吉林教育出版社出版。这是海内外第一套全面系统总结阐发中国诗歌艺术，展现其民族文化精神的大型学术著作。从先秦开始，一直到近、现代，对古今数千年数量浩繁、内容丰富的中国诗、词、曲、赋，加以全面系统的综合研究，完整地描述了其产生、兴起、繁荣、演变的漫长历程和内在规律，深刻揭示了其感人肺腑的艺术魅力与华夏民族精神的内在联系，及其在世界文化背景中的重要而独特的价值与意义。1996年7月5日，在吉林大学召开了《中国诗歌史论》丛书出版座谈会。座谈会由吉林大学副校长张文显教授主持。省委宣传部常务副部长杨海泉、省新闻出版局局长许华应、吉林大学校长刘中树教授、吉林大学党委副书记邴正教授和高清海教授、李炳海教授、钟优民研究员、毕万忱研究员、张人和研究员等知名学者及吉林教育出版社、吉林省社会科学规划办公室、吉林大学社会科学研究处的负责同志出席座谈会。那天，公木先生不顾86岁高龄，在夫人吴翔老师的陪伴下，兴致很高地来到会场，并非常认真地亲身向大家介绍课题研究和成果出版情况。会后，他热情地与大家合影留念，这张照片一直压在我家里写字台的玻璃板下，使我时时看到先生慈祥亲切的面容。先生还在赠送给我的《中国诗歌史论》丛书第一卷《先秦诗歌史论》的扉页上，亲笔题词"慈彪同志留念　张松如　96.7.5"，笔锋刚劲有力，这题词成为我珍贵的留念。

与《中国诗歌史论》研究的社会环境不同，公木开始研究老子尚处于"文革"期间，身处逆境，他珍惜寸阴，利用"评法批儒"机会，写出了《老子校读》的初稿。1973年12月湖南长沙马王堆三号汉墓出土的帛书《老子》甲本和乙本面世。公木以帛书《老子》甲本和乙本为底本，参照晋王弼、唐傅奕、宋司马光、宋苏辙、明清之际王夫之、清焦竑及近人奚侗、马叙伦、朱谦之诸家的注本与考证本，就《道德经》上、下篇八十一章逐段、逐句、逐字地作了今译和解说，通过校勘与注释，就历史上存在的有关《老子》书在文字上与句读上的歧异，作了新的明确的论断与阐释；通过今译和解说，对老子的思想及其理论体系进行了分析和论述。这样就形成了《校读》一书。随着对老子思想研究的深入发展，到1984年，公木又在《校读》的基础上除对《老子》书中文字、句读上存在的疑难问题作了进一步的推敲之外，又着重对老子的思想观点与理论体系作了深入的揭示与探讨，推出了《说解》一书。公木在东北大学时的学生乌恩溥认为：《校读》与《说解》在老子研究方面，在学术界堪称独树一帜。首先，在《老子》文字的校勘、训诂方面，在对历史上诸家的注本作了大量的周密的详细的参证、对比的基础上，对《老子》书在历史上存在的一些文字、句读上的分歧，提出了自己独到的见解并作出了精辟的论断。比如，第十一章，学术界普遍流行的读法是："三十辐共一毂，当其无，有车之用。埏埴以为器，当其无，有器之用。凿户牖以为室，当其无，有室之用。"公木依据马王堆汉墓帛书《老子》甲、乙本指出：帛书《老子》甲、乙本在这三句后面有三个"也"字，因此，这三句当读作"三十辐共一毂，当其无有，车之用也。埏埴以为器，当其无有，器之用也。凿户牖以为室，当其无有，室之用也"。同时援引毕沅、马叙伦诸家的注本作为参证，作了详细的说明。这对于理解老子的"无"这一哲学范畴的内涵，具有十分重要的意义。类似的例子不胜枚举，仅举此一例可见一斑，表明公木在学术见解上颇富灼见。其次，在老子思想理论体系的分析和阐发方面，公木更是高屋建瓴，力排众议，进行了创造性的独具特色的阐释和分析。比如，关于老子哲学的本体论问题，学术界通行的看法，认为老子提出的作为宇宙本体的"道"是精神性的实体，因此，老子的哲学体系是客观唯心主义的。对于这种观点，公木旗帜鲜明地申明说："我们不这样看"。通过对第二十五章、第二十一章、第十四章诸章的分析指出：老子的"道"是在天地未辟之前，早已存在的物质性的实体。它无象、无声、无息，但却是不以人的意志为转移的永远的存在。它无所不包，无所不在，并处在永远的运动中。它的运行规律是自然的；它既是自然的规律，同时也是社会的规律。人们只有按照"道"的规律行事，才是体认了"道"。据此，公木强调指出："道"的这些属性和规定决定了老子的理论体系是朴素的唯物主义的思想体系，而不是唯心主义的思想体系。二如，关于老子哲学的阶级性问题。国内学术界一般的看法，认为老子是没落奴隶主贵族阶级的代表，主张开历史的倒车，在历史上起着反动的作用。公木不同意这种看法。他指出：老子生活在春秋末期，当时铁器已经普遍使用；随着社会生产力的提高，社会生产资料所有制形式已由领主井田制向地主庄园制转变。当时社会生产关系的主要矛盾，是地主阶级和农民阶级的矛盾。在这样的社会条件下，老子谴责统治阶级纵情恣欲，厚敛财货，主张"无为而治"，使民自化，这无疑也是反映了农业小生产者的愿望和要求，代表着农民阶级的利益。因此，老子的哲学对于社会历史的发展起着积极推动的作用，老子是进步的思想家。这些真知灼见充分展现了公木在学术研究领域的卓越风采与高超境界。其三，在揭示老子的思想理论体系存在的内在矛盾时，逻辑周严，合情入理，颇具说服力。公木指出：在老子的思想理论体系内部是存在着内在的矛盾的。老子作为农民阶级的思想家，在自然观方面是朴素的唯物主义的，是无神论的，在方法论方面是朴素的辩证的；但是，在认识论领域，老子却从以道观物的立场出发，忽视感性认识，片面地夸大理性认识的作用，从而陷入了唯心主义的泥沼。老子的朴素唯物主义的理论体系，怎样能和唯心主义的认识论统一在一起呢？老子哲学体系的这种内在矛盾应该怎样来回答呢？对于这个问题，公木解释说："道"作为一个哲学范畴，是一个抽象的概念。把这种抽象的概念绝对化，就必然地要走向唯心主义。老子正是从把"道"绝对化的立脚点出发，来阐述他的认识论学说的。加之，在方法论领域，老子的朴素辩证法思想存在着形而上学的不彻底性；在社会政治思想领域存在着复古主义倾向。这些因素综合到一起，就不可避免地导致老子在认识论领域走向唯心主义。老子朴素的唯物主义的理论体系和他唯心主义的认识论是统一的、一致的，是并存不悖的。这里所举的仅是几个比较明显的例子。其他诸如老子其人其书、老子社会政治思想的其他方面、老子的无神论思想、老子的朴素唯物主义思想的其他方面、老子的朴素辩证法思想、老子的认识论的其他方面亦即老子哲学的失误与不足之处，公木都作了全面的深入的探讨、论证和分析，对于目前国内通行的关于老子哲学的一些观点与见解，也作了透彻的辩驳与剖解。

公木在老子研究方面取得的成果在海外产生了广泛的影响。陈鼓应先生见到《校读》、《说解》之后来到吉林大学访学，并就老子哲学有关问题与公木交换意见。随后，双方商定在老子哲学和庄子哲学研究方面进行合作，并共同出版了《老庄论集》一书。日本东京大学池田知久教授和日本中央大学斋藤道彦教授在了解到公木关于老子研究的成果后，给公木来信，要求前来访问。公木热情地接待了他们，并与之进行座谈，就老子哲学有关问题进行了深入讨论。美籍华人谢善元教授为了向海外介绍并传播中华文化，计划拍摄一部有关老子的三十分钟电视短片，以便在美国电视台播放，特致函公木，邀请他为该片撰写解说词。日本金森道尚先生有志于研究老子哲学，曾先后两次来到吉林大学与公木晤面，并就老子哲学有关问题向公木请教，公木耐心细致地作了说明和解答。金森道尚先生感到十分满意，选择日本明治维新以后刊行的日本版《老子》十几种，作为礼物赠送给公木。这些事例表明，公木在学术研究上的成就，为世人所瞩目，是举世公认的。

　　公木的治学态度十分严谨。就拿老子的研究来说，在参考资料的收集、选择和占有方面，力求全面、准确和精细。举凡有代表性的考订本或注解本，无论古人的，还是今人的，都力求掌握在手。这样就为研究工作的开展打下了坚实可靠的基础。在文字的训诂、句读的考订方面，每一个判断，都是在搞清楚诸家的注本和考订本之间存在的歧异的基础上，经过与帛书《老子》甲本、乙本进行多方面的反复推敲和对比，然后才作出的。这样作出的论断就比较精当，很少有什么失误。在老子的思想、学说的分析和评述方面，在广泛地掌握诸家的论述和评估的基础上，结合老子所处的时代及其社会的经济的政治的历史背景，作出自己独到的分析和论述。同时，对于古今诸家关于老子思想、学说所作的论断的短长，作了实事求是的中肯的评述。对于各种不同的学术见解，无论是历史上的，还是当代的，也无论是权威人物的，还是普通群众的，都能一视同仁地看待，都能够认真地加以推敲和考量，同时，也都能够用他那渊博的学识和犀利的慧眼作出精确的判断和准确的评估。对于那些精彩的中肯的见解，则采纳之，对于那些片面的偏颇的见解，则补充之，纠正之，对于那些不足取或不足道的见解，则扬弃之，真正地做到了兼收并蓄，广纳群议，博采众长。

　　公木的学生马玉梅至今记得公木给她讲授《老子》的情景：

　　　　当年听公木老师讲解《老子》："众人熙熙，如享太牢，如春登台。我独泊兮其未兆，沌沌兮如婴儿之未孩。"又有："知其雄，守其雌，为天下谿。为天下谿，常德不离，复归于婴儿。"明媚的阳光透过明净的玻璃窗，穿过披纷的吊兰，照射在老师恰似婴孩般光洁而红润的脸上，我就想，像老师这样的人，该算是"复归于婴儿"，该算是得"道"了吧。

是的，公木确实得"道"了，他得到了《老子》的精髓，把老子研究推向了一个国内外认可的高度。《老子校读》获得国家颁发的首届人文社会科学研究成果一等奖。

公木结合教学实践搞科研，结合自身创作搞科研，在社会科学研究领域贡献是多方面的。

如何在既有的民族文化传统的基础上，创造和发展适合时代需要的新诗体，是"五四"以来新诗发展的关键问题，也是公木长期关注的焦点之一。早在三十年代投身左翼文学运动时，他就发表了《新诗歌的内容与形式》一文，强调求"新"而不弃"旧"、以"旧"来充实"新"的辩证关系，提出在民族传统的继承中发展新诗的诗学观点。经过几十年的不断探索，在八十年代，他把这一诗学观点进一步完善为："新诗的发展道路"应该是"现代化、民族化、大众化、多样化"。这一观点的科学性在于，它明确而具体地阐述了新诗创作应紧贴时代脉搏和人民生活，通过对古典和民间诗歌的合理继承，以民族化的形式实现其历史使命。同时，它对外来优秀文化，采取开放的而不是封闭的、吸取的而不是排斥的态度。公木自己在诗歌创作实践中，既借鉴了信天游，又受惠于惠特曼，民歌体、自由体齐头并进双获丰收，就是其诗学观点的很好体现。

公木的学生郭杰认为，公木诗学研究的一个显著特点，是"从自身诗歌创作的实践，上升到关于新诗发展道路的深入探讨，进而拓展为对整个中国诗歌传统的系统阐发，这是公木诗学的一个重要方面；从个人创作中的具体审美感受，上升到关于一般创作规律的全面思索，进而拓展为对诗歌艺术审美本质的精辟揭示，又构成其诗学的另一个重要方面。两者相辅相成，犹如有力的双翼，托起诗人在诗的王国里自由翱翔"。

公木作为诗人，在诗歌领域涉猎很广，浸渍很深，他把诗分为"歌诗"和"诵诗"而且对两者都分别亲自加以实践，取得非常卓异的成绩。公木又是中国诗歌史的深邃研究者，且对诗歌创作理论作过深刻的探索和阐析，在两方面都有独到的见解和精辟论述发挥。更以理论为指导进行创作实践，使之达到完美高度。公木的成功不能不让人叹服。人在生命旅途中，能有一个真正有益于社会的人生亮点已属不易，而公木却在身后闪烁着一连串的人生亮点；能攀上一座风光秀丽的高峰已属不易，他却在多重高峰上留下了自己的足迹。

* * * * * * * * * * *

五彩缤纷的"第三自然界"

"第三自然界"是公木一项重要的具有开创性的学术研究成果,他生前曾在吉林教育出版社出版过《第三自然界概说》,集中阐述过这一论题。他提出的"第三自然界"不是一般的学术课题,而是个重要的理论范畴。认为人类通过劳动,从"第一自然界"中创造出"第二自然界",人类本身便是这个"第二自然界"主体并生活于"第二自然界"。而所谓"第三自然界",则是人类想象的产物,是以人类活动为核心的"第二自然界"的反映,是影子世界、精神世界,是浮现人们大脑银屏上的光辉灿烂的创造物,它不存在于意识以外,它是生命的火花,是人的本质力量的对象化,它是由艺术或诗所建立的形象王国。对此展开了充分和精辟的论述,形成了独特的一家学说,产生了重要影响。

为什么要研究"第三自然界"?据公木讲,这个"假说"是"经过近三十年思考,几度反复,到1980年前后才形成的一个观点"。而1981年写出初稿、1982年定稿的《话说"第三自然界"》,便是引申于两个青年人的文章。公木论文副题为:"读《同青年朋友谈诗》答谢曹同志"。谢,即谢文利,六十年代初就读于吉林大学中文系,聆听过公木老师的教诲。谢与曹合著《同青年朋友谈诗》(征求意见稿),"接受、使用了关于'第三自然界'的理论,并且做了很有意义的发挥",这使公木"最感兴趣",进一步展开、深入探讨了这个问题,直到 1993 年完成专著《第三自然界概说》。

和公木熟识的学者郝孚逸认为：

公木《第三自然界概说》中，尽管有些理论还可以进行深入探讨，但就其整体来说，给予我们印象同样是十分深刻和难以磨灭的。由于我的视力丧失，不能看书，请人将全书录制下来，反复听了三四遍。越听，越感到不能平静，总觉得在这部纯粹学术性的著作中，仍然闪现着那令我倍感亲切的战士身影，那由于文章和道义并茂而生发出来的理论情操，洋溢在全书的字里行间。

《第三自然界概说》所说的三个自然界的理论，从"自在"、"自为"到"形象"，是以客体做基础并进而研究主体的，属于艺术的范畴。三个自然界的理论有其历史渊源，如达·芬奇的"第二自然"说、康德的"另一自然"说，以及中国古典艺术传统中的一些表述如"妙造自然"、"意境"等等，加上作者自己认为是受了直接影响的高尔基的文化创造论，都可以同它作不同侧面和不同程度的类比。然而，由于这一理论是以辩证唯物主义和历史唯物主义及其深化和发展作为指导和理论基石的，因而在同有关理论的比较中，显示出无可争议的科学性和先进性。这种科学性与先进性，既表现在对三个自然界的划分当中，更表现在蕴含于这种划分当中的基本理论的核心内容。第一自然界具有彼岸性。从具有彼岸性的第一自然界形成具有此岸性的第二自然界，是由人类的实践、即人的创造活动得来的。第二自然界主要由人化自然和人类社会构成，它又是第三自然界、即人的精神世界主要是诗和艺术的世界得以生发的现实性前提和依据。在这里，主要起作用的仍然是人的实践即人的创造性活动。一个是丝毫不能偏离的客观现实性，一个是应该充分强调的主观创造性，这就构成第三自然界的两个最基本的因素，丢掉哪一个方面，第三自然界就无由产生。

学者萧焜焘认为：

《第三自然界概说》是一本言简意赅，义蕴精湛，内涵丰富的著作。老诗人在璀璨的情思之中含孕了深邃的哲理。哲理与情思启迪了人们的智慧，并沉浸于美的海洋，满心欢喜地审视着人类自身及其创造的这个绚丽多彩的世界。

老诗人钟情于他的第三自然界，他所认为核心、顶峰的艺术王国，因此，对人性王国只作了轮廓式的简略分析，仅仅从其大处论及伦理道德、风俗习惯问题。他指出："伦理道德实乃一种特殊的意识形态"，"伦理道德属于'评价'，断言应当是什么，意识以适应主观需要为圭臬、求善、别善恶，重在践履，激扬着意志。"他反对损人利己，提倡大公无私；他推崇真实与真诚，真与善的统一。这些都是切中时弊的道德箴言。他还指出善恶相依的道理，由此，自然可以导引出：恶实乃善的内在本质的辩证哲理。

他把科学思维归属于理性王国。理性一辞是一种泛称,哲学家、科学家,各有其自己的界说。大约在康德以前,理性主要指人的健康理智,形式逻辑思维、数学思维,是从事实证科学研究的绝对方法。自从康德将人类认识能力三分以来,理性就有了确定的哲学内容。感性、知性、理性,上述科学思维种种,就是典型的知性分析方法,而理性思维,特别是到了黑格尔手里,实际是以"辩证综合"作为其理论内容。因此,这里的理性王国,严格讲,是知性王国。

世界上从来没有纯客观的科学。科学研究只能以地球为基地,以人为主体,以服务人类的生存与发展而展开。公木提出:"科学是以人为中心展开的","他从内部并且以自己的方法来描述宇宙","人把自己对象化于科学之中,把自己的精神赋予世界,并在创造中体现自己的本质"。于是,他从而概括出科学思维的实质是:"给无形以符号,显万有之意义,以逻辑做经络,置运动于轨迹"。他强调了人的科学认识的主体性,认识过程中的主客交融性,知性抽象的普适性与有效性,从而论证了科学思维在精神世界中的重要地位。科学思维高于直观联想、意志决断,真正锲入事物的内在本质之中,并为上升到艺术领悟与哲学思辨在更高层次的精神领域架起了过渡的桥梁。

公木的学生、著名文学评论家朱晶,对"第三自然界概说"理论进行了潜心研究,提出了"第三自然界概说"的理论意义、"第三自然界概说"的理论触发点、"第三自然界概说"的理论价值三个方面的研究成果。

第一,"第三自然界概说"的理论意义。

公木说:"第一世界是在人类之前之外存在的世界,亦即'第一自然界';第二自然界是在第一世界基础上,人类通过实践而创造出来的对象世界,亦即'第二自然界';第三世界是作为第二世界之反映又不断对之进行正负反馈的精神世界,亦即'第三自然界'。第一是物质的,第二是物质加精神的,第三是精神的",于是,"假如我们承认'第一自然界'是无限的,那么'第二自然界',便是无限中的有限,而'第三自然界',则是有限中的无限"。

显然,"第二自然界"的界定是个复杂环节。"'第一自然界'具有彼岸性,只由逻辑推知,与意识没有统一性;'第二自然界'才有此岸性,是意识的来源,它包括自然宇宙和人类社会两个方面。"为了依照实践唯物主义理解其"客观实在"性,公木提出了物质的六种类型:原始性物质;改造型物质;模拟型物质;信号型物质;生物型物质;意识型物质。人类属于意识型物质。

上述不同类型的物质构成我们可以感知的"第二自然界"。公木特别指出了"第二自然界"与"第三自然界"互渗交织的情况,"人类本身以及整个感性世界,包括科学理论、伦理道德、宗教信仰、文学艺术一切属于意识形态的东西,都是'第二自然界'的有机组成部分",其中若干"以一定类型物质做载体的精神产品,在列属于'第二自然界'的同时,又由它们辐射出或升华为一种虚而不幻、妙而不玄的境界，便是'第三自然界'"。具体地说，文学艺术创造的"形象的王国"、宗教思维制造的"神的王国"即属此类。

第二，"第三自然界概说"的理论触发点。

公木"第三自然界概说"的立论，细致研察了古今中外有关文论，亚里士多德的"照事物应当有的样子去摹仿"，达·芬奇的"第二自然"，康德的"另一自然"，席勒的"把现实提高到理想"，法捷耶夫的"生活的幻影"，以及中国古人的"妙造自然"等，皆在概念上接近"第三自然界"。但是，真正触动他的是高尔基1928年的短文《说文化》（载于鲁迅编、瞿秋白译的《海上述林》），高尔基在文中谈到宗教、艺术文化，说："科学是文化的基础，是主要的力量，创造那'第二自然界'的，而'第二自然界'正是文化"。公木认定"'第三自然界'的理论便是由高尔基这种文化观推衍出来的"。把"源于又高于'第二自然界'，属于又异于'第三自然界'的形象世界，强为之名曰'第三自然界'，意思是用它来说明艺术的本质、诗的本质"。

他也注意到了当时刚刚介绍到中国的英籍奥裔哲学家卡尔·波普尔的"世界3"理论，"同我所说的'第三自然界'理论，似乎是纵有显著不同，也有密切瓜葛"。因为波普尔的宇宙构成说——世界1：物理客体和状态的世界；世界2：意识状态和主观经验世界；世界3：人类创造的知识世界，包括语言、文化、理论体系、科学问题、文艺作品等——其框架，与公木的"第三自然界"说属于理论猜想的巧合，二者有相通之处，然而，其中科学与文艺被划为同一"世界"，彼此又出现差别。

第三,"第三自然界概说"的理论价值。

值得追问的是,公木为什么会在八十年代初期,博览群书,把历经几十年的思考成果凝结为"第三自然界概说"?

在谈及波普尔"世界3"对"第三自然界"理论"有所冲击"时,公木感到它"至少提出了如下两个问题:一是艺术与科学的关系,二是艺术与现实的关系"。内里还包含着艺术与宗教的关系。这是公木历来所关注的三个"王国":艺术——形象王国即人性王国,科技——理性王国,宗教——神性王国,它们形成了人类最奇异最璀璨的三个精神现象圈,三者的关系及其相互渗透,极大地影响并制约着人类精神文明的构建,因而,公木要抓住这个症结,从哲学上探寻突破诗学某些困惑。

其价值在于,明确"第三自然界"与科学技术的分离,强调艺术与诗自由幻想的本质特征;重申"第三自然界"与现实生活的密切关联,划清现实主义诗学与宗教迷思、现代派非理性主义的分野;构建现实主义诗学新的理论框架,捍卫并深入阐释马克思主义的唯物史观。

公木对"第三自然界"的研究,不仅出于理论兴趣,更是出于理论责任。

在《第三自然界概说》中,公木写道:"作为一个社会主义新中国的意识形态工作者,特别是肩负着社会主义精神文明建设责任的一代文化人,于立足于'今日中国'的前提下,其理论空间,其精神视野,必须延伸到'古今中外'。"所谓古今中外,是一个从纵的方面和横的方面，如何对待和处理历史和现实、国内和国外关系的广泛概念。这不仅具有丰富的内涵，而且带有极大的复杂性。这在过去的革命时期是这样，在当代的现代化建设时期更是这样。任何一个民族国家，任何一种科学文化，乃至任何一个从事意识形态工作的人，都要在如何解决古今中外关系的问题上有所抉择，受到考验，从而产生或前进或倒退、或鼎盛或衰败、或繁荣或枯竭、或有所成就或一事无成的不同结果。古今中外包括古与今、中与外这两对矛盾，关键是"古今"中的"今"以及"中外"中的"中"，即今天的中国或中国的今天。这是因为，解决中国的现实问题，既是目标与方向，也是出发点和归宿。中国的今天是前天和昨天的发展，因而不可能割断联系；今天的中国处在世界民族之林，因而也不可能相互隔绝。让古代的和外来的一切有价值的东西，经过批判的吸收而为我所用，这就是借鉴、对比。毛泽东同志说过两句话，其意为：有这个借鉴和没这个借鉴是大不一样的；借鉴不能代替自己的创造。很清楚，借鉴为今日中国之必需，创造，就是目标和方向，就是出发点和归宿。借鉴也是为了创造，不借鉴便无由创造，一切排斥和一切照搬不是借鉴，更不是创造。离开创造的借鉴，往往不是一律排斥就是一律照搬。在历史和现实中，大自民族国家，小至个人研究，成功的范例和失败的例证都是很多的。在我国多次发生的有关古今中外的学术论争中，是复古还是崇洋，是借鉴还是创造，这类讨论经常出现。远的不说，就从五四运动算起，到现在就没有停过。经验证明，要使问题得到真正解决，除通过必要的学术探讨与学术争鸣外，往往需要社会变革中创造性活动的成功实践,来作出完全让人信服的科学结论。五四运动提出来的有关古今中外的问题及其经验教训,虽然后来有过若干讨论,但一直到了延安时期,在马克思主义普遍真理与中国实际相结合的毛泽东思想的指导下,才作出了符合客观规律的正确判断。到了社会主义现代化建设时期,这个问题又成为人们关注的热门话题,而正是在建设有中国特色社会主义理论和实践的推进和发展的过程中,才逐步达到共识,从而使社会主义物质文明和精神文明建设不断取得新的成果。

读了上面这段话,我们深为公木的理论建设意识和理论探索勇气所折服。"责任重于泰山",他意识到学者身上肩负着攀登理论高峰的责任,必须回答面临的时代课题。以一个老迈之躯开始在一个光怪陆离的世界跋涉,进入一个五彩缤纷的世界。这一理论研究成果,正在受到学界和理论界重视,将有更多的学人对这一课题展开研究。"但开风气不为师",作为第一个在新的研究领域勇于吃螃蟹的人,公木的探索精神必定会受到后人的崇敬。

* * * * * * * * * *

笑对油灯枯尽时

去世前一段,公木把自己的著作摆在桌子上,逐本翻阅,寻找讹误。吉林大学出版社要出《公木文集》,他害怕谬误流传,认真地做一些校勘工作。有时看着看着就打起盹来,冷不丁醒来,他笑着摇摇头，自嘲地面向妻子："吴翔，我老了，我这盏油灯里的油没有多少了。"看来公木对自己"要走"是有准备的，但他很达观，对走后如何，未说过一句话。吴翔曾郑重地建议公木："你已高龄，应立个遗嘱。"他摇摇头说："我身体还能坚持。"在生命将要走到尽头时，他惦记着两件事：一件是争取抓紧完成他和助手赵雨承担的国家项目《诗经》研究课题，二是把拟收入文集的作品再校勘一遍。此外，再无别的考虑，再无别的奢求。但死神临近，留给他的时间确乎不多了，他似乎听到了一种声音在呼唤。"我这盏油灯里的油没多少了"，既是无奈的自嘲，也是达观的面对，折射出他的生死观。

在生命最后一段时间，公木写下李白的诗句"若非群玉山头见，会向瑶台月下逢"挂在书房里，日夕与之相对。他要到瑶台相逢什么呢？是一生挚爱的诗？是一生未做完的学问？是一生九死而不悔追求的真理？公木没说，我们不得而知，但我们知道，他似乎已经做好了面对死亡的准备。

公木去世后，学生樊希安写了一篇《心香一瓣祭恩师》的追思文章，表示沉痛悼念之情：

> 从我入吉林大学读书您给我们授课算起，我们相识、交往了20余年，期间由于撰写《公木评传》，和你接触更多更密切一些，也更多地研究了您的生活、作品和学术生涯，便对您有了更深的了解。公木师，我知道您是个彻底的唯物主义者，对名利乃至生死都看得淡，想得开，"嗟彼往而不返也，寥天大化百其生"，

您的诗里蕴含着何等样的胸怀！但是，我却知道您并不愿离去。1998年国庆节前，亦即您离开我们的前20多天，我出国前去探望您。在您新居的书房里，在上午阳光的沐浴下，您情绪高昂谈您的著述打算，以及拟指导助手研究哪些项目，还问我有没有时间和您一起搞点课题。虽然您华发满头，虽然您步履蹒跚，虽然您疾病缠身，虽然您听力骤减，但您依然壮怀激烈，像伏枥老骥一样渴望冲刺，希冀生之余年在研究领域再收硕果。师母告诉我，您昏迷摔倒被送到医院救治后，曾有短暂的清醒。师母和您开玩笑说："您刚才到马克思那里报到，马克思没要您，您又回来了！"您笑一笑，幽默地说："我的课题还没搞完呢！我的助手外出调研未回，我有些话没交代呢！"人之将去，还想着您的课题，老师，您是带着遗憾上路的啊。

作为一个智者，一个唯物主义者，一个历尽沧桑的革命者，一个浪漫的诗人，公木并不怕死，"笑对油灯枯尽时"，同样是一种美好的心态。但是公木并不愿这么早离开，因为他的事业尚未完成，他的人生目标还没有实现，他面前还有一座又一座学术高峰等待攀登，一批又一批学生等待着传授，大业未竣，怎能离开？况且一生几多挫折，月轮空转，耽误了不少时间。"这一生经得起几度空白呢？"十年噩梦初醒时，公木曾这样感叹。正因为这样，他虽然年高体衰，仍"御风与时间同步"，抓紧一分一秒，去从事教学科研工作，而且，公木对自己的身体状况充满信心，虽然对死看得开，但心目中似乎认为那是比较遥远的事情。一次公木半开玩笑对来家中上课的研究生们说："孔子活了七十三岁，孟子活了八十四岁，从我的身体状况看，超过孟子不成问题。"他还说过，他将努力与学生们一起跨过新世纪门槛。遗憾的是这个愿望没有实现。

公木倡导精神养生，认为那种仅仅着眼于吃喝保健、生活规律而无欢乐、无精神寄托、无生活意义的养生，只能是越养越无兴趣。

1998年6月22日，他告诉来访的《长春日报》记者："我现在就是用我的事业与肾衰竭抗争。"他说从事业中认识到自身的价值，并去实现它，才能充满活力，为社会多作贡献，从中分享成功的喜悦和进步的欢乐，即使在病中，生活也过得充实而有意义。他说他不怕病，当消极情绪发生时，他总能自觉、主动地进行调节和化解，从烦闷中解脱出来，找回一个好心情。病中的公木并没有特殊的保养，甚至家里连个保姆都没有雇。只是每天坚持多年养成的习惯：读书、看报、听广播、看电视、挥毫泼墨，偶尔练练气功。每天晨起用冷水擦身十分钟，并坚持散步。公木提倡与疾病作斗争，发明了与病魔搏斗的"灰色主义"理论。他在致友人的一封信中写道：

老是哪一天到来，确实回忆不清楚。……病已经过三大战役：60岁上胃溃疡，70岁心肌梗塞，都克服了，只是这次，从前年起，肾功能衰竭，糖尿病来势凶猛，厌饮食，怯行步，很快很快地到了晚年，大夫束手，无药可投。说是只可透析，我拒绝了。这一把年纪，透析等于穿刺，吃不消。出院，大夫暗下"病危"

通知……我知道了，说不怕，我有灰色理论。就这么顶住了。如今"战犹酣"……力争持久吧，持久就是胜利。

……

且说老病：本来生老病死乃是每个感性个体生命的行程，老病是必然经历的一个阶段。假如说生是白色，死意味着黑色，那么老病便是灰色。我，可以说我们吧，是灰色主义者，你同意吗？同志！当然，生是快乐的，其乐无穷：无论怎样的风风雨雨，弯弯曲曲，总是生趣盎然！至于死，这黑色的"使者"，总是要到来的，欢迎也罢，不欢迎也罢，或者连门也不敲就闯来了，任它吧。但我，我们，还是尽其可能把灰色拖长再拖长些，灰色万岁！——这里只是就感性个体生命说的。如果把眼光放远些，作为人类总体，则死，乃是生活的开始，推陈出新，不破不立，死不是结束，而是延续。古哲说：视死如归，归根曰静，静曰复命。复命曰常，知常曰明。不知常，妄作凶。知常明，明乃公，公乃全，全乃天，天乃大！说远了，我还没有那么大，未尽孽根，难忘我呀！此类哲学只是讲一讲，实际上还是个感性个体生命，所以还是灰色主义者。

无奈天不假寿，公木终于未能战胜病魔，在八十九岁辞世。但他对待疾病的乐观主义态度，仍值得我们学习，他的灰色主义理论，仍然有值得我们借鉴的地方。公木是带着些许遗憾西行的，但是他的一生没有虚度，他可以问心无愧地去马克思那里报到。

六 教育家情怀

最喜欢教师这个职业

公木是优秀的教育家，他对新中国教育事业的开创、高校教学和科研的发展、广大学生的培育，都有卓著的贡献，在新中国教育史和高校发展史上写有浓重的一笔。

公木的大半生都是在讲坛上度过的。从中学到大学，从国统区到解放区，从北京到长春，他热心传道授业，教书育人，以自己丰富的知识和满腔心血培育了一批批学生，可谓桃李满天下。这些学生，既有著名的专家、学者，也有优秀的记者、教师；既有身负重任的各级领导干部，也有基层一线默默奉献的普通工作人员。

公木曾说：一生最喜欢教师这个职业，最看重"教师"这个称呼。他确乎与教师和教育事业结下了不解之缘。早在二十世纪三十年代初，就在山东、河北等地的师范和中学教过书，抗战期间又曾在延安承担过抗大、鲁艺的教育工作，新中国成立后，历任东北大学、东北师范大学、中国作协文学讲习所、吉林大学的教学和领导工作。回顾往事，公木说："我一生应该说是一个教员。写诗都是业余的。我教过小学（在北师大预科时到小学代过课），在山东、河北教过四年正规中学。抗战开始后，在抗大、鲁艺讲过课。以后到东北，主要是办大学、搞教育。后来调到鞍钢，也是从事职工教育工作。1962年到吉林大学，全部精力都用在教学岗位上。"他仅在大学就工作了四十多个春秋，终生以教书育人为己任，为新中国教育事业的创办和发展作出了重要贡献。

1945年抗日战争胜利后，公木参加由鲁艺组成的东北文艺工作团，于当年10月末到达沈阳。在做了短暂一段时间文艺宣传和地方工作之后，他被任命为本溪市委宣传部副部长，为创办东北公学做筹备工作。1946年1月初，中共中央东北局任命东北公学领导班子，校长白希清，副校长舒群。张松如（公木）为教育长。不久，根据党中央关于建立巩固的东北根据地和创办东北大学的指示，决定停办东北公学，创办东北大学。1950年4月1日，根据东北人民政府教育部决定，东北大学改名为东北师范大学。办学宗旨是为中等教育培养全面发展的人民教师。可以说，这所大学由小到大，由创建到发展，公木都倾注了大量心血。作为开创这所大学的元勋，他的事迹写进校史，将永远被师生所铭记。公木后来回忆这一段经历时说："我对这所大学是有很深感情的，这是我一生工作的重要转折。"

1951年9月初到鞍钢后，鞍山钢铁公司根据公木"想做点职工教育工作的意愿"，同意他组建鞍钢教育处并任处长。公木把过去积累的教育工作的经验，以及对教育工作的热爱，一股脑地投入到职工教育中去。而且仅用两三年时间就取得了突出成绩。公木曾说："我对鞍钢的教育工作很有兴趣，确乎是不愿调出来，如果叫我终生做这个工作，我是高兴的，因为我在这里又从事着自己心爱的教育事业。"

1954年秋季，公木正式就任中国作协文学讲习所副所长，不久任所长。他主持制定出宏大的教育计划，把才、识、艺和人格培养都囊括进去。在课程设计上详尽、明确，并带头组织所内外有学识和写作能力的专家、学者编写系统教材和参考资料，建立起一整套完整的教材体系。为保证教学质量，他聘请专家、学者郑振铎、游国恩等四十多人主讲专题课。此外又对学员强化辅导，培养出张永枚、刘绍棠、邓友梅等一大批青年作家。

1961年11月，经过在吉林省图书馆和省直农场"劳动改造"三年的公木摘去"右派"帽子。年末到吉林大学报到，任中文系代理主任、授课教师。从1951年秋离开东北师范大学讲坛，到重新恢复工作整整十年时间，久违的大学校园，久违的三尺讲坛，虽然仍是戴罪之身，一生以教书为本行、以育人为己任的欣喜之情，可想而知。很快他利用寒假回北京，将妻子吴翔、儿子百钢和铁奔、女儿丹木接到长春。他真正"归队"了，也有了一个温暖的家。从此，他再也没有离开给他爱也给他挫折的长春，再也没有离开城市花园中的吉林大学，再也没有离开教育事业。从1961年末到吉林大学任教，到1998年10月辞世，公木在吉林大学工作了三十七年，他任代理系主任、系主任、副校长，除了"文革"中有一段时间被剥夺授课权利之外，他大部分时间在给学生"传道、授业、解惑"，培养了一批批、一代代学子和优秀人才。在吉林大学隆重举行的校庆大会上，校领导代表全校师生赠给公木一块题写着"筚路春风"四个大字的牌匾，高度赞扬了他历经艰苦献身革命的崇高精神，肯定了他对吉林大学建设和发展的突出贡献。当白发苍苍的公木在主席台上接过牌匾时，吉林大学鸣放宫礼堂沸腾了，几千名学生雷鸣般的掌声，如同大海的波涛一浪高过一浪经久不息，表达了学子们对恩师由衷的感激之情。

公木的学生谢文利回忆说："我是 1961 年秋考上吉林大学中文系的，翌年 1 月，公木老师在多年蒙冤下放之后，终于从吉林省省直农场积肥组组长调任吉林大学中文系代主任，住在惠民路的一栋日式平房里。从此，老师便以渊博的学识、诲人不倦的精神和崇高的人格魅力吸引着莘莘学子和众多诗爱者登门求教。我自然也忝列其中，常将习作拿去请老师传道、授业、解惑。""第一次听公木老师的报告是 1963 年 5 月 9 日 15 时，在校图书馆小礼堂，题目是《继承和发扬古典诗歌现实主义与浪漫主义优良传统》，那天听者甚众，中文系学生之外，文科各系甚至理科各系的师生见了海报之后，也都慕名来听。老师那天洋洋洒洒地讲了两个半小时，共六个问题。""公木老师第一次在我们班授课时，虽然仅年逾半百，但多年磨难，早已霜染双鬓。他语重心长地教导我们：'昨天是值得留恋的；明天是值得向往的；但最重要的是今天。'——数十年来，我一直把老师这精彩的开场白奉为座右铭。"

公木的学生乔迈还清楚地记得公木初到吉大中文系时的场景："我在吉林大学中文系读书，读大四的时候，他来给我们上课，表情肃然，而我们则情绪热烈。我清楚地记得当时我们中文系和全校同学都很振奋，校广播站当天晚上就播出公木作品专题节目，介绍先生的诗和歌。'向前向前向前！我们的队伍向太阳……'雄壮的歌声响彻校园内外，中文系学生精神大振。'我这部讲义是 1957 年之前在中央文学讲习所用的，现在，没有时间改，也不准备改了。'公木老师站在讲台上，面对几十双聚精会神的眼睛说。他在讲义中列举了一个又一个'右派'诗人的名字和他们的作品。这样做是很犯忌的，尤其是那些诗人中有相当一些当时还没'摘帽'，先生这样做风险很大。坚持真理、坚持真善美，不因一时风云变幻改变自己的信念，对历史和人民的事业负责，这就是他教给我们的，这就是这位作家诗人学者的风度。"

在吉林大学中文系，公木先后讲授中国文学史、《诗经》、先秦寓言、古典诗论、毛泽东诗词讲解等课程。时任中文系教研秘书的刘中树这样评价公木："公木老师教育思想严谨，强调厚基础，又思路开阔，重视知识面的拓展和能力的提高。"加之备课精心、授课认真，他的课总能给学生更多的启示和收获。

对喜欢写作又崭露头角的学生，公木更是热心地给以指导。徐敬亚回忆了公木先生帮自己修改《复苏的缪斯》一文的经过，真挚地说："我不能说，是你教会了我写诗，但是你暗中地放大了我的某些性格，你大刀阔斧地谈天论地，不能不为我后来放肆地、斗胆地指点文坛输送了不计后果的那种真实与勇气。"学生樊希安回忆："1977年春天，我由部队来到吉林大学中文系就读。开学不久，公木先生给我们班开讲'毛泽东诗词讲解'课。开课前，班主任介绍说：这就是公木老师，《中国人民解放军进行曲》的词作者，我国著名诗人。当时我对诗歌创作正在兴头上，渴望能有高人给予指点，便托教写作课的张宇宏老师带我去拜访公木先生。记得那是丁香花开的一个晚上，月光下的丁香花正开得蓬蓬勃勃满街飘香。在去公木先生家的路上，我的心头有一些紧张，带着黄挎包中的幼稚诗作去见一位全国著名诗人，总觉得忐忑不安。但在公木先生家落座不久，紧张的心绪便一扫而去。公木先生是那样的和蔼谦虚，又是让座又是上茶，一点没有名人的架子。他接过我递上来的诗稿，简略地翻了翻，认真地说：'我留下看看'。一周之后，公木先生托张宇宏老师把诗稿还给我。展开看时，多数诗稿上都有改过的痕迹，圈圈点点，有肯定、鼓励，也直率地指出一些毛病，连我因河南方言浓重而用错的韵脚都一一改了过来。""从此我开始和公木先生有较长时间的交流，并受到长期教诲。他欣然为我的两本专著作序，还将珍藏的《毛泽东诗词讲稿》赠我，题词道：'樊希安同志：此1965年稿本，请一读并指正。公木1994.2.13'。"

公木在学生中的影响决不限于中文系，他的教学惠及全校学生，也赢得了全校学生的敬重。学生梁莹回忆："当我在吉大外文系学习时，就已听说中文系有位张老师，他是一位伟人，平易近人。一次偶然机会，我有幸旁听了张老师教的文史课。去听此课的学生达到几百人之多。我记得当时的大教室挤得水泄不通。有很多人坐在窗台上，更多的人挤满过道、走廊。可以想象，张老师的知名度何等之高。这些事虽然发生在很多年以前，但给我的印象太深了，使我至今仍然记忆犹新。"

有人做过统计，公木八十九年的人生，有一半以上是从事教育事业，是在教员的岗位上。公木的老伴吴翔说："公木先生一辈子没离开教育，去延安之前在山东教书，1938年去延安又在'抗大'任教，日本投降后筹建东北大学，1961年末到吉林大学任教，后来任中文系主任，被国家教委批准为'终身不离退'教授。"终其一生，他从事过中学教育、高等教育、职业教育，既有丰富的教学理论，又有丰富的教学经验，还有丰富的教育行政管理实践，作为中国当代著名教育家当之无愧。

直到去世前不久，公木仍关心我国基础教育事业的发展。曾任吉林省副省长的桑逢文回忆：

> 那是1996年9月5日，教育部重点项目——国家基础教育实验中心大楼在东北师大建立，这天举行实验中心大楼奠基仪式。时任省委书记张德江、省政协主席张岳琦，同时邀请公木先生、车敏瞧先生等参加奠基仪式。我作为主管文教工作的副省长也参加了此次活动。公木先生当时已87岁高龄，他郑重地铲下了第一锹土，培向奠基石，脸上洋溢着充满无限希望的笑容……是诗人的丰富想象，使他从"奠基"两个字中联想到许多许多。在往回走的路上，他拉着我的手，语重心长地对我说："百年大计，教育为本，盖楼要先打好地基，办教育要先抓好基础，不重视教育的民族是没有希望的，只有办好基础教育，我们培养高素质人才能有来源。你现在是吉林省分管教育工作的副省长，要多关心基础教育，特别是广大农村的中小学教育……"听着先生的话，我深深地理解了：这不仅是一位革命长者对后辈的希望，也是先生对弟子的告诫，是对未来的期望。此后，每想到这个场景，我都不敢懈怠，敦促自己尽最大努力把基础教育每个环节的

工作抓好抓实，以不辜负先生的嘱托，不辱我的岗位所赋予的使命。

* * * * * * * * * *

愿化泥土润花根

公木的贡献，还突出表现在培养人才方面。几十年来，无论处于顺境，还是处于逆境，无论在何种岗位，他都自觉地以培养祖国需要的文学人才为己任，总是尽其所能，呕心沥血，向可敬的园丁那样浇水、施肥、剪杈，"不惜化泥土，舍命润花根"。在他的培育下，一批又一批文学人才脱颖而出，可谓"浇汗培桃李，桃李满园新"。

公木甘愿做辛勤的园丁，来自他对青年的正确认识。公木认为："青年拥有未来，相信青年就是相信未来。我们不要认为青年人的某些不成熟和有些片面、偏激就不信任他们，甚至排挤他们，瞧不起他们"，"他们毕竟是我们的希望所在"。公木对年轻人的热情更来源于他高度的革命责任感。"一从结发读宣言"，选准了一生的政治方向，公木就把自己和革命紧密地联系在一起，共产主义理想时时在胸中鼓荡。他希望革命事业浩浩荡荡，汹涌向前，波连浪激，百代不衰；他认为革命文学事业是党的革命事业的一部分，革命文学事业的繁荣不仅反映出革命事业的繁荣，而且可以把革命事业推向前进。正因为如此，诗人才那样自觉地去发现、培养人才。他不仅是诗歌爱好者的良师益友，也是所有愿意接近他的青年的良师益友。作为一名教员，他真正做到了"有教无类"，决无门户之见，不管是不是自己授业的学生，只要求教于他的门下，他都热情接待，悉心指点。从延安开始，一直到垂暮之年，在公木的周围，总有一批又一批青年围绕着他，他也竭尽全力尽其所能地对青年人给予帮助。

公木五十年代对文学创作的贡献，其中重要一项，是筹备召开全国青年文学创作者大会。这次会议是党中央批准召开的，作为会议秘书长，公木主持了筹备的全过程，从会议的内容、日程到参加的人员，他及时请示领导，都作出详尽的安排。会议有五百多名青年作者参加，像从维熙、刘绍棠、邓友梅、刘真等一些佼佼者全都到会。周恩来总理和茅盾到会作报告，公木作了长篇发言。这次会议对文学青年是一次检阅和鼓舞。会后，公木建议办短期训练班，进一步培养青年作家。这样做的结果，是使他们打下了厚实的基础。这些同志分布在全国各省，日后不少人任作协主席、副主席，主编、副主编。提起公木，他们都感激不已，称之为"忠厚的长者，敬爱的老师"。

几十年来，经过公木培养、指点的青年为数不少，其中成才者灿若群星。

王肯是我国著名吉剧专家，曾任吉林省作协副主席，他创作的吉剧剧目连续三年在全国获奖，受到一致好评。但他五十年代刚开始研究"二人转"时，却面临着很大压力，被许多人瞧不起。公木是他的有力支持者，认为这是一条正确的路子。他鼓励王肯注意吸收民间文学的营养，同时扩大知识面，广开视野。王肯说："那时公木老师是东北大学的教育长，更是教我们写作的老师。他说他当年初到延安，也被《兰花花》、《骑白马》、《走西口》等陕北小调迷住了。还和何其芳同去整理了一本《陕北民歌选》。这对来自大城市的文化青年来说，是一种情感的变化，是一种进步的表现，一生不能断了民间文艺这口奶。但人民要求他们的作家，要有更广更深的文学素养，才能写作更多更好的作品。"这个告诫，在王肯创作生涯中始终都起作用。

万寒是吉林文坛有名气的小说家，吉林大学中文系毕业生，由于反右斗争时被错划为"右派"，毕业后在一个基层菜店当工人。1979年他拿着一首长诗和两篇中篇小说去拜见公木。原稿是复写的，字迹很潦草，公木一个字一个字地看，一直读到深夜。万寒第二次去时，公木紧紧握着他的手说："《大地上的芭蕾》写得很好，我是一口气读完的。"万寒受到很大的鼓舞，增强了信心。为了使小说能公开发表，公木积极为之推荐。在推荐给《春风》杂志编辑部时，还附了一封长长的信。这篇小说发表后被评为获奖作品，在全国引起较大反响。至此，万寒一发不可收，又写了一些短篇、中篇，送给公木看，公木都一一作了修改。为了使之有一个较好的生活和创作环境，公木积极为万寒联系调动工作，使他成了吉林省作家协会的一名专业作家。万寒一直珍藏着公木老师修改过的小说底稿，稿纸上添写得密密麻麻，连错别字都改正了过来，上面凝结着一个"园丁"的心血。

金恩晖，曾任吉林省图书馆馆长，著名学者。能有今天的业绩，金恩晖非常感谢公木先生。他说：我不是公木授业的弟子，但他却是我永远的恩师。金恩晖从北大毕业后分配到吉林省图书馆，此时公木正在图书馆"劳动改造",两人有幸结识。金恩晖这样记述公木对他的帮助:"公木1961年冬调入吉大主持中文系工作之后,工作和教学十分繁忙,但他却格外地开了'绿灯',他的家成了我这个未经考试入学的、关门弟子的课堂。""六十年代,公木师无论在我处于顺境还是逆境,都一直关心我的学习和感情,勉励我奋发上进,不可自堕其志。""他对我的文章从来都看得很仔细,所以批评起来自然切中肯綮",而且给予具体的指导、帮助。一次金恩晖要写一篇关于美国小说《飘》的评论,为此去请教公木。公木欣然应允,他认真阅读原书,一一指出时代背景、主要内容和人物的个性。这些意见满满写在两张稿纸上,还附了五张摘录书中某些片段的卡片。在给金恩晖的信中写道:"书已读完,也略写了几句感想,极草草。卡片中所引数则,可作参考。书中所描绘的事例尚多,不曾一一摘录,有的曾划出一点标志,请翻阅。"后来,金恩晖编写《马克思的读书、学习和科学研究工作》一书,请公木给以指导,公木没有丝毫推托,他查对多处《马克思恩格斯选集》,补写了近五千字,提高了全书的质量。

上面提到的仅仅是几位,经过公木培养脱颖而出的人才,尚有许多。那些受到公木帮助指点过的青年朋友,可谓难以尽数。

龙彼德与公木交往始于1990年,正式通信是在1993年之后。从1993年7月30日,到1998年7月13日,五年时间中,公木先后给龙彼德写了八封信、一篇评论。这些信有一些是在病床上写就的。在最后一封信中,公木告诉龙彼德"我年来病肾,已届晚期。住院,大夫宣称不治,实际束手乏术,只靠自己挣扎"。就是在这种情况下,他极其认真写信讨论问题，让龙彼德深受感动。

邰晋收藏有一件珍贵的题词封，每当看见它，他都深深怀念公木先生。邰晋有收藏当代文学名家签名邮品的爱好，很希望得到公木先生的手迹。1998年8月18日，他冒昧地给公木寄去一封信和"刘伯承元帅诞辰100周年邮票首日封"。出乎他的意料，仅过半个月，就收到了公木先生在首日封上的题词："没有行动，思想永远不能成熟而化为真理。光说不做，等于一只嗡嗡叫的蜜蜂不酿蜜。"而这离公木辞世仅隔月余。

刘沅波自称是公木的"编外弟子"，由购书变赠书，他受到了意想不到的关怀。他喜欢读公木研究中国诗歌的学术著作，一次在友人处见到公木著的《中国诗歌史论》，便写信给公木求购一册。万没想到他老人家给其赠书一册，不仅不收费，还破费寄了挂号。得到公木先生逝世的消息，想到老人一定是在大病中嘱咐家人办理此事，刘沅波禁不住泪水长流。

吉林省教育学院张立华拜访公木先生，请他为《中国哲理诗话》一书题词。此时公木的尿毒症已非常严重，为了鼓励青年人，他还是坚持题词，而且写了一个不满意，又写了一个。10月23日张立华来取题词，公木慈祥地笑着把题词交给他。题词写道："诗的王国，是智慧的海洋，是理想的宇宙，是理念思维的彻底解放，是精神状态的真正自由。解放与自由：对主体而言，是自我觉醒；对客体而言，是真理显现。因此诗歌欣赏，意味着创作的幸福、灵魂的净化，意味着善与美统一于真，意味着意志与感情统一于理性，意味着生命的升华。"捧读题词，张立华内心发出由衷的赞叹："真不愧为国学大师文坛巨擘诗学泰斗，这题词不就是一首美妙绝伦的诗章！"当公木坚持送他下楼，两人在楼下握手告别时，他怎么也想不到，公木先生会在一周后与世长辞！

进入晚年之后，公木还以社会联系方式关心培养青年。他担任中国作家协会理事、作协青年创作委员会主任、吉林省社联副主席、省文联副主席、中国作协吉林分会主席、省社会科学院副院长、省作家进修学院院长等职务，虽然年事已高，身体不好，工作繁忙，但仍力所能及地为青年做工作。吉林省作协的孙里回忆说："在我的记忆中，这些年凡作协召开的会议，不管是代表会、创作会、作家作品讨论会，抑或是接待外地作家、学者来访，也不管集会规模大小，只要需要，他都会亲自到场，并即席发言和讲话，表达他对文学发展和文学青年培养的关心。""在我负责处理《作家》杂志日常工作的许多年中，便经常收到他荐来的青年作者的稿件。有的推荐信密密麻麻地写满几大篇，末了，还要再三叮嘱：一定要妥善处理。即使是一些业余写作者，他也决不敷衍。一次，福建一位农村学员给他来信，请他帮助查找自己一份作业的下落，公木将这封信及时地转给了我，并附有措辞严厉的意见；时隔半年，他还专门打来电话，询问此事处理情况，直到得到满意的答复。"他评改一些青年同志的作品；他给素不相识的青年去信，为他们的作品提修改意见，解答他们的疑问。凡是青年们组织的活动，公木几乎是有请必到，他在热情洋溢的讲话和题词中，鼓励青年"要用自己的智慧和汗水，为祖国山河添异彩，为中华儿女震声威"。他还主动辞去自己担任的一些职务和课题研究组组长的头衔，推荐比较年轻的同志担任，以利他们施展才干。

在家里接待青年和后学，是公木晚年一个重要社会活动。平日里向他求教，或想取得支持和提携的人很多。每天他都要接待来访者和阅读大量信件，他总是做得那么耐心细心。即使在病中，即使家人为"保护他"在门上贴了"有病勿扰"的纸条，凡有来访，他都有来必见，决无丝毫怠慢和不快。这挤占了他晚年的大量时间和精力，他在无奈之余也很高兴，认为为青年和后学做点事是应该的。

为青年人所出著作和作品集写序言，是他关心青年的又一方式。吉林省作协蔡春山为公木先生编过一本序跋选，对此感受很深。据有人统计，他曾为人作序百余篇，其中多数是为青年作者撰写。公木为人作序有三个特点：一是从不让人代笔；二是必须看完书稿思索再三，方才动笔；三是于好处说好，不足之处也一并指出，决不一味吹捧"捧杀"青年。比如他在肯定一部作品的优点和特色之后，也一针见血地指出："个别平平之作杂陈其间，有的作品也还缺乏深细加工，因此不能全然曰荟萃之作。"除了作序，还有大量的题词，大量的回函，这占去了公木生命中的许多宝贵时间，但他毫无怨言，反而因能为青年做点事情而欣然。

公木不仅寄希望于青年，也寄希望于少年。1978年春天，东北师范大学附中成立了少年文学爱好者协会，公木欣然担任了协会的名誉主席，并挤时间专程赶去参加成立大会。中学生们满怀激情地描绘老诗人："一位飘逸着满头银丝、一脸庄重神情的老人，手里悠闲地摇着一把硕大的墨黑色折扇,微仰身端坐在沙发上。"公木热情和同学们握手,告诫他们:"不要偏科,任何专业都不能变成电线杆,单打一不行。学问像金字塔,要博大才能高。"事后,一位中学生追记:"时光可以流失,记忆却难泯灭,留在心底的爱,飘浮出依恋的烟渺,唱着一位平凡而高大的老人。他,送给了我燃烧起诗情的第一次握手;他留给了我一晕生活的明媚阳光。"

* * * * * * * * * * *

一腔热血育诗才

公木爱诗,"我爱过许多男人和女人,却从没有,像爱你这般深!"他自己写诗,也热望更多的人写诗;希望有更多的有才华的诗人跃上诗坛,去为祖国和人民放声歌唱。因此,他特别注意发现、培养诗人。新中国成立后几代诗人中的一些佼佼者都曾受到他的浇灌、培育。我国当代诗坛的繁荣,无疑有公木的重大贡献。

早在延安时期,公木就注意团结、帮助周边的诗人。他到哪里哪里就有一群文学青年、写诗的青年跟着他,围着他。无论主编《部队文艺》、筹办《诗刊》、组织"鹰社",出街头墙报《蒺藜》,编辑《陕北民歌选》等等活动,都有许多爱好诗歌的青年被他所吸引,"如同香甜的蜜被群蜂围绕着"(朱子奇语)。后来,赴东北,到鞍钢,他都在繁忙的工作之余,培养指导过一些青年诗人。

1954年秋，公木调任中国作家协会文学讲习所副所长、所长，有更多的时间和精力培养、指导青年诗人。他应一位编辑的邀请，阅读了初学写诗者五十多篇习作，写出《和初学写诗的同志漫谈关于写诗的问题》一文，详细分析了初学写诗者一些不正常的思想，例如认为"写诗只要有真实的感情就行"、"只要思想正确就能写出好诗"等等，使一些初涉诗坛的青年受到教益。他大量阅读青年诗人的诗作，通过报刊发表和通信的方式，对他们的诗进行评论。先后评论过邵燕祥、张永枚、张天民、石方禹等人的诗，热情给予肯定，同时又指出瑕疵。公木称赞张永枚："读着你底诗篇，就好像吃着我喜欢吃的水果，虽然不够成熟，皮还带青，肉还发涩；而浆汁是饱满的，气味是香甜的，清脆而利口。""你曾在《新春》集后集中谦虚地说：'只能算是习作'，'只算是萌芽之作'。但是这些诗篇确乎预告了一位新诗人的出现。"同时，也毫不客气地指出其"噜苏而不简练，浅露而不含蓄"以及对生活理解不深的缺点，还举具体的例子来剖析，把自己改的诗附上供作者参考。公木的诗评总是热情洋溢，语言像诗一样精练、流畅，被评介的诗人为他精辟的分析所折服，在创作上甚至一生都打下了很深的烙印。1987年，公木接到从江西寄来的一封长信。写信者称公木为"老师"，满怀深情地在信中写道："老师，您还记得一个叫春刚的学生吗？1957年9月您曾写过一篇《漫谈天才、技巧与生活》的评论（见1958年2月号《文学青年》）。您通过那篇文章，对那个叫春刚的学生说：'你是颗饱满而肥硕的种子，你聪明、敏感，富于幻想，想象力强，有新鲜感觉……你有写诗的天秉。当我读了你的三十八首短诗以后，感到非常愉快,像清晨起来,漫步在溪边的小路上,迎着晨风望到飘飞的朝霞,寻着鸟声看见带露的花枝,我确实感到非常愉快。……这些诗出自一位少年之手,是难能可贵的,我看见才华在闪耀发光……我期望着一棵小苗将长成一株大树'。老师,那个叫春刚的少年就是我呀。"这位叫春刚的作者,尽管命运坎坷,时隔数十年,但他却没有忘记公木这个从未见过面的老师的鼓励和教诲。

公木在文学讲习所期间,全国一批小有名气的文学青年来所学习,其中有不少是诗歌作者,如流沙河、苗得雨、谷彦岩等。公木和他们接触,读他们写的诗,和他们探讨交谈。公木在现代诗坛享有盛誉,并有深厚的古典文学功底,学员们都乐意将自己的诗作送给他看,请他提修改意见。公木总是愉快地接过来,逐句逐段地修改,常常改到深夜。"一旦发现一株新苗,就兴奋得睡不着觉,连夜写评介文章。"还把他认为的佳作推荐给报刊发表,许多作者因此而成名。通过阅读青年作者的诗作,公木一方面敏感地听到了他们青春火热的歌声,兴奋地看到他们一步步走来,补充到中国诗人行列里,一方面感到他们生活和知识的功底还不够厚实,亟待进一步提高。为了能够系统地谈点指导性的意见,他搜集一些青年诗人近年的诗作,详尽地进行研究。1956年3月召开全国青年文学创作者大会,公木在会上作了"关于青年诗歌创作问题"长篇发言,其中对十几位有才华的青年诗人的诗篇,逐一分析,指出了他们表现新生活的才能和不足。他谆谆告诫青年诗人们"如果不深入群众斗争生活,只是坐在稿纸面前期待着灵感的到来,那比'守株待兔'还渺茫"。他直截了当地指出青年诗人作品中存在的语言不精练现象,"不单是语法修辞问题,而是形象与构思脱节、违反高度集中的表现方法"。针对青年诗作者文学功底浅、表现手法不够的问题,公木在讲习所讲授创作中如何借鉴古典诗词等专题,并和杨公骥合编了教材《中国文学史》,引导学员从我国古典文学中汲取营养。

公木对青年诗人的关心培养是长期的,无论接触时间长短,只要一经结识,他就一如既往地给予指点和帮助。1957年初春,流沙河的《草木篇》遭到批判。这时,流沙河已从文学讲习所结业后回到四川,公木给他写信,鼓励他树立信心,继续写出更好的诗篇。三十多年过去了,流沙河仍铭记着公木在他身处逆境时对他的鼓励。而当时的这一封信,正是公木后来被划为"右派"的重大证据之一。

1956年1月,公木在《人民文学》发表一篇文章,评论邵燕祥的诗,这时,他们两人并不相识。公木只是通过读作品,感到这是一位需要扶持的才华横溢的诗人。他深入研究诗人的诗,指出作品描写得不够细腻,但却刚健、清新,并论及一些不足。邵燕祥当时在诗坛虽已显露头角,先后出版过两本诗集,但对他的诗作系统评论,公木却是第一人,因而使邵燕祥受益匪浅。当年3月,邵燕祥在全国青年文学创作者大会上和公木相识了,他紧握着这位诗坛前辈的手,尊他为师,感谢他在自己亟需进一步提高时的及时指点。就在这次会上,公木在发言中,又对邵燕祥的诗作了更加系统深入的分析,欣赏推崇之余,也严肃地指出了存在的问题。比如,他直率地说,像"心跳的心"这样的诗句,就用得不够恰当、不够确切,"正如同我们不能说'头痛着的头'、'手颤着的手'、'脚踢着的脚',我们也不应该说'心跳着的心'的"。坐在台下恭听的邵燕祥,觉得公木的分析很透彻,讲得很有道理。后来诗集再版时,他按公木的意见作了修改。也即是从这时起,他们结下了友谊,开始了诗文的往来。1956年秋天,邵燕祥写了一首诗,名叫《忆西湖》,是新诗,但有些诗句受古词的影响,半文半白。他把诗寄给公木,请求指点。没过几天,公木就回了信。信中说:"要么写新诗,要么写旧诗,半文半白,路子似不对头,望酌。"邵燕祥接受了公木的意见,在以后的诗歌创作中,写新诗就写新诗,偶尔写一些旧体诗词,也严格按照格律,不搞四不像的诗作。1957年以后,由于两人均被错划成"右派",天各一方,长期中断联系。一直到1979年1月召开全国诗歌创作座谈会,两人才得见面。此时,公木已鬓发斑白,邵燕祥也由五十年代的青年而进入中年,新老诗人拥抱,百感交集。至此,他们又恢复了通信联系和诗的交往。邵燕祥珍藏着公木的每一封信,因为对他写诗、做学问,有很大教育意义。1981年3月,《上海文学》发表了邵燕祥一组诗,编辑要求作者在诗前写一段关于诗的主张,于是邵燕祥就谈了一些对新诗的看法,其中讲:"归根结底,诗是激情的产物。"公木看到后,即来信一封,写了满满几页纸,和邵燕祥交换看法,提出"诗不光是激情的产物,应不排除思辨"。信中并没有提出批评,但邵燕祥感到这实际上是纠正他命题的偏颇。他立即回信,表示接受公木老师的意见。在交往中,公木从不以大家身份出现,切磋商榷,平等待人,即使指出不足,也是循循善诱。他还把自己的诗作寄给邵燕祥,请他提修改意见。

回顾自己诗歌创作走过的道路，邵燕祥深有感触地说："我国当代诗坛人才辈出和公木老师的精心浇灌分不开，我的成长和公木老师的热情培育分不开。1949年后，我有两位恩师，一位是严辰，一位是公木，我终生感激公木老师。"这是邵燕祥的感受，同时也是张志民、公刘、未央、雁翼、流沙河、张永枚、胡昭、任彦芳、卢萍等活跃在二十世纪五六十年代我国诗坛的一批中年诗人的感受。他们茁壮成长为当代诗坛的中坚力量，固然是党的阳光雨露和生活源泉滋润的结果，但也渗透着公木的滴滴心血。这些诗人都尊敬地称公木为老师。在1985年10月召开的公木创作学术讨论会上，著名诗人胡昭代表这批中年诗人，向尊敬的公木老师献上《歌者和园丁》的诗歌，表达了蕴藏在内心的感激之情。

公木在身处逆境、远离诗坛期间，也尽其所能地去做"园丁"工作，指导、帮助周围爱好写诗的青年同志。在吉林省图书馆"劳动改造"期间，公木那间斗室里，就曾聚集过馆内爱好写诗的青年，他们常常来这里请教，公木总是热心帮助、指点，给他们谈诗、改诗。后来有人向组织汇报，这成了"不老实改造"的一条罪状，说他拉拢青年，为此批斗他。尽管如此，公木"毫无悔改之意"，仍然尽力去扶持青年诗歌爱好者，默默地为我国诗坛积聚力量。

粉碎"四人帮"之后，经过几年的恢复，至八十年代，诗坛开始出现繁荣。此时公木年事已高，教学、科研任务繁重，且担任学校和文艺界的领导工作，要参加大量的社会活动，但他仍关注着诗坛，以自己的慧眼去发现诗歌创作人才，一如既往地去扶植、浇灌新诗园里的一代新苗。生活在长春的爱好诗歌创作的青年"近水楼台",不少人得到他的抚育。当年诗坛有名气的青年诗人,如徐敬亚、王小妮、吕贵品等不会忘记公木老师对他们的帮助。公木给他们看诗、改诗,并热情地推荐发表。虽然他并不同意一些年轻同志比较偏激的观点,但还是耐心地与之讨论,开阔他们的视野。

通过读到的诗作,公木看到改革大潮中的一代青年跃上诗坛,使诗坛充满了生机和活力。在《人民文学》1983年第三期上,公木发表了《政治·现实·知识——读一九八二年〈人民文学〉诗页随想》。在这篇文章中,老诗人说他"来到一个百花园地,一座十二进的璀璨多彩的诗苑",但"停留最久,驻步观赏、反复品味"的还是青年诗人的诗作,完全同意严辰所评论的,"它们都是虎虎有生气,带来了一股新的气息,没有因循守旧,充满活力,充满了探索的韧劲"。并由此预见了"一个社会主义诗歌新高潮正在迎面涌起,行看报幕人已经出现在前台了"。为了推进这种高潮,公木认为必须关心、爱护诗坛的青年,使之健康地成长。

近些年,人们对一些年轻人的诗作,对一些青年诗人,对他们所推崇的某些诗歌流派,有种种争议和非议,这并不奇怪。但是怎样全面、正确地对待诗坛"崛起"的这批青年,确乎是关系到我国诗坛前途的大问题。公木的观点是明确的,他多次在一些场合讲,在一些文章中阐述,指出:"要依靠青年,引导青年。这几年涌现了一些有前途的诗人。他们敢动脑,很用功,有的学外国诗比较得力,对现实问题也相当敏感。对这一点,应该充分肯定。当然,他们中有的人也不无弱点，例如，马列主义修养差，生活视野狭窄，艺术上易犯偏食症，等等，对他们要疏导，有批评，也有鼓励。他们毕竟是我们的希望所在。"提出："要研究他们，只有研究他们，才能认识和懂得他们。比如诗歌界的'崛起派'（姑且这样称呼），强调人的自觉、自由、内心世界，这是对的，艺术上求新也是对的，但过分强调主观就显得有点简单，强调主观不能无界限。可是，无论如何，他们毕竟是诗歌界很有生气的一帮人，他们给诗坛带来了生机和活力。同是一批人，北岛的诗作过于冷峻，生活在他笔下往往是灰冷的，而舒婷却有些不同，她对生活更多地抱着热情。这些年轻人，我们应该研究。对他们，我们应该爱护，应该尊重，一方面要引导，一方面要向他们学习。他们身上有许多东西值得我们学习，这对于我们，对于文艺是极其有益的。研究青年的问题，扶持青年成长，这也是我们的一个任务。"他还说："诗与青春联系在一起，写诗要有一颗年轻的心。我们这一辈写诗的，已成强弩之末，熟透了的庄稼，包括那些大诗人。不是不能再发挥一些什么，但难有大的发展了，真正朝气蓬勃地探索、上升、前进的，是青年人。"

公木这样主张，也这样去做。他对跃上诗坛、崭露头角的青年诗人倍加关心、爱护，热情地评介他们的诗作，"于好处说好"，情不自禁地给以赞赏。新秀们的诗作所透露的清新、优美、浓郁的诗意，使老诗人由衷地欣喜。对于争议较大的青年诗人，公木也决不回避，他通过中肯地分析，实事求是地谈出自己的看法。1983年初，诗坛对女诗人舒婷的诗争议很大，她的诗集通过无记名投票方式在全国获奖后，争议仍在进行。公木写了一篇《评舒婷〈双桅船〉》的诗评，由于种种原因，在北京未能发表，后来发表在上海出版的《书林》（1983年第六期）上。通篇体现了一个老诗人对新一代诗人的关心和爱护，对《双桅船》作了充分肯定，并作了辩证的有说服力的分析。这之后，公木又陆续研读了舒婷的一些新作，感到不像《双桅船》那样令人满意，并表示忧虑。因此，当《克山师专学报》索要文章时，公木对原先评论舒婷的文章没动，另加了一个"附记"。在"附记"中，他对舒婷的一些诗作也提出了一些批评。批评是商榷式的，讲道理的，字里行间洋溢着爱护之情。

尽管公木寄希望于青年，但他对自己认为有前途的青年诗人并不一味推崇和偏爱，不仅给他们扶持，而且也不时修枝剪权。当他在刊物上看到有的青年诗作者用朦胧的诗句嘲笑我们的祖先和历史时，他在《读史断想》中阐述这样的哲理：

> 大道如无后继便荒芜，
> 开辟者切莫睥睨前驱。
> 假若只会以鼻音去奚落
> 母亲的母亲——一个干瘪老太婆，
> 那就永生跌在地上啃土。
> 谁说要提倡骸骨迷恋呀？
> 人的双目既然生长在头脸前面，
> 昨天不再现，要看朝霞就必须
> 奔向一唱雄鸡时的明天。

而不屑回顾，又怎能前瞻呢？

形象地告诉当今的青年诗人，只有脚踏实地，尊重历史，才能创造未来。

公木对青年诗人诗作的评论，并不限于上述提到的几位。除了分析评论，还在百忙中多次应邀为中青年诗人的诗集作序，以此方式对他们进行鼓励。在为河北诗人任彦芳《心声集》写的序中，肯定诗人诗风"平易、自然、朴实、真挚、有意味、有情思"，认为任诗有深刻的思想内容，"个人在社会中的崇高地位，便是个人利益与社会利益的统一，并服从于社会的利益，必要时为社会利益献身。这就是人的最高价值标准。这也是人为万物之灵，区别于鸟兽虫鱼的地方。依我看，这便是诗人任彦芳同志所探求出的'心声'，所开掘到的'新意'"。在为吉林诗人黄淮诗集《命运与爱》作的序中，这样写道："诗，真善美的整体融合。就其形式说，是真与善的美；就其内容说，是美的真与善。综合言之，诗是真善美；具体说来，还有个写什么和怎么写的问题"，"因为真实，这些诗篇都经得住看，经得住咀嚼，有些篇章和节段，有些诗句，还需要停下来琢磨琢磨才能领会，不都是一口气通读下来，就能一目了然。写山写海，写一花一木，写一石一水，都激荡着诗人的情怀，这是需要了解诗人从而立到不惑，到行近知天命，这超过四分之一世纪的生活经历，才能够真正理解的"。对这位中年诗人的诗作给以较高评价。公木在为著名诗人韩笑的长诗选《海浪之歌》写的序言中，引莱辛的一段话，和诗人们共勉："人的价值并不取决于是否掌握真理或者自认真理在握，决定的价值的是追求真理的孜孜不倦的精神"。在读曲有源诗集《爱的变奏》的感想(《文艺报》1986年7月26日)中,他谈到"探索是诗人的天职,对未知世界的开拓精神是诗的本质特征,是艺术生命的活页。只要不脱离大地沃土,只要不背离人民,只要不丧失对真理的创造亦即审美的灵感,诗就终究会在平凡中求得崇高,在短暂中达及永恒"。公木总是对诗人的努力给以肯定,鼓励他们锲而不舍,努力创新,不断提高创作水平。

八十年代,国家曾先后组织过两次全国诗集评奖,公木每次都是评委。为了做到合理、公允,不埋没人才,他总是集中精力读参加预选的诗集,认真进行评选。在1986年的评选中,公木得了重感冒,嗓子都哑了,但他仍然坚持读完二十二本诗集,并对每本诗集都提出具体意见。和许多老一辈诗人一样,他通过自己的辛勤劳作,以换得更多诗才的脱颖而出。

公木对青年人的培育,决不限于那些有点名气的人,对众多的不知名的诗歌爱好者,他一样不惜花费心血和汗水。他被聘请为《春风》文学讲习所的顾问,不仅指导办所的方向,还亲自担负对来自全国的广大诗歌爱好者的函授教学任务。他通过《诗作随感》的形式向青年谈诗。从学员诗歌习作的实际出发,结合自己的创作经验,谈诗与生活的关系,诗的形象思维,诗的美感作用,诗的语言创造等基础知识,亲切生动,深受广大学员欢迎。在函授教材第七期上,公木为一位初学写诗的青年修改习作,他逐字逐句地推敲、润色,并把原诗和改过的诗一并刊登出来,给青年诗歌爱好者以极大的鼓舞和鼓励。

曾任吉林大学文学院院长的张福贵教授回忆:

1988年我研究生毕业留校，因在公木老师的带领下编选《中国新文艺大系诗歌选》，我常常到公木老师家里商谈诗选事宜。谈完之后，常听老人讲述他经历的那段历史。其实我和公木老师的接触早在1978年就开始了。那一年我进入延边大学学习。在那个火热季节，我和一群同学发起成立全校性的文学社团——"桔梗"文学社，想请公木老师题写社名。作为社长，我给公木老师写信但很长时间没有收到回信。后来收到老人寄来的很厚的信件。信中说，他出国刚刚回来，回信晚了很抱歉。信中他用大字写了十个"桔梗"，说是让我们挑选。

由此，可以看出公木对文学爱好者的关切之情。

当一位编辑把诗稿《母子诗集》交给公木后，公木认认真真地读完了全部诗稿，并写下了"随想"。他写道："我看了，没有略过母部诗，更尤其侧重子部诗，从头到尾都看了。且看且想，思绪万千，话酿造了一肚子，但拿起笔来，却又不知从哪里写起。写话，太不易，话在肚子里，一则凌乱，二则闪烁，像小鱼小虾在泥塘里浮游，把握不住。这种心境，实在不适宜谈诗。且说我被告知：这里的母与子都生在天府之国。母亲郁小萍，诗人兼编辑，依中国标准，正年届中青之间，月刊《诗人》的特约记者。儿子郁奉，十二岁，小学五年级学生，又是'中华少年文学讲习所'一期学员。这个讲习所是北方妇女儿童出版社主办的。这部《母子诗集》也将由该社出版。纵横交错，千里姻缘，实在可以说根生西南，花开东北了。万绿丛中一点红。就是这么一件普普通通的事情，岂不也足以从一个侧面看出现代新诗歌的活力，足以做一个例证显示出今天中国文艺创作的大好形势吗？"是的，诗坛和文坛确实是一派繁荣。人们在赞美这大好形势时，不应忘记公木这位辛勤劳作的园丁。

* * * * * * * * * *

两只"老母鸡"

在三年解放战争和新中国成立初期，公木主要筹办并从事学校教育工作，他把全部精力都投入到东北大学的筹办上。东北解放区相对稳定后，发展教育事业需要大量中学教师，一些学校校长空缺。为适应这种需要，1947年4月，经东北局批准，成立东北大学教育学院。公木任院长，吴伯箫、智健中任副院长。由于师资力量不足，学院领导也都登台授课。公木讲授《国际知识》、《政治常识》等。他讲课深入浅出，生动形象，深受学生们欢迎，即使下了课，许多学生也愿意同他探讨问题，还有一些学生跟他到宿舍请教。公木的学生胡昭也在这批学生中。他说那时教育学院有两只"老母鸡"，一只是公木，一只是吴伯箫。"我们就像小鸡雏，母鸡走到哪里，我们就跟到哪里。"为何有如此比喻称呼？因为他们对学生和蔼可亲，讲道理，循循善诱，可以随便谈心，从不扣帽子，不打棍子。公木所以能对青年学生产生亲和力，一方面是由于他有渊博的知识、诗人的出众才华、学者的深邃和智慧，一方面是由于他有令人尊敬的人品。冀中平原的孕育，知识海洋的泛游，革命熔炉的冶炼，艰苦岁月的砥砺，使他形成了朴实、纯真、直率、忠厚的性格。他热情坦直，为人诚恳，实事求是；他感情丰富，重然诺、讲交情、讲友情，乐于助人，甚至不惜牺牲个人利益；他做事认真，实实在在，对真理有极顽强的坚持精神，百折不挠。正因为如此，青年学生都乐意和他交往。在和他的接触中，不仅能增长知识，提高才能，而且能受到美好品格的熏陶。而就公木的个人意愿而言，他也非常愿意和青年朋友交往、接近。一则是他认为青年是祖国的未来和希望，在文章中经常谈到这一点，说青年好像丛林，其中必然会产生挺然而立的乔木。二则是认为青年身上有许多值得学习的东西，应该放下架子向他们学习，以充实丰富自己。他曾说："不要总认为是我们在引导青年，其实青年人的锐气、善于思考和创新意识不也在时时推动引导我们吗？我们和青年要互相学习，互相促进。"这段话绝不是公木的自谦，而是发自内心的一种认识。所以，他和青年的交往从不以长者、诗人、名家、教授自居，而是平等待人，开展双向交流，力求达到心灵的沟通和理解。实事求是地说，和青年的交往，确实使公木受到许多启发，年纪虽长而"思想不老"，精神焕发。青年学生在与公木交往中聆听了教诲，得到了具体的实实在在的帮助。学生称他"老母鸡"是形象的比喻，也是对公木领他们走上正确道路的赞誉。

两只"老母鸡"，所以是公木和吴伯箫，因为他们有相同的性格、相同的经历，还由于他们两人都是诗人、文学家，有共同的爱好和兴趣。物以类聚，人以群分，惺惺相惜，两人是终其一生的朋友。在公木留存的为数不多的老照片中，和包括吴伯箫在内的合影就有多张，分别是1947年在佳木斯的合影、1949年在长春的合影、1956年在北京中国作家协会的合影等。公木很珍惜和吴伯箫的友谊，曾赋诗一首：

  人生几度春，
  佳木斯难忘。
  桃李自成蹊，
  踏歌载路唱。
  病痦亲汤剂，
  梦寒添衾褥。
  文章百代师，
  煦煦老褓姆。
  跂望六合云，
  遍踏千里雪。
  黑水浮白山，
  峥嵘望岁月。

  真是天赐良机，机缘巧合，1954年初秋，这对分别多年、又在不同岗位工作的朋友，竟然又一次走到一起，担任了中国作家协会文学讲习所正副所长。吴伯箫任所长（还兼任教育部人民教育出版社社长），公木任副所长。在此之前文学讲习所称中央文学研究所，丁玲任所长。丁玲卸任后，曾由田间、邢野等担任正副所长职务。现在的新领导班子，则是由中国作协党组调配的，肯定是组织上作出的决定。但吴伯箫的热情相邀无疑也起到了作用。1954年5月，时任文讲所所长的吴伯箫曾专门致信公木，告诉他自己将在人民教育出版社主持编辑中学语文教材工作，邀请公木来文讲所工作。公木到任后，两只"老母鸡"聚首，更起到了护群带队的作用。这一时期所内的自由空气浓烈，学员们创作热情高涨，涌现出许多优秀创作成果。在这里学员们的创作个性受到充分尊重，才华也得到充分施展。

1955年9月，吴伯箫辞去文讲所所长职务，公木继任所长，继续像"老母鸡"一样带领学员们前行，给以呵护和关照，充分体现了他为人正直、善良和乐于助人的情怀。这里仅举公木关心爱护诗人孙静轩一例。孙静轩是从团中央来的。毕业时公木找他谈话，问他愿不愿意再回团中央。他说不愿再回去。公木说："何其芳那里需要人，你去北大文学研究所吧。"孙静轩同意了。但公木同何其芳说好后，孙又改变了主意，说不去了。公木说："那你到《人民文学》或《文艺报》去吧。"孙说可以。过了一些日子孙又变了卦，说想到《工人日报》去当特派记者。公木说："好，这回别反悔。"档案送到《工人日报》，人家催他报到时，他又变了，说想去内蒙古。公木把他的档案转往内蒙古，内蒙古文联已为他准备了住房，他却又提出去四川。公木最终考虑了孙静轩的要求，并在他日后回所里时叮嘱在生活等各方面给以关照。孙静轩对公木这种厚爱和宽容有很深感受，著文称"以他的温和、谦逊，以他的长者之风赢得了人们的尊敬和信任"。

＊＊＊＊＊＊＊＊＊＊＊

跪下叩头的学生

东北大学成立教育学院培养中学教师，公木任院长，吴伯箫任副院长。作为教育工作者，公木不仅关心学生的学业进步，更注意在政治上为他们"奠基"，使他们未来的成长进步具有坚实的基础。

一天深夜，忙碌了一天的公木在灯下翻阅一些学生交上来的自我鉴定。当时东北刚解放不久，学生们从各地招来，学校不太了解他们的过去，就用"自我鉴定"的方式，让大家定期地将自己的思想和学习情况作一个自我评价。公木很重视这些自我鉴定，他认为这是了解学生思想状况和教育成果的一个重要渠道。所以，每当学生交上来自我鉴定，他都认真仔细地阅读。

他一份一份地阅读起来，还不时地在笔记本上记些什么。突然，他的目光定格在一份自我鉴定上。这是一个只有十六岁的学生小何的自我鉴定，鉴定中说自己来自农村，家庭成份是中农。过去在日本人的奴役下，不知什么是共产党，什么是国民党。入学后也懵懂不知，不知什么是阶级，误认为等级就是阶级，阶级也分等，组长和组员、连长和营长是不同阶级。自己不仅思想幼稚，而且思想反动。接下来的自我评价更让公木"触目惊心"："我政治立场有问题，对人民政权不满，对共产党仇恨有加……"公木连看几遍，陷入了沉思：一个十六岁的学生，经历单纯，出身也不复杂，能对人民政府和共产党有这么大的仇恨？怎么也说不通啊！这里面一定有问题。

　　第二天上午，公木把小何叫到办公室谈话。开始，小何坚持自己的看法，说这些都是他自己的认识。看着小何怯怯躲闪的眼神，公木意识到小何说的话是违心的。公木像老爷爷一样循循善诱："你既然说你对人民政权不满、仇恨共产党，那你不满和仇恨的根源是什么？讲自己的认识要实事求是，不要违心给自己扣帽子。你还年轻，今后的路还很长，这些材料如果装进档案，毕业时，哪个单位还会要你？"小何被公木和蔼可亲的话语深深感染了，他心里的坚冰开始融化，再也抑制不住内心的真实情感，"哇"的一声哭诉起来："张老师，我刚到学校来人地两生，性格又不合群，班上一些人整我，我要是不这么写，他们通不过。他们弄几个人撳我，四个人拽着我的胳膊腿，像打夯一样往地上撳我，我是受不了才这么写的呀！"公木好言安慰他，并教育他，以后无论遇到什么情况都要实事求是，一是一，二是二，这是做人的本分。"你回去如实写一份自我鉴定交上来，我替你做主！"

　　小何破涕为笑，给公木敬了个礼便飞快地跑回去重新写一份自我鉴定，庄重地交到公木手里。就在他要迈出办公室门槛的一刹那，突然转过身，扑通一声朝公木跪下来，重重地在地板上叩了一个头。

　　小何走了，公木陷入了深思之中，他回想起在延安整风时，因为康生等人搞极左，自己被"抢救"的那些往事。当时，公木在鲁艺文学院任教。鲁艺开展了普遍的反自由主义运动，要求每个人都要填写

"小广播表现"和其他社会关系、本人思想历史的调查表,而且反自由主义很快地就进入了"选择典型,教育群众"阶段,后来发展到捕风捉影、动辄上纲上线,把怀疑对象关起来交代问题,轮番逼供,以至形成大规模的"抢救运动"。在"抢救运动"中公木未能幸免。他的"罪名"是组织"鹰社"。鹰社是公木在部队文艺室工作时组织的一个文艺团体,他任社长,成员有朱子奇、贺敬之、天蓝等三十余人。取名"鹰社",是在成立大会上经过讨论议定的。鉴于陕甘宁边区二十三个县的地图像一只昂首翱翔的雄鹰,关中分区是它伸向八百里秦川的一只利爪,整个边区被称为"鹰形地带",取名"鹰社",寓意部队的新文艺创作像雄鹰一样展翅高飞。鹰社成立后举办过多次活动,还出版过《蒺藜》墙报等,受到延安各界关注。"抢救运动"中,鹰社被诬陷为'特务集团',鹰社的名字也受到质疑。有的人质问:"德国法西斯党徽标志就是鹰,你们为什么叫鹰社?"这些虽然已成为往事,但在公木记忆中留下了深刻的印象。这种极左的"抢救运动"伤害了组织的肌体,而且还给个人带来了无法弥补的创伤。

为了纠正学生在自我鉴定中一些不真实的情况,公木专门召开会议,强调"实事求是",强调一切从实际出发,维护了自我鉴定的严肃性和真实性,而这些在当时也是需要一些政治勇气的,而这些政治勇气来自于高度的政治责任感。

还有一个例子,能说明公木为我党争取青年、培养青年而体现的高度责任感和敢于担当的政治勇气。

公木在审查学生入学名单时,看到了一个似曾见过的名字。经回忆，他想起是在一个内部资料上看见过。此人为女生，名叫刘源湘，过去加入过国民党外围组织，日伪统治后期被捕，和几个被捕的共产党人关在一起，因为受到进步影响，渐渐接受了共产党的主张。日本投降后，刘源湘出狱，她脱离了原有的政治阵营，向往革命，并更名为史更，表示与以往的历史决裂，走向一个新的革命道路。她报名参加东北大学，恰恰被公木看到了她的名字。是收她还是不收她？公木态度很慎重，把履历表交给长春市公安局长龚康贵加以审查，龚康贵确认其已转变政治立场后对公木说："她的问题我已查清，录取不录取就是你的问题了，你自己拿主意吧！"面对这样一个"问题青年"，公木没有犹豫，他亲自批准其入学，使刘源湘成为东北大学一名学生。后来又因为其学业优秀，又有文艺特长，还推荐其做了佳木斯电台的编辑兼播音员。刘源湘后来嫁给我军东北航校的一名军官，生了三个孩子，有一个幸福的家庭。说起公木老师，她深怀感激之情，一直都和公木老师一家保持着密切的联系。

学生吴凤枝在东北师范大学毕业时，有人认为她社会关系复杂，建议不发毕业证书。考虑到没发现实质问题及该毕业生毕业后的工作安排，公木决定给吴凤枝发毕业证书，使她顺利地走上工作岗位。

* * * * * * * * * *

东中华路十八号"驿站"

长春是座美丽的城市，这座城市有个特点，南北称街，东西称路。从解放大路和同志街交汇的十字路口北上第二个路口，便是东中华路。这里离吉林大学老校区不远，有一所该校的教职员工宿舍，称东中华路十八号。公木"右派"改造结束，组织上分配他到吉林大学中文系任教不久，就被安排到这里居住。他的家在一门二楼左侧。从他搬来居住开始，这里就成了文学青年的一个"驿站"，一些青年人来这里拜访、问学，甚至在这里吃、住，等待考试，对东中华路十八号铭刻下终生难忘的记忆。

诗人高昌第一次来拜访公木时，还是个文学青年，无极师范学校毕业后，在辛集县文化馆工作。他听说著名诗人、解放军军歌作者公木是辛集人，便买了火车票跑到长春来拜访。家乡来人，公木和妻子吴翔自是热情接待。在经过一番交谈之后，公木问高昌住哪里。高昌答还没住下。"那就住我家书房吧？"公木热情相邀。高昌出来急，囊中羞涩，就顺水推舟住在了公木家里，一住就是几天，家里吃什么他就吃什么，宛如家庭成员。公木的妻子吴翔说，那时高昌年轻气盛，在讨论问题时常和公木观点相左大声争执，公木却不急不恼，和颜悦色，两人还成了"忘年交"。

张继合，现任河北日报主任编辑、河北省作家协会散文艺术委员会副主任。1992 年，吉林大学改革创新，打破从高中生中招生的老规程，面向社会招一批自学成才者入学。张继合得到消息，便匆匆赶到吉林大学报了名。报名后距离考试还有一段时间，他在长春人生地不熟举目无亲，这时想起自己仰慕已久的公木先生就在吉林大学，便一路打听来到东中华路十八号公木家中。在交谈中，公木问："住下了吗？""没有。""准备住哪里？""不知道。"得知张继合因求学心切却还没找到住处，公木便热情地说："要是不嫌弃，就住我们家吧。"哪里还有什么嫌弃，真是求之不得啊！就这样，张继合就在公木家里"安营扎寨"住下了，一直吃住到考试结束。在公木的支持下，经过努力，张继合终于考进了吉林大学中文系，圆了自己的大学梦，成为一名新闻专业人才。

东中华路十八号这个"驿站"，接待过许许多多拜访者，还接待过一个特殊的客人。说这个客人特殊，是因为他才是一个十四五岁的孩子。这个孩子叫王响。来拜访公木先生那一年，他是哈尔滨某中学高一年级的学生。该生厌倦日复一日的课堂教学，向往古代学人的"随处游学"，一天突然离家出走，连父母都没告诉一声，便坐上南下的火车。他的目标是访尽天下名人，像徐霞客那样写一部长存于世的游记。南下第一站是长春，采访的第一个名人是公木。当他风尘仆仆而又忐忑不安地站到爷爷辈的公木面前时，公木既为他的行为"吃惊"，又为他的敢作敢为而"惊喜"。他留这个小客人在家用完晚餐，又留他在家里住宿时，王响说他已在公木家附近订好了小旅馆，准备明天继续南下。公木关切地问王响："你手中的盘缠有多少？"王响答："只有六元钱。""那你连坐车的钱都不够呀！"公木慈爱地说。"没关系的，我可以像古人那样，边走边打工，一路南下而去。"听到这里，公木由"惊喜"而变得担忧了："孩子，你还小呀！你放弃学业去参加社会实践无可厚非，但是，还是应该先把高中读完，把基础打扎实了再到社会实践中去啊！""我要在实践中学习，我要在游泳中学会游泳！"王响固执地说。公木面对孙子辈的访客轻声柔语地开导着："就算你有这个想法，你的路费、吃住费用怎么解决？孩子，你想一想，你想打工赚钱的想法是好的，可你还是个孩子，没有一技之长呀！不管你进哪一个饭店，你不付钱，人家让你吃饭吗？"王响低头默默不语。公木继续开导："孩子，回去吧，先好好学习，读完高中，再读大学，然后再去参加社会实践也不迟。"公木的话如同春风化雨，点点滴滴地润进了王响的心田，他不再坚持己见，放弃了南下的打算。"爷爷，你说得对，我听你的话，明天我就回去到学校上课。"此时，公木悬着的心才算放下。公木从沙发上站起身，走到写字台前，从抽斗中拿出二十元钱递给王响："孩子，拿着这些钱，抓紧买票回家。这二十元钱你不用还我，但我有一个交换条件，就是你到家后必须给我来一封信，告诉我已到家，好让我放心。"整整一晚上，公木都在开导这个"毛头小伙"，并一直把他送到住的小旅馆才离开。

决心全国游学的王响，在公木的劝说下次日便回到哈尔滨，他如约给公木寄来一封信，信中说："公木爷爷，我已回到家里，吃到了父母留的饭菜，厨房中还有半瓶酒，我把它喝了，从此和过去的想法告别。公木爷爷，谢谢你对我的开导，我会牢记您的教诲，好好学习，做一个对社会有用之才。"收到王响的信，公木由衷地笑了。他似乎想起什么，又戴上老花镜，当确认这封信上盖的是"哈尔滨市道外区邮局"的邮戳时，才卸下了压在心头的重负。

＊＊＊＊＊＊＊＊＊＊＊

不倦的教诲

作为一名教师，公木对学生、对后辈是和蔼的、谦虚的，但也有发火和"针锋相对"的时候。在吉大中文系，当他发现有的学生把"兴趣"写成"性趣"时，公木提出了严厉的批评，他甚至发了火，这件事让一些师生记忆尤深。

公木的一个学生勤奋而狂狷，曾出版过多部诗论著作，公木很喜欢他的勤奋精神，可对其某些观点的谬误也几次进行公开的严厉批评。据这位学生回忆：

1980年底，公木老师兼任吉林省文联主席和作协主席，主持召开过一次诗歌理论研讨会。那时，我已完成《与青年朋友谈诗》13讲，计43万字，并将铅印稿寄老师审阅。老师不同意我的个别观点。他于会前嘱咐作协秘书长给我发函，令我出席并准备发言。我是在会议前一天夜里赶到长春的，住冶金局招待所，第二天早早到了会场，室内已有来自吉林省的三四十位诗人和评论家，其中多有我的前辈和师长。我是唯一一个外省人，不知水深水浅，内心忐忑，就下决心只出耳朵听、不发言了。不料老师却点名让我说说。我不得不说。我说，这么多年来，诗歌像个童养媳，战战兢兢地跪在"政治"这个胡搅蛮缠的婆婆的脚下，动辄得咎……我又说，政治的狼烟野蛮地污染了艺术的天空，致使诗歌的花朵枯萎了、凋零了云云。老师听了很生气，斥我出语偏激，坚持认为"诗歌不能完全脱离政治"。

我的发言还涉及对古典诗词的继承和对外国诗的借鉴等问题，其中的某些观点失于偏颇，与老师一贯主张相左。老师在重大原则问题上向来是实事求是叫真，绝不含糊、绝不让步的。此后，老师在几篇文章中尖锐地批评了我的某些观点，其中有的篇什还点了我的名。

后来师生两人经过深入交流，展开了详尽对话，尽管学生并不完全赞同老师的观点，但他感受老师的诚意和热情，深感获益匪浅。公木去世后，这位学生在悼念文章中写道：

生我者，父母；知我者，老师。老师了解我，所以，也就理解我；所以，也就谅解我。

从今以后，还有谁能对我如此严格要求和严厉批评呢？

请让我跪挽：

恩施羽化念慈父心肠耳提面命有道弟子皆饮恨

苍天飘雪思泰斗肝胆玉洁冰清无知草木亦含悲

他还专程从哈尔滨赶到长春,送恩师最后一程。

首任《作家》主编孙里回忆:

  先生一生关爱青年成长,对那些才气洋溢、富有创作勇气的学生和晚辈,尤为爱惜倍至,以至甘冒政治风险予以保护。他的一名学生,是国内有影响的年轻诗人,因发表一篇不合时宜的诗论而引来政治麻烦,一度曾被某特区城市清理出来。先生为解决他的工作问题,长时间奔走呼号,终于为他在省作协谋到了一落脚处。不过,先生对一些青年人过分的政治思想偏激,也是从不迁就的,我就曾亲见他在一些会议上,对自己个别学生信仰的丧失和对本民族艺术传统的轻贱,提出过严厉批评。当然,这种批评多数时候还是平等的切磋与探讨。在我的印象中,先生从不盛气凌人和以势压人的……

孙里说得非常准确,公木虽然也有"金刚怒目"式的表现,也有严厉批评人的时候,但他从不盛气凌人和以势压人,而是坚持以理服人。这样一种交流,在一位青年诗人和公木六题问答中有很好体现。青年诗人问:"您是以生命的热情写诗的,这或多或少使您的诗歌带有某种局限性。比如说,我认为直到现在您还试图用自身的善良和单纯解释这个复杂的世界,您仍试图用诗歌证明生活中充满阳光和温情。但是,以我年轻的心就发现世界上有那么多虚伪和阴谋,愚蠢和仇恨,甚至您自己历经坎坷的经历也同样证明了这点。您的温暖的乐观主义,是否影响了您诗歌的真实?"公木首先严格而深刻地进行自我剖析,认为自己的生命也"经常处在惶惑、迷离、摇摆、失误中,即使'真诚'也往往是悬为追求的目标。如果真诚地说,'真诚'也往往是打折扣的"。只有真正的伟丈夫,才肯于如此面对真实。然后他说:"诚然,世界上有那么多虚伪和阴谋,愚蠢和仇恨,而诗歌为了消灭它们才存在。所以,依我说,诗人便是能在生活中发现'阳光'的人,因此,在自己'主体意识'中首先要'充满阳光'。揭示黑暗,也是为了反衬出'阳光',要人们向往'阳光'。"从这言简意赅的话语中,可以看出公木是深谙诗之真谛的,他的话语也是有说服力的。

对不同的观点,暂不能求得一致,那就允许保留,给对方以尊重。诗人丁耶说:

这一点我深有感触,我们曾因为对某人某事有不同的见解争论得面红耳赤,但最后终于和解了,他感叹地说:"你已成家,你有你的看法……"我也从他的话中得到启示,纠正我偏激的思想。有一次他从北京开会回来,抄了一份青年诗人的诗,足足有十多首,这位诗人所写的诗虽然有些朦胧,思想有些过激,但却颇受一般青年读者欢迎。他认真抄写下来,而且仔细研究,当我去看望他时,他拿出来给我欣赏,他说:"你看,这几首诗真有些诗意呢!"这位老人就是这样,他绝不轻易否定与他意见或风格不同的作品,他总是在这些晚辈中发现新的东西。这就是公木,这就是求实的科学态度。

可以说，公木诲人不倦的良好效果，是在相互尊重深入交流的过程中实现的。反之，那种"我说你听、我打你通"的说教式布道，肯定不会有什么好的效果。

七 人格的魅力

真诚善良的做人底色

我们曾反复询问过公木先生的夫人吴翔："您和公木先生共同生活近五十年，是他最近的人，朝夕相处，您认为他身上最大的特点是什么？"吴翔不假思索地回答："善良，这个人特善良。"寻思一会儿又补充："还有真诚，真诚、善良是公木老师的最大特点。"不经意之间，她也把公木称为"老师"，看得出虽然相亲相近司空见惯，也对丈夫充满敬仰之情。

公木的学生、曾任吉林大学文学院院长的张福贵教授用自己的感受印证了吴翔的说法。张福贵说："从与公木老师的接触中，最令我难忘的就是他那种一生不悔的真诚和一生不改的善良。他的真诚不只是对于党和民族、国家，也是对于每个人的；他的善良是大爱，成了对人间的一种仁爱。"

公木的学生、诗人王小妮说："真诚，覆盖了他的坚守，这是公木老师有别于其他许多老人的地方。"

原吉林省委副书记谷长春和公木接触较多，他这样评价公木：先生不为政治气候和学术思想某种波动而摇摆，直率得从不顾"时宜"，"对与错任人评说，我的真诚不容置疑"，表现了一代学人的风骨。

公木的真诚，首先是对党、对中华民族、对国家的真诚："一从结发读宣言，便把头颅肩上担"。当遭遇挫折，被打成"右派"之后，他明确表明心迹："问俺早知这么样，早知这样也心甘"。即使被开除党籍，远离组织，他仍然以一个共产党员的标准要求自己："肉烂依然锅里滚，船翻犹自岸边行"，表达"葵断蓬头仰向日，鱼僵倦眼望归川"的心愿。公木对组织上的处理不抗拒、不埋怨。参加"劳动改造"，他说："劳动不是惩罚，而是神圣的工作。"不管是淘粪，还是种菜，都踏踏实实地工作。他在一篇文章中写道：

……我在心里说：我们得争口气！几年来我擦楼梯，擦走廊，打扫厕所，那里最脏，有泥污，就特意把它拂拭得最干净，最亮堂，咱们这支队伍，是遭人另眼看待的，应该成为最文明、最整齐、素质最高、贡献最大的劳动大军。废铁也要炼成钢嘛。

肉烂依然锅里滚，废铁也要炼成钢。公木就是这样对党不离不弃，还主动体谅党的难处，语重心长地对一个被划为"右派"的朋友说：

我想告诫你一句话，就是我们无论怎样，都不要向党要翻这个案。你在白区为党工作多年，没做过党务工作，因此不会领会党务工作有多么细密有多么复杂。要翻一个案不简单，有时必然要影响到众多方面，就像牵一发而动全身那样，所以要十分慎重。党现在的负担十分重，想大踏步走，而又步履艰难，所以我们决不能因一点个人的得失或不平就去增加党的麻烦。我们现在仍在为党工作，这就好，一定要一切以党的整个事业为重，不要以为党就一定不会理解。

公木的真诚也体现在为人处世和待人接物上。

曾跟公木读研究生、在一起密切接触几年的赵明回忆："先生一生多历劫波，但却始终葆有一种赤子的真诚。有一次，我很随意地问先生在北京中国文学讲习所任所长时被划'右派'是否与当时主管文艺的某某有关？不料先生神情顿时严肃起来，正色对我说，某某在'文革'中吃的苦比他自己还要多得多。这次闲谈我还得知：粉碎'四人帮'不久，他即在北京看望虽刚出狱但在'两个凡是'束缚中前途未卜的某某，两位老人紧紧握手而对泣。"

公木的真诚还体现在每一件小事上。一次，在家里给研究生上课的公木收到"课时费"，他不解地问学生："不是有工资吗？怎么我给你们上课，系里还发给我课时费？"一次一个年轻人来家里访问，临走时下大雨，公木把珍藏多年的一件军用雨衣拿给这位客人使用，而雨衣也就此"泥牛入海"了。

对公木的"真诚"，一些人也有不同看法。是不是有些丧失原则？是不是有些过分？用东北话说，就是"真诚大劲了"。这些话也传到公木耳朵里，他的回答是："对与错任人评说，我的真诚不容置疑。"通过以上事例，对于公木的"真诚"，读者自会进行评说，但无论如何，真诚总比虚伪好，有真诚，就会有信任，人与人之间就有温暖。在当下"真诚"缺失的社会里，公木式的"真诚"尤显宝贵。

公木的善良是凡接触过他的人、与他共过事的人所公认的，只要你稍有接触就不会忘记这个慈眉善目的和善老头。公木的善良是大爱，是仁慈，体现在其言行的方方面面，我们曾叙述过公木乐于助人的那些故事，他帮助别人的孩子治好眼睛、帮求助者联系出版图书、帮学生安排工作等好事做了许多。从根本上说，公木的善良是以人为本的善良，他怜悯人生的苦难，体谅别人的难处，关心人才的成长进步，乐意为别人分忧解难，等等。这种言行体现了共产党人的优秀品质，也体现了"先天下之忧而忧，后天下之乐而乐"、"老吾老以及人之老，幼吾幼以及人之幼"的中华民族传统美德；受到祖祖辈辈身上体现的我国劳动人民传统美德的影响，也受到近现代西方人道主义思想的影响，细小而广博，浅显而精深。面对公木的善行善举，被关爱者真的是如沐春风。

诗人丁耶回忆：

> 有一天教务长张松如（公木）找我谈话，要带我去参加东北文代会，我不敢相信自己的耳朵。我一个东北流亡青年，文艺散兵游勇，非党非团，曾因此遭到"进步"同行的嘲讽，尤其那时正在批萧军，如火如荼，而我的绰号叫"小萧军"。这是我重庆念中央大学的导师给我起的别名，说我是"关东莽汉子"。我一调东北就看到报上批萧军的长篇大论，萧军是我崇拜的东北作家前辈，看到那大棒如雨的批判文章，犹如冷水浇头。就在这种境遇下张松如教务长让我参加东北文代会，而且不久他同吴伯箫先生还介绍我加入中国作家协会，我受宠若惊之余心里暖呼呼的。

吉林省图书馆职工高宪民回忆：

　　我的初恋，公木先生给我当参谋。吉林省图书馆1958年建成后，后院大书库安装铁书架的工程包给长春的一个厂家。安装队有一位女徒工，十八岁，长得亭亭玉立，乌黑的辫子，桃花色瓜子脸上有一双黑葡萄似的大眼睛……对人诚恳热情，落落大方。仿佛在严冬给我带来一股甜美的春风。她负责给师傅们打开水，蒸饭盒。她"会说话"，又勤快，和省图烧锅炉的徐老师傅处得很好。时间长了，我们独身宿舍的小伙子也认识了她。星期天，她还经常帮助我和小郝洗衣服。几个月后，我和她都互相有了爱慕之意。公木先生也认为她是个好姑娘，要我把家中的一切原原本本告诉她。我家在河北省农村，负担又重，她家长坚决反对。我们只好含泪分手。她要求调回工厂。我听到她呜咽的再见声，好像五雷轰顶，高楼失足，江心翻船……我的初恋就这样结束了，沉痛的心情无法形容。公木先生见我无精打采、愁眉苦脸的样子，一个晚上，他约我到新民广场，苦口婆心地开导我说："小高，爱情是甜蜜的，也是苦涩的，不管甜与苦，都是人生美好的回忆……抛开痛苦，振作起来，把宝贵的时间用在工作和学习上。不是说书中自有颜如玉吗……"这时，我和公木先生都哈哈大笑起来。

公木的同代人贾植芳教授回忆：

我希望我的博士生张国安到沈阳、长春、大连、哈尔滨等地走访有关人士，到当地图书馆或档案馆查阅相关资料。我给东北文化、教育界的有关朋友写了介绍信，为国安工作提供方便，其中就有公木先生。后来国安回沪对我说，张先生接待他很热情，比如为了走访一位伪满时期的作家，张先生不顾年老体衰，亲自领他爬上五楼，去看望这位作家，以便当面介绍。我听了国安的介绍，对公木先生不失赤子之心、乐于助人的为人品格又增添了一层新的敬意。

公木的善良还体现在争揽责任、尽量减轻别人压力和负担方面。原吉林大学校长刘中树回忆他和公木相处的一件小事：

1964年参加吉林省梨树县的社会主义教育运动，我和公木老师被分配在万发公社刘家岗子大队第一生产队。当时他已是近六十岁的人，却同我们年轻人一样，与贫下中农同吃同住同劳动。晚上，我们俩躺在贫下中农房东的土炕上，研究完工作，他就向我讲述延安的生活，毛泽东思想，延安文艺座谈会的情况，北方左联斗争和1932年他与另外两人请鲁迅到北师大讲演等历史，使我受到真切的革命历史教育。那时他刚镶了一颗牙，吃硬东西和玉米面饼子很不方便，牙总往下掉，他还是坚持着、忍受着，我看在眼里，记在心里。有一次我回长春外调，就顺便请他的夫人吴翔给他买了几袋葡萄糖粉，每天晚上他冲水喝。不料此举被工作队发现,以当时的"左"倾思潮,批评他不能与贫下中农同吃。他和我相互争着揽责任,作自我批评,他胸怀坦荡,毫无怨言,克服困难,努力工作,得到工作队的好评,与广大农民结下了浓厚的情谊。

* * * * * * * * * *

胸襟堪比大海宽

1957年3月8日,公木迎来了他一辈子最不幸的日子。这天深夜,发生了一个让公木终生为之痛苦的事件——他的父母因煤气中毒双亡在北京鼓楼大街一百零三号(公木在文学讲习所的宿舍)。事情来得极其突然,原因是邻居家烧炉子的煤烟遇逆风散不出去,灌进了公木父母住的屋子里。二老在睡梦中遭遇不测撒手人寰。公木闻讯赶来,看到刚刚去世的父母静静地卧在床上,内心悲痛万分。为了能更好地孝敬父母,他把二老从河北辛集老家接来同住,才刚刚几天,就发生了这样塌天的事情,公木心里的悔恨、痛苦、绝望交织在一起。

公木调到文学讲习所工作后,工作环境相对稳定,组织上解决他和妻子吴翔的两地分居问题,将吴翔从鞍山钢铁职业学校调到北京,安排在紫竹院西边车道沟的北京化工学校教书,两个儿子百钢、铁奔也随母亲过来。全家团聚以后,公木就筹划着把父母接过来同住。二老都已六十多岁,年纪大了,接过来住在身边便于照顾。刚巧,化工学校那边给吴翔分了宿舍，安顿妻子带孩子住在那边，这边鼓楼大街的宿舍给父母居住，自己"两头跑"，周末赶到化工学校宿舍与妻儿团聚，没承想父母到北京后刚热热闹闹地团聚几天，悲剧就发生了。

公木1937年秋去西安，后到延安参加革命，一晃离家几十年。他走后，父母支持他的几个弟弟妹妹也参加了革命工作。老两口为此担惊受怕，过着愁苦不安的日子。全国解放后，公木与老人取得了联系，也短暂地见过几面，感到两位老人明显地衰老了，身边需要人照顾。他是家中老大，一个弟弟在武汉工作，一个弟弟去世了，自己理应担起这个责任。接二老到北京安度晚年，得到了妻子吴翔的支持，两个儿子早就盼望和爷爷奶奶见面。1957年春天，公木全家的愿望终于实现了，谁想到"乐极生悲"，骤来的横祸永远夺去了父母的生命。公木怀着巨大的悲痛，在弟妹们的哭声和埋怨声中，把两位老人安葬在北京万安公墓。在墓前，公木痛哭流涕地说："儿不孝，没能尽心尽孝地服侍和看护好二老双亲，实在是不孝啊！"回到家里，公木一连几日不吃不喝，闭门不出，为父母不幸身亡而悲痛欲绝。按理说，公木父母是因邻居烧煤出现事故而窒息死亡的，邻居应负肇事者的责任，负责一部分善后费用也是合情合理的，但一向为人宽厚的公木没有去追究谁的责任，连一句埋怨的话都没有说，也没有埋怨负责取暖工作的总务科同事，一丁点要求都没有提，只是一个劲地埋怨自己，默默地吞下这个苦果。本来天已暖和，家家都已停止生火取暖，谁知那几天乍暖还寒，隔壁人家因天寒又生起炉火，偏偏又遇到大风，这实在是个意想不到的事故，邻居为此悔恨不已，公木的原谅，使他们深受感动。

　　与人共事、交往宽容、宽厚、大度，公木身上体现了中华民族的这一传统美德。1966年"文化大革命"开始，卷地而来的"大革文化命"的风暴几日之间横扫神州大地，摘帽"右派"和"反动学术权威"的公木在劫难逃，两次被抄家、多次被批斗，被逐下讲坛关"牛棚"交代问题、劳动改造。最使公木痛心的是，一些批斗他、押他游街的人竟是他的学生。这些被愚弄的年轻学生，一边唱着《中国人民解放军进行曲》，一边喊着"打倒公木"的口号。公木跟着唱几句歌词也受到他们怒斥：你有什么资格唱这些歌！"作歌不配唱歌人"，公木在诗句中抒发这样的愤慨。还有的学生借去他家抄家，把他珍藏的《金瓶梅》拿走，而他最为珍惜尚未发表的诗稿《人类万岁》也不翼而飞。这是自己多年心血的凝聚呀，公木为此痛心不已。一些学生变着花样折磨教授、专家，一次还把他们剃了"阴阳头"。为了不再次受到此番屈辱，他从此不再上街理发，而是让妻子买个推子在家给他剪发，一直到终老。所有这些人生遭遇，公木终生都不会忘记。但粉碎"四人帮"后清理"三种人"时，一些单位到学校了解某些学生"文革"期间在学校的表现，公木都网开一面，没有说一句影响学生进步的话，没有出一张不利学生的证明。他说：他们都是年轻人，在校时还是孩子，说过一些过格的话，做过一些过格的事，总结教训就是了。当时的大环境如此，责任不在他们，也不必追究他们。这就是公木为人宽厚的处世态度。

　　公木为人宽厚的性格还可从他与周扬关系的处理上显现出来。公木和周扬认识在延安时期，那时周扬分管文化工作，而且是延安鲁艺的领导人，公木后期也在鲁艺工作，是周扬的下属。公木对周扬很敬重，写出的《新歌诗论》交周扬看过，周扬同意出版，支持他在"歌诗"系统理论方面开展深入研究。周扬也很器重写作《八路军进行曲》歌词和发表过许多诗歌的公木，欣赏他的才华，看中他的沉稳、平实和组织能力。1954年4月，周扬到鞍钢视察时见到阔别七八年的公木，认为公木更适合从事文艺组织工作，动员他去作协工作。6月，周扬通过中宣部党组与东北局文委联系，商调公木去中国作协工作。公木服从组织分配，先去中国作协沈阳分会任秘书长，不久就调往北京，任中央文学讲习所副所长、所长。应该说，周扬"慧眼识珠"，对公木是有恩的，两人间的关系是和谐的。但到北京中央文学讲习所工作后，在对待"丁、陈反党集团"（丁、陈指丁玲、陈企霞）的问题上，两人产生分歧。公木本着实事求是的态度，坚持认为"丁、陈"不是反党集团，在各种场合为丁玲辩护，还在一次征求对中宣部领导意见的会议上发言，说"周扬同志不够宽宏大量，不能容纳不同意见"……这些都引起周扬不满，两人的关系开始疏离。1958年8月，公木以中国作家协会理事、中国作家协会文学讲习所所长的身份出访归来，下飞机后，迎接他的不是鲜花，而是一顶"右派"的帽子，从此拉开了他长达二十年人生挫折的大幕。公木遭受如此重大挫折，"账"不能都记在周扬身上，但与周扬有关系则是肯定的，作为文艺界"反右"领导人的周扬脱不了干系。因为他认识公木，知道公木的表现，他不点头，公木是进不到"右派"行列里去的。作为当事人的公木，也一定知道其中的经过。但公木遭受挫折后，没说过一句指责、埋怨周扬的话。特别难能可贵的是，周扬"文革"中被打倒后，专案组曾派人到长春找公木"外调"，让他揭发周扬的言行。公木拒绝了，说他不了解周扬的情况，也没听说过周有什么反党言行，没提供任何不利于周扬的"炮弹"。

粉碎"四人帮"之后的1979年10月，公木到北京参加中国文学艺术工作者第四次代表大会，与许多老领导、老朋友阔别重逢，也见到了周扬，周扬向他投去了赞许的目光。周扬这个饱经风霜的老人被邀请到主席台上讲话，他反思了自己过去的过错，说"受到'四人帮'迫害打聋了耳朵，但不能抵消过去的错误"，向一些过去被受到错误处理过的同志表示道歉，在他提到的这些名字中，就有一个名字是——公木。

几年后，周扬患病住院，公木特意到病房探望，两双历经沧桑的手紧紧握在一起，过去的恩怨、是非和不快都随风而逝。

* * * * * * * * * * *

丁雪松：公木，亲如兄弟

聂耳是我国著名音乐家，由他谱曲的《义勇军进行曲》气壮山河、震撼人心，后被定为中华人民共和国国歌。聂耳墓位于昆明著名风景区西山山麓，每年都有许多游客前来瞻仰、凭吊。1991年春天，当漫山山花开放、绿意更加生机盎然之时，公木在老伴吴翔和学生胡昭夫妇的陪同下，借来昆明游览之际，专程到此拜谒。他献上吴翔用松枝和野花编织的花环以寄哀思，久久地站在聂耳的墓前。看了田汉为聂耳写的悼诗碑刻，公木触景生情，油然想起了与自己共同创作《中国人民解放军军歌》的合作者郑律成，嘴里喃喃地念叨说：为郑律成修墓立碑的事多年张罗尚未办成……此时公木已到了耄耋之年，日渐衰老，还挂念着为郑律成修墓立碑，可见他们之间刻骨铭心的友情。俩人之间的感情到底有多深？公木去世后，郑律成夫人、中国第一位驻外女大使丁雪松的唁电是："吴翔同志：惊悉律成的老战友老大哥公木同志逝世，深感悲痛，特电哀悼，望节哀保重，请治丧办公室用郑律成老伴名义送一花圈。"2010年纪念公木诞辰一百周年纪念活动，丁雪松于5月24日挥笔题词："公木，亲如兄弟"，并特派女儿郑小提参加在公木家乡河北辛集市举办的纪念活动。小提在参观辛集公木纪念馆时饱含深情地留言"公木叔叔，想念你"，还代表母亲在纪念追思座谈会上发言，说是母亲派我来的，母亲今年九十二岁了，不能出远门，派我来代表。因为母亲年事已高，手有些颤抖，但还是极其认真地题词，写了几次，然后挑了一幅好的让我带来交给纪念馆。在这里我代表我妈妈向纪念活动表示心意，向吴翔阿姨问好！

从上述可以看出，公木与郑律成不仅是创作军歌的珠联璧合的合作者，而且是生死不渝的战友和朋友。

公木和郑律成1939年1月相识在延安的一个窑洞里。一天，著名的大鼓演唱家吕班领来一个二十多岁的年轻人，一进窑洞就喊公木的绰号："博士，给你介绍一位战友，咱们抗大的音乐指导，小郑，郑律成。你们俩一个写诗，一个作曲，正好可以配成一对儿。"公木和郑律成初次见面，难免有些腼腆，但两只大手还是紧紧地握在了一起。这紧紧一握，握出了传世名歌《中国人民解放军军歌》，握出了两人长达一生的兄弟情谊。

在这个人事纷繁的世界上，人与人之间能不能成为朋友，除了秉性相投、两人互敬互让的各种努力，还离不开机遇，机遇甚至是人们成为朋友的前提。公木和郑律成的订交，也可谓机缘巧合。假如公木不是在抗大学习四个月即毕业留校在抗大政治部宣传科当时事教育干事，假如他不是与郑律成同住在一个窑洞里，两人就没有这个机缘。当然，机缘只是外部条件，能不能成为朋友还有着各人的"造化"，官场、职场在同一个办公室甚至住同一宿舍的也大有人在，但真正成为好朋友者又有几何？公木和郑律成成为好兄弟、好朋友自有其发展缘由和轨迹。对两人合作创作《军歌》已有专章论述，这里只是叙述他们如何结下深厚的情谊。

公木和郑律成年龄相差四五岁。两人在延安南门外西山坳的土窑洞里相识时，公木二十八岁，浓眉、粗鼻、阔嘴，浑然"燕赵慷慨之士"模样，虽不善言辞，但为人热情恳切，肚里有学问，又会写诗，人称"博士"，"博士"的雅号在窑洞间流传。郑律成虽然刚结识他，但对"博士"早有耳闻，今个相见，又恰住一个窑洞，心里自是欢喜。郑律成二十三四岁，中等身材，腰杆挺直，肩膀宽阔，棱角分明，红脸庞，两眼炯炯有神，浑身充满激情和活力，人们管他叫"小郑"。"小郑"虽小，但已在音乐创作方面成绩斐然。他1937年10月奔赴延安，先后入陕北公学、鲁迅艺术学院音乐系学习，1938年起任军政大学音乐指导、鲁迅艺术学院音乐教员，不仅担负音乐教学任务，还创作了许多有名有影响力的歌曲。郑律成与校刊主编林韦合作创作《黎明曲》、《今日的九一八》、《十月革命进行曲》等多首抗日歌曲，其中的《黎明曲》在各抗日根据地产生广泛影响。特别是他创作的《延安颂》、《延水谣》，已传遍整个陕甘宁边区，几乎人人都会唱爱唱。公木对这些已有所了解。他很佩服郑律成，当这位年纪比自己小几岁的小兄弟站在面前时，公木脱口而出："哎哟，这么年轻啊！"他顺口提到《延安颂》和《延水谣》，说它们很受大众欢迎，在瓦窑堡街头、山沟里到处听到有人唱。郑律成谦虚地说："那只是习作，试作，还请'博士'多多指教啊！"公木憨厚地笑道："就叫我老张吧！""老张！""小郑！"虽是初交，两颗年轻的心已开始跳动在一起，开始有了合作的愿望。

在共住一个窑洞的日子里，在以后不眠之夜的彻夜长谈中，公木对郑律成的身世和成长道路有了更多的了解。郑律成原名郑富恩，1914年出生在朝鲜全罗南道光州杨林町一个贫苦家庭。在他出生的四年之前，朝鲜已沦为日本军国主义的殖民地，他的父亲郑海业是个爱国者，支持儿子们参加抗日救国斗争。郑律成的三个哥哥都参加了朝鲜和中国的民族解放运动，大哥和二哥都是中国共产党党员，并在革命斗争中献出了生命。十九岁时，郑律成随三哥来到中国，进了南京的"朝鲜革命干部学校"学习，毕业后分配到电话局工作，收集日本的情报。为了更好地掩护身份，组织上资助他去上海学习音乐。本来就有着音乐天赋的他，深深爱上了音乐，音乐才华也就此崭露头角。酷爱音乐的他改名律成，渴望在音乐方面有所成就。七七事变之后，他和一批有志青年投奔了延安。到延安之后，身上的音乐才华有了用武之地，火热的战斗生活点燃了他的创作热情。郑律成非常不满足已有的创作成绩，诚恳地对公木说："老张，让我们合作吧！"郑律成对和公木合作很有信心，他无意间看到公木的本子，那上面有公木创作的诗和一些词。那些诗和词读起来朗朗上口，很有韵味。那时公木正在为诗歌大众化而努力，写了《新歌诗论》，开始将"歌诗"作为自己一个创作尝试。所谓"歌诗"，就是"能唱的诗"，"能唱的诗"不就是"歌词"吗？郑律成暗自为公木的《子夜岗兵颂》作曲，连近二百行的《岢岚谣》也谱写了出来。他的诚恳和激情，很让公木感动，答应与之合作。

共同的政治信念、相同的奋斗目标、相似的生活和革命经历以及共同的兴趣爱好，使两人很愉快地走到一起，而同吃同住的战斗生活，使两人结下了深厚的战友情谊。

他们同饮一个杓桶打的开水，同吃一根扁担挑的饭菜，风晨月夕，同在畔上听谢翰文同志讲井冈山，讲遵义，讲雪山草地。有时又同听谢翰文宣读华北、江南各个战场八路军、新四军传来的捷报。这些便成为他们在工作中的精神食粮：有的同志拿去写通讯，有的同志作宣传画的题材，公木把它们写在时事报告的提纲里，郑律成谱入歌曲中。

1939年春，公木把精力完全用在编写时事报告提纲上，每个月差不多要用三分之二的时间写,三分之一的时间去连队或大队讲。瓦窑堡的一大队和蟠龙的四大队,也要隔一两个月去讲一次。他已顾不上写歌词了,抱歉地对郑律成说:"顾不得同你合作了。"而郑律成却说:"不,还是要合作的,你去作报告,我去教唱歌。都是面向学员,配合行动,不也是合作吗?"于是,他们总是一道下连队。有时报告要以支队或大队为单位,郑律成更不放过机会,一定一同去,通过政治处的文艺干事和各俱乐部的文娱委员,组织声势浩大的歌咏活动。群众歌声像烈火,郑律成就是一颗火种,他走到哪里,哪里就爆发出烈火般的歌声。每次集会,总是先唱,唱得群情激奋了,才开讲;休息时,又唱;讲完后,再唱;唱得尽兴,然后才解散。有一个连队的"墙报"上刊出这样一首"顺口溜":

  坐地听报告,
  站起来唱歌。
  说说唱唱,唱唱说说,
  不知不觉晌午错。
  晌午错,也不饿,
  歌如潮,情似火。
  身居窑洞里,
  心怀全中国;
  翘首登荒山,
  放眼看世界。

我们多亮堂，

我们多快乐！

郑律成特意把这首短诗抄记下来，在归途上给公木看，并说："这是对我们合作的奖励啊！"

两人不仅共同战斗，还深入交流思想。不仅分享取得的成果，也谈思想上的烦恼。那时郑律成已和丁雪松在交往。丁雪松，1937年加入中国共产党，党龄比郑律成还早两年。丁雪松1938年到延安，曾任陕甘宁边区政府李鼎铭副主席的秘书。郑律成和丁雪松两人虽认识时间不长，但两相倾慕，偷偷地相互爱恋了。那时，丁雪松常到公木和郑律成住的窑洞来，公木支持他们相爱，也积极为他们创造条件。郑律成和丁雪松的往来引起了一些人的注意，传出来一些风言风语。当郑律成为这些"风言风语"而烦恼时，公木坚定地支持他和丁雪松走到一起，鼓励他不为这些风言风语所触动，大胆地去爱、去坚持。这些温暖的话语，增添力量的真情，郑律成、丁雪松终生都不会忘记。

当公木和郑律成合作创作《中国人民解放军军歌》（当时称《八路军进行曲》）取得成功受到人们赞誉时，两人都展示了其谦虚的品格。公木在多种场合说："此事是郑律成提出来的"，"我只是写了八段歌词，创意布局，多得力于郑律成同志"，"郑律成同志为我的歌词插上了翅膀"。郑律成也多次说：没有公木同志作词，我那些曲就谱不出来，是他的歌词让我产生了激情、产生了冲动。两人为何能结下终生不渝的友谊，个中原因可见一斑。

几十年过去了，他们始终保持着兄弟情谊。1976年春天，郑律成到长春电影制片厂办事，期间几次去公木家里看望公木，两人相约有机会再度合作，写一组歌唱周总理的歌曲，但这一约定随1976年12月7日郑律成猝然离世而成终生遗憾。

现在，郑律成安葬在八宝山革命公墓，墓碑上镌刻着乔羽写的碑文，怀念郑律成的亲人、战友和群众常来吊唁。公木不用为郑律成身后事担心了，而他们的友谊却成为一首不朽的歌，在被后人传唱着。

* * * * * * * * * * *

关键时刻的心心相印

当一个人年轻的时候，会觉得自己朋友很多，简直灿若群星；但当逐渐老去，就会觉得一生可交心的朋友甚少，如同"昨夜西风凋碧树"，树上的叶子不多了。老年人都有这样的感受。晚年的丁玲也是如此。她曾说过，她一辈子在文艺界的朋友不少，可是正直的不多。她屈指说给在场的人听，说"死的不算，活着的只有十个，其中一个就是公木"。丁玲是在私人场合说出此话，可视为掏心窝子的话。丁玲是文坛巨匠，在她身边的人不少，自视为丁玲朋友者也不在少数。她何以特别看重公木，视为为数不多的十个朋友之一？丁玲的丈夫陈明道出了其中的真谛，他说："公木同志和丁玲交往并不多，但重要的是在关键的时刻能够心心相印。"关键的时刻能够心心相印,使丁玲和公木成为文坛的挚友。公木赢得了丁玲终生的信任。

确如陈明所言,公木和丁玲的交往并不多,平常的走动也不密切。他们俩初识在延安时期。关于延安,公木曾有这样的回忆:"我于1938年8月底到达,于1945年9月初离开,跨度长七年,第一步踏在抗大,两年半,约略九百天;第二步——军直,一年半,约略为五百四十天;第三步——鲁艺,三年,约略为一千零八十天,总共两千五百二十天。七年三步:一步二步间,意味着由政治宣传过渡到部队文艺,由业余文艺爱好过渡到专职文艺工作;二步三步间,意味着由部队文艺过渡到文艺教学,由朱德总司令麾下过渡到鲁迅总司令麾下。"丁玲则是1936年11月到陕北,她是大家早就熟识的作家,很受毛泽东器重。1936年、1937年丁玲刚刚到保安和延安时,与毛泽东和其他中央领导人经常在一起谈天、交流。毛泽东让她当延安文艺协会的主任。后来成立西北战地服务团,毛泽东让她当主任,带队到前线去。那时她穿着军装,打着裹腿,系一根皮带,和干部战士们一样。1942年丁玲因写《"三八节"有感》受到批评。毛泽东批评过《"三八节"有感》,在延安文艺座谈会上也批评过"暴露黑暗"的问题,但对丁玲还是信任和寄予希望的。丁玲1944年去陕甘宁边区文协专职写作,为了写作《三日杂记》,她住到村子里,和患有柳拐子病(即大骨节病)的村长的婆姨住在一起,毛泽东表扬丁玲:"丁玲能够和柳拐子病的婆姨睡一个炕,很不错,深入生活"。

从两人经历看,公木和丁玲没有在一起工作过,没有共过事,但公木有一段时间在军直文艺室，负责部队文艺工作，和在边区文协工作的丁玲有过交往，而且那时公木因写作《八路军进行曲》一举成名，且多有诗问世，"惺惺相惜"，两人是很好的文友。

1954年9月，公木调北京工作，任中国作协文学讲习所副所长、所长，是丁玲的继任者，但他们也没有直接的关系。丁玲任所长时称中央文学研究所，到公木任所长时已改为中国作家协会文学讲习所，进一步为正规化办学而努力。虽然没有工作上交集，但他们都活跃在文坛上，都在为培养新秀作家倾注心血。以后丁玲被打成"丁、陈反党集团"，公木也于1958年被打成"右派"，长期受到挫折和磨难。拨乱反正之后，两人先后被平反、恢复名誉。这些相似的经历，容易使两人在思想上产生共鸣，但仅仅因为这些，还不能使两人成为朋友。丁玲所以将公木"引以为友"，是印在心里的公木所做的这样几件事。

1957年批判丁玲时，《文艺报》把她在延安写的《"三八节"有感》等文章找出来，出了一个"再批判"的"特辑"，当时丁玲在延安时的朋友不少，但只有公木给她说了几句公道话，公木说：在延安并没有批判丁玲的运动，现在哪里来的"再批判"？当时在延安，确实有人想借《"三八节"有感》等文章批判丁玲，此事被毛泽东知道了，他说：王实味是敌我矛盾，丁玲是同志。因主席发了话，也就风平浪静了，没有能够掀起风暴。公木说的是实情。

当时在批判丁玲时，有人揭发丁玲在文讲所挂自己的照片，和一些大人物并列，是宣传自己，这成了丁玲的一大罪状。公木1956年

11月26日在丁玲问题调查组召集的会议上这样说：有人批评丁玲在文讲所挂相片，其实这是文讲所干部王谷林挂的，丁玲看见后立刻进行了批评，并且让取下来了。这怎么能算问题呢？文讲所的人现在都还在，是可以查清楚的。

那时对"丁、陈反党集团"已定案并开始了不断升级的批判，但公木在几次发言中仍坚持陈述自己的观点："我觉得实事求是地讲，不应该说成是反党集团。陈企霞和讲习所根本没有关系，李又然又是上面所说的那种情况，这怎么能弄反党集团呢？我认为这是非常主观主义的，这是硬要摆成一个模子。这个问题应该解决，这做法不是对三个人的问题，而是是否实事求是的问题。"不仅如此，公木还在不同场合替丁玲解释。他说："党组扩大会议上谈的丁玲在文研所的一些事有的不很确切，比如说提倡骄傲、一本书主义，说党的空气根本进不到文研所的大门，这是夸大的。丁玲并没有提倡骄傲就是美德，原文还有上下文。"诸如此类，还有很多。行文至此，人们已经知道了丁玲为什么把公木作为"好友"了。当一个人落难时，许多人避之不及，当事人门可罗雀，况且丁玲面临着那样严峻的局面，公木敢站出来实事求是讲话，十分难能可贵，使丁玲冰冷的心得到雪里送炭的温暖。

1981年，年届高龄的丁玲到长春参加鲁迅先生诞辰一百周年纪念会，公木因猝发心肌梗死抢救过来后在家休息，丁玲向会议组织方提出，无论日程多么紧，一定给她安排出一个时间，她要去公木家里看望公木。尽管她身体也不好，自己年龄比公木长许多。在东中华路公木家里，两位老友紧紧握手，互道思念之情，两颗心心相印的心紧密相连。

丁玲信任公木，公木也非常尊敬比自己大六岁的丁玲大姐，视其为文坛上并肩的"同道"。两人的友谊延续至终生。1986年3月4日丁玲去世，公木闻讯后掉泪赋诗，写下《悼丁玲》。全诗如下：

女娲夸父钟同身，
逐日缝天肝胆焚。
逐日超山经跳越，
缝天触电历沉沦。
浮游万劫留《中国》，
了却尘缘返《霞村》。
中国而今滋永忆，
霞村百纪驻长新。
排空霹雳文小姐，
旷代歌哭武将军。
泪洒人间熔铁石，
情凝穹宇霁愁云。
埏埴三捻出灵性，
弃杖一挥化邓林。
难忘鼓楼薪火炽，
承君拨炭作传人。

诗后面，有一个小跋：

建国初期，丁玲创建中国（央）文学研究所，所址在北京鼓楼东大街103号，聚天下英才而教育之，培养青年作家。余于1954年秋调所工作，任副所长、所长，时易名中国（作家协会）文学讲习所。到1958年，丁玲与我，先后被废黜，所停办。

* * * * * * * * * *

友谊似金寸寸珍

公木个性朴实忠厚，言语正直信实，格外重情重义，重视在志同道合基础上建立的友谊。他为人处世坦诚热情，和蔼亲切，宽厚慈祥，平易近人，因此也能获得结交方的信任和爱戴。他有许多终生不渝的朋友，珍视友谊是其人格魅力的一大亮点。

公木的朋友蒋锡金回忆过一段往事：

1969年12月18日，我们全家——那时我年逾八十双目半盲的老母亲也在长春——下放到科尔沁旗草原插队落户"走五七道路"；1972年6月18日，又被单独调回，这是由于复课了，要我回来注释教材并帮助同志们备课。我在通榆县新华公社七撮东队当了整两年半的灌园叟和买菜翁，和五位老农在一起，见我体弱，很受照顾，劳动是最轻的，生活相当轻松愉快。我很想终老是乡了，幻想着将来或者能写出像肖洛霍夫《静静的顿河》那样的小说来。现在又回到了学校。这时公木不知怎么得知我已回校，便从六七里外拎了个藤包，装一瓶酒和两个罐头以及灌肠之类前来探望，于是我们开怀畅饮了一场。这才知道，他并未下放，却留校（吉林大学）随同"军宣队"和"工宣队"以及"上管改"的工农兵学员一起上山、下乡、进厂搞"开门办学"，同吃同住同劳动同学习，想起来要比我们下放插队落户辛苦得多。公木来过几次，总是他带了酒食来，因为他知道我没处购买。半年后，我的妻子赵彝调回校，把全家带了回来。公木看到我的生活不再那么狼狈了，也就不再老远地来探望我了。

公木与杨公骥的友谊，可以追溯到东北大学开创初期。学校向正规化过渡时期，公木在课程改革方面进行探索和尝试，受到领导干部智建中，教授蒋锡金、杨公骥等人的支持，由于志同道合，他们之间结下了很深的友谊。当时发生了一件事。由于经济紧张，东北大学曾有一段时间欠薪问题严重，这对一些教授来说，生活就成了负担。于是，杨公骥等部分教授联合签名给《东北日报》写信催发欠薪。公木知道这件事，但并没有阻止他们的举措，因为他认为教授是办学的中坚，解决欠薪问题，为他们创造必要生活条件是应当的。而这一条后来成了公木受处分的一个"严重错误"，说他"采取同情、放纵的态度"，"是露骨的丧失共产党员立场的行为"。其实，公木这样做并非"丧失共产党员立场"，也没有什么个人目的，而是从学校发展考虑，认为应当保障教授们的待遇。杨公骥教授是敢于直言的人，两人交往从此多了起来。因为同对中国文学有兴趣，两人还合编《中国文学史》，一起进行教学和研究。1958年夏天，公木被打成"右派"后，是杨公骥找了当时的吉林省委宣传部部长宋振庭，他才得以在长春安身。在公木"遭难"的日子里，杨公骥给他许多温暖，常让家人给他送来一饭盒饺子，还偷偷请他到家中吃饭、饮酒、谈心。"文化大革命"中两人双双落难，互相通信、赋诗相互鼓励，勉励坚定信念不忘初衷，使友谊在共同坚守理想信念的基础上得到升华。学生鲁基回忆：

有一次，我陪公木老师到地质宫广场去散步。那时还没有修文化广场。广场里是学生运动场和纵横的人行土道。环绕广场的是几行树木，边上是土台。老师就站在土台上，一动不动，很痛苦的样子。时间一长，我生怕老师会生病或有什么意外，很着急。忽然想起公木老师跟我说过，杨公骥老师在"插队"期间经常和他通信，我就说："老师，我们去杨老师家串门吧。"他点点头说："好吧。"

杨老师见公木老师来看他，高兴得手舞足蹈，把"插队"期间写的学术论文和诗词都拿了出来，给公木老师和我看。杨老师和他爱人葛丽同志留我们吃饭，不上别的菜，桌上一盘花生米，一盘香肠，在当时就是美味佳肴了。两位老师一边谈着，一边品味，儒雅的情趣，油然而生。

学生乔迈回忆：

公木老师和杨公骥先生关系是非常好的。还在大学期间给我们上课，我就时常听他讲杨先生，有一回正上课，他忽然离开讲稿说，昨天收到杨先生一封信和一首诗，说着当场就给我们朗读起来。我那时还从未有幸见过杨先生，只是听说先生二十多岁就当教授，声名远播，是师大中文系一根台柱，可以说内心早存了崇敬的念头。这时就用心听公木先生读杨先生的诗。那首诗给我的印象有些神秘空玄，现在还记得诗前边有个小序。道是："杨公骥夜读《山海经》，至夸父逐日，与日逐瞳，不觉狞目而思，摇首而叹，引吭而歌曰：五谷不熟不如草，贾生三十称寿考。彭祖八百仍夭折，是以夸父逐日跑……"很长一篇古体诗，通篇用典，酣畅淋漓。

杨老师是我们作协的名誉主席，有时作协有活动，先生也来参加，我能看到公木与他亲密而无所拘束地交谈，他们的发言往往相得益彰，令人钦仰。

杨先生大殡正赶上清明节。师大、作协几家联办此事，我们都去了长春朝阳沟殡仪馆。杨先生遗体火化前，公木老师登上灵车与他的老友诀别，我们学生辈的都站在下边行注目礼。

公木和智建中的友谊也很深。公木和智建中都是开创东北大学的元老，两人都是班子中的领导干部，在办学正规化方面观点一致，因此曾共同遭受过批判。后来实践证明，公木和智建中的观点是正确的，他们由共识建立了友谊，而由坚持共识发展了友谊。而为智建中"说话"，也成了公木的"罪状"。处分公木的材料这样陈述：

> 松如同志一贯夸张地吹嘘建中同志的优点，经常关心和强调建中同志的提拔和使用，多年来，松如同志常常在校部负责同志面前谈建中同志有什么长处，想做哪一种工作，可以担任何种职务，然而对建中同志的错误尤其是他的突出的自高自大与名誉地位观念，从来没有主动地揭发与积极地批评，而且一贯地采取迎合和主张的态度；建中同志对松如同志的错误也是如此。他们相互之间的关系是吹吹拍拍，拉拉扯扯；他们多年来彼此可以背着组织，无话不谈，可以随便发牢骚、发议论，可以任意指责校内外领导干部，彼此可以"披肝沥胆"露骨地倾吐自己个人主义的打算。

仅读这段材料，我们可以看出公木和智建中有很深的友谊，在极左状态下，这些友谊被上升为"不正当"行为受到批判，这是很不应该的。公木终生珍惜和智建中的友谊，在智建中去世后赋诗《哭智建中》痛悼之。

公木和天蓝的友谊也很深厚。胡天蓝，又称天兰，是抗日战争时期著名诗人。原名王名衡，1912年生，江西南昌人，毕业于北平燕京大学，参加过一二·九学生运动。七七事变后经吴玉章介绍任鲁迅艺术文学院教员。发表诗作不多，但有一些名篇，如《队长骑马去了》，后由人民文学出版社出版《天蓝诗选》。公木和天蓝既是诗友、文友，又是鲁艺的同事，曾一同在陕北采集过民歌，结下了很深的情谊。有人"揭发"在东北大学（后改为东北师范大学）担任领导期间，公木"曾一度企图把多年的'知心朋友'胡天蓝等拉进学校来，但由于学校领导同志的警惕，因此他这一企图未能实现"。后来，天蓝因为受胡风案牵连接受组织审查，虽然查清没什么组织关联，只是一般思想认识问题，但日子也不好过。了解这一情况后，公木1956年八九月间于旅行途中，在长江上的轮船中写下《江上怀友》诗两首，表达对老友天蓝的思念。这里摘录"其二"如下：

苍茫万里忆长安，
皓月沉江江浪寒。
逝者如斯水水水，
恍兮若梦烟烟烟。
涛声未已不眠夜，
霞光微明欲曙天。
眼看东方红日出，
任他冷雾浸衣衫。

回北京后，公木把诗寄给了天蓝。天蓝很快回信，说："我一切还好，请放心！"对公木表示感谢。以后又在电话中相约来看公木。

公木和天蓝的友谊持续到终生。天蓝去世后，公木不胜悲怆，赋诗一首《忆天蓝》：

才高万丈志凌云，
襟抱终天奈未伸。
到老春蚕丝更乱，
成灰蜡烛泪犹温。
栩栩蝴蝶庄生梦，
睩睩鹏鸼贾子心。
一从队长骑马去，
千古桥儿沟公民。

公木与萧军的友谊也令人赞叹。公木和萧军是在延安时期结识的老朋友，萧军性格直爽，脾气暴躁，容易得罪人，也不容易和人处得来，加上自负，常遭人非议，却和公木成了好朋友。以后到了东北，两人常有来往。有一段时间萧军因关注和"暴露"苏联红军在东北驻扎时暴露的问题，受到批判，公木却一如既往地对待他。在欢迎萧军就任东北大学文学院院长的大会上，公木在发言中对萧军予以颂扬，说萧军结实、有用、美丽，这对当时不得志的萧军无疑是一个鼓励。"无原则地在大庭广众之间为萧军吹嘘、捧场"，成为日后公木受处分的一条依据。对学校同情萧军、污蔑反萧军思想斗争的言论听之任之，总是予以同情、包庇的态度，也是公木的一条错误罪状。

1980年萧军访问长春时，公木曾陪他来过长春地质学院，这里原名叫杏花村，曾经是萧军儿时嬉戏的地方，如今已建立起了新型的大学楼房。1988年夏天，公木路过长春地质学院，触景生情，感慨万千，写了一首《杏花村忆萧军》：

  雄笔信才杰，文锋振霄壤。
  调同金石谐，思逐风雷响。
  一世历坎坷，终生唯坦荡。
  结实有用美，生存发展棒。
  追踪鲁迅师，跟定共产党。
  物议任滔滔，衷心总朗朗。
  超越短长波，决绝名利网。
  谣謦铁帚扫，和德金声唱。
  过夏犹青商，经秋不凋尚。
  岂亲凌霜质，忽随朝露往。
  千古慕长风，百年泯素浪。
  翘首燕山云，恍惚兮惚恍。

萧军牢记着公木对他的关心和爱护，1985年夏天，吉林大学举办公木创作学术活动五十周年研讨会，萧军特地从外地赶来，在会上热情洋溢地发言，回顾两人的友谊历程，当两个白发苍苍的老人紧紧抱在一起久久不愿分离时，台下响起了雷鸣般的掌声。

在长期的交往和创作交流中，公木和臧克家结下了深情厚谊。两人"文人相爱"，互相谦让和学习，给后世文坛树立了楷模。臧克家生前这样评价公木：

> 我觉得公木同志对文朋诗友及其作品，公而不私，实事求是。在纷扰的文坛中，这种公允的态度是可贵的，四年前，我80岁时候，公木同志写了好几首古体诗相赠，使我感到温暖，也使我发生知己之感。我只记得其中的一句："起点既早而且高"，这是对我1933、1934年出版的《烙印》和《罪恶的黑手》而言，这是对我的鼓励，也是对我的鞭策。
>
> 公木同志新诗写得好，旧体诗也很有功力。多年教书，培养出大批新的学生、新诗人、旧体诗人。这功绩是应该大书一笔的！
>
> 公木同志少我5岁，我们处的小环境不同，但经历的大时代却是一样的。我们在困难、艰险的生活中一步步、一年年、一个时代一个时代地走到了现在。

公木八十岁寿辰时，臧克家赋诗《东北有嘉木》寄上，对公木赞誉有加；臧克家生病住院，公木亲去探望，这只差五岁的哥弟俩、一对诗坛老诗人的友谊，真让人羡慕啊。

还有——

公木与艾青的友谊；

公木与萧三的友谊；

公木与舒群的友谊；

公木与朱子奇的友谊；

公木与吴伯箫的友谊；

公木与草明的友谊；

公木与刘炽的友谊；

公木与何其芳的友谊；

公木与李西林的友谊；

公木与张海的友谊；

……

总之，公木有仁爱之心，谦和之质，又具有渊博的知识，广博的见闻，文雅豁达，诗人气质，与之接触倍感温暖和温馨，多受启迪和教益。人们为有公木这样的益友良师而高兴和自豪。因此，大家愿意和他交往。公木的朋友多，获得友谊回报多，这就是所谓的"种瓜得瓜，种豆得豆"，种善因得善果吧。

* * * * * * * * * * *

有一种美德叫感恩

写这一章节时，适逢感恩节到来。朋友圈中发来微信，关于感恩的内容不少。现在是市场经济社会，知道感恩、懂得报恩的人越来越少，让人感叹。知恩图报是中华民族的优良传统，诗经中就有"投我以木瓜，报之以琼琚"的诗句，"受人滴水之恩，当以涌泉相报"是民间俗语，是一种知恩思报的朴素语言，也是江湖上的响亮话语。但正如一位诗人的"木瓜"诗所抒发的感慨："投以木瓜报琼琚，诗经古风信不虚。瓜实累累今犹在，却是琼琚日见稀"，世上知恩图报的人越来越少了呀。因此，我们社会要提倡感恩的风尚，把感恩的优良传统传承下去。下面所讲的公木感恩的言行可为我们学习借鉴。

一次到西安，年届八十岁的公木，非要女儿白桦搀扶他到西安市化觉巷七十三号——白桦养父母李宏瑢夫妇的故居看一看。在两位老人住过和女儿白桦生活成长的房屋面前，公木停住脚步，稍微沉思一会，便踮脚弓背朝屋里望去。白桦的养父母去世有年了，白桦也移居别处，此屋空置起来，屋内光线也很灰暗。公木眯着双眼，透过窗户里结的蜘蛛网，努力去看清室内的一切，耳边似乎又响起了白桦的"嚎啕大哭声"，脑海浮现当年"弃儿"的场景。那时白桦才刚满二十个月呀，多亏李宏瑢夫妇收留了她，一直把孩子养大成人，成家立业。这其中的艰辛和困苦、辛酸和磨难，公木能想象得出。他来到这里，是怀着感恩的心情，来表达对两位老人的怀念之情。白桦知道父亲的心思，她记得第一次到北京同父亲见面时，父亲领她游颐和园、北海等名胜，并一路上询问养父母家庭的情况。当得知养父做磅秤计量工作，每天早出晚归，很是辛苦，养母失业在家，靠为人缝补衣服挣点小钱贴补家用，好不容易把她拉扯成人时，公木眼圈红了，一再交代白桦："养父母对你恩重如山，你可要孝顺两个老人，要知恩图报啊！若是当年不收留你，我们……唉，我们也给人家做不了什么，你就好好孝敬老人吧！"之后不久，公木获悉白桦的养父李宏瑢患了高血压症，当时尚没有能够控制这种病的特效药，他通过当时出国的文化代表团，从印度买来了一种专治高血压名叫"蛇根草"的药。白桦的养父吃了此药，血压很快降了下来，一切症状都消失了。白桦说："像一粒稚嫩的种子，父亲当年把我撒在了西安回族群众中，是西安回族父母乡亲们的哺育、耕耘，使我渐渐成长。因此，父亲便与西安回族乡亲结下了深深的情缘。"

1990年5月，公木在陕西电视台看完《楼旁小巷》电视剧毛片后，决定答谢西安回族同胞对白桦的抚育和关爱，同时致谢省、市领导对电视剧顺利拍摄给予关心和支持，5月25日，他邀请西安回族各界人士在东门外民族饭店相聚。应邀的有白桦养父母家的亲朋好友，还有陕西省委统战部、省委宣传部文艺处、省政协、省伊协、省民委、市民委等方面的负责同志。宴会上公木情深意真地向西安回族同胞表示谢意和敬意，他说："回族是一个善良、朴实、忠厚、率真的民族。在抗战初期，中华民族处在存亡危难的时刻，是我的回族兄、嫂李宏瑢夫妇向我们伸出了援助之手，接纳了我们的孩子——白桦。据说在旧社会由于生活困难，西安回族同胞能供给女孩子上学读书的寥寥无几，而我尊敬的李宏瑢兄、嫂在艰苦的岁月里，克服困难抚养白桦，还供给她上学读书，解放后又一直供到大学毕业。这是对抗战的支持，对革命的贡献，也是我们回、汉民族团结友好的象征。今天借此机会，向对我们的女儿付出辛苦的已故宏瑢兄、嫂表示深切怀念与深深感谢；

对西安回族同胞兄弟姐妹表示崇高敬意；也对支持《楼》剧顺利拍摄的各方面领导同志表示感谢。"公木的一席话感动了在座的所有人，尤其是白桦养父母的亲朋们，他们为已故的李宏瑢夫妇感到欣慰。

对有恩于自己的人如此，对那些在一些方面帮助自己、助自己一臂之力的人，公木也牢记人家的好处，从不忘记。"文革"开始后，公木作为"摘帽右派、牛鬼蛇神、反动学术权威"受到严重冲击，不仅被批斗，家里的物品、图书也都被查封，封条落款是"吉林大学经济系'革命造反派'"。这些造反派来到公木家，胡乱翻了一阵，拿走一些书籍，还厉声交代："那些书柜和书橱不许动！"书是公木的生命呀，这可怎么办？正当公木吴翔夫妇犯愁时，1963级中文系学生苏电西走了进来，他根红苗正，对造反派的行为看不惯，当知道公木老师在为怕书被查抄一事犯愁时，就灵机一动计上心来，让师母找来一张红纸，挥笔在纸上写几行大字：张松如（公木）是中文系的牛鬼蛇神和反动学术权威，对其进行揭发批判，是中文系师生的责任和权力，他系造反派不得来此抄家、破四旧。落款是中文系造反派。苏电西用这种办法使公木视为生命的图书得到保护。还有一次，公木让苏电西帮他办一件事。原来他家有一套《金瓶梅》，抄家时不知被谁拿走了。他对这一套《金瓶梅》很珍惜，因为这套书是新中国成立后在大陆首次影印出版的。1957年，毛泽东在一次高级干部会议上提到："《金瓶梅》可供参考，就是书中侮辱妇女的情节不好，各省省委书记可以看看。"同年11月，人民文学出版社以副牌"文学古籍刊行社"的名义，影印此书。发行对象限定为副部长、省委书记以上领导干部及高校和科研单位知名正教授等文化界名人。所有购书者名字均编号登记在册。当时吉林省只有两个人得到了这部书，一位是公木，一位是时任中共吉林省委第一书记吴德。现在《金瓶梅》失踪了，公木很是惋惜，他希望苏电西帮他找回来。苏电西费了好大劲打探，终于在中文系有关同学那里了解到，这本书在本系低年级一位同学手里，大家传看过，后来就不知去向了。虽然最终没能找到，但公木在内心遗憾的同时，也感谢该同学曾在自己遭受磨难时认真去完成交办的一件事情。

还有一次，学校"造反派"和"保守派"一起联合起来对教师专家、"反动学术权威"进行批斗。说是"批斗"，实际上是光斗不批。当时把这些学术界的"大人物"都集中到一间大房子里，有人喝令他们全蹲下，"老老实实"地接受批斗。当时公木已接近六十岁，"革命小将"允许他靠墙蹲着，但即使这样，以他年近花甲的年龄，始终保持不变的姿势，也是难以承受的。对这些苏电西看在眼里，便悄悄地向公木走去，站在公木的身后，趁大家不注意，把双手往公木双肩上一放一按，示意让他坐下。公木坐下时，苏电西把双脚垫在公木的身下。俩人谁也没说话，默契尽在不言中。

多少年之后，为了证明苏电西在"文化大革命"中的表现，单位人事部门找到了吉林大学。吉林大学中文系打证明说："据名誉系主任、著名诗人公木教授说，在'文革'初期造反派批斗他时，苏电西同学曾暗地里保护过他。"在中文系的证明后面还附了公木本人的证言。公木的证言说："1966年8月4日晚间，我从家里被一伙所谓的'革命小将'揪到吉林大学礼堂，作为'黑帮'给校长、党委书记陪斗，随后又被架到校门外整队游街,不断遭到拳打脚踢。这期间苏电西同学挤向前来,搀扶住我,把架着我的同学撑走。我立刻感到态度不同了,有不相识的'小将'再冲向身边动手动脚,也都被苏电西遮挡住。他虽然也是以'造反派'形式出现的,但是在对我实行人身保护。虽未明说,我自神会。以后,有经济系的'教师'和'同学'来抄我的家,从家中携走书物。我所属的中文系同学也曾在我家门口贴过'布告',大意说张某是中文系的人,别系不得'破四旧'云云。这实际上也有'保护'的意思。这布告,据我所知,便是苏电西和其他几位同学所张贴的。苏电西同中文系三年级几位同学,在'文化大革命'过程中,对我的态度一直很正常。这一点也是心照不宣的。"

对此,苏电西感触很深。公木去世后,他在一篇纪念文章中写道:"我深深感到,这些老前辈在危难之中时,我们力所能及地帮他们一把,他们会念念不忘,终生感谢的!我们做这点事不算啥,现在想起来都有些惭愧,当时做得太少了,没有起到大的保护作用,只是表示我当时尊重爱戴公木的心意罢了。要是当时能多做点事,对这些老教授、老诗人不是更好吗?"

* * * * * * * * * * *

让孩子有一双明亮的眼睛

公木的妻子吴翔给我们讲了这样一件事。

吉林大学房产科工人马师傅因家里困难，找不到对象，在别人撮合下，和一个带了三个孩子的女人成了家。原本"一人吃饱全家不饥"的马师傅，一下子增加了沉重负担，日子过得有些艰难。欣喜的是媳妇过门后又给他生了一个大胖小子。添人进口，又是亲生骨肉，马师傅乐得合不拢嘴，但时间不长，却又唉声叹气起来。原来孩子生下来眼睛不好，眼眶红红的，直流眼泪，总是努力想睁又睁不开的样子，原以为渐渐长大就会变好，没想到孩子到了四五岁上，眼病依然没有好转，还有加重的趋势。马师傅两口子担心孩子眼睛失明，天天愁眉不展。公木知道这个情况后，专程来到马师傅家里，他递上五十元钱说："这钱是给孩子看病用的，一定要把孩子送到长春最好的医院，找最好的大夫医治，给孩子一双明亮的眼睛，让他有一个光明的未来。"他还再三叮嘱：这钱专款专用，是专门给孩子治眼睛用的。家里有其他困难，再想办法，务必用这个钱把孩子的眼睛治好。六十年代，五十元钱是一名普通干部一个月的工资。公木拿出这么多钱给孩子治眼睛，马师傅两口子感动得流下泪来。就是用这五十元钱，他们上医院治好了孩子的"烂红眼"，让其视力达到正常标准，使孩子有一个完美的人生和光明的未来。公木还经常接济马师傅一家，过年送猪肉，冬天送棉衣等。马师傅对工友们说："我永远忘不了公木先生的大恩大德，人家一个大教授关心咱们小工人，我无以回报呀！"

乐善好施，扶危济贫，是中华民族的传统美德，公木从小就受到这方面的熏陶和滋养。小时候在河北农村老家，他经常看到家里老人乐于助人的行为，虽然自己家里不富裕，有时日子也过得很紧巴，但谁家里有了难事，邻居都一起伸手帮忙。遇到门口有讨饭的，母亲就把自己饭碗里的饭倒给讨饭的吃，还把家里的旧衣服找出来给他们穿。他还记得，有一年因遭饥荒，徐州有一双父子流落到村子里，两人饥寒交迫，还得了病。父母收留他们，让他们在家里吃住，病好后又帮他们揽活，父子俩有"修磨"的手艺，靠着给村里人家修磨，终于生存下来。父子俩离开村子回老家时，公木的父母把他们送到村口，公木还记得父母脸上真诚的笑容和那父子俩走一段路回头眺望的样子。以后入了私塾读书，老师又教他一些"莫以善小而不为，莫以恶小而为之"的道理。耳濡目染，中国农民乐善好施的传统美德在公木心中深深扎下了根，这种善行终其一生，给许多人留下了很深的印象。

虽然仅仅是一件小事，但公木乐于助人的热心让好友朱子奇终生难忘："1939年10月在山上秋收时，他看到我的脚被刺出血，就把他脚上那双在延安几乎见不到的自己家人做的很厚的棉鞋，脱下来给我穿上了。我现在还记得那双新棉鞋有多么暖和。那时我的脚正流血，穿着这双鞋，说不出话来。我忍着眼泪，看着他自己穿着草鞋。"

公木另一个好朋友蒋锡金也记着公木帮他的一件小事。1948年春天，蒋锡金接受组织分配到东北大学给学生授课半年。当时公木是校领导，他周到地安排蒋锡金的生活起居，为他创造各种条件，考虑得细致入微。当时蒋锡金给三个年级同时开三门课，要编写三门课讲义而且自己刻写蜡纸，还要在上课前交出去，打印好发给学生，所以时间是很紧张的。他每天都要刻好几张蜡纸，写错或写漏的要涂改，就用烟头把蜡纸熏化了再加工，只好点着烟刻字，这样一来，手中的香烟就显得不够用了。"公木知道后，自己就节约吸烟，每月都来接济我，这使我非常铭感。这并非小事，校内又没有小卖部，买烟要到校外好远的小店，来回很费时间，公木对人悉心而体贴，是长者的风范。"蒋锡金晚年回忆时这样说。

公木被错划为"右派"后在吉林省图书馆"劳动改造"期间，正值三年困难时期，粮食、蔬菜供不应求，人们生活遇到困难。那时公木孤身一人在长春，工资虽然降了一半多，每月还有一百二十四元，手头较为宽裕，当他看到同班组的一些年轻人吃不饱时，就常请他们下饭馆。吉林省图书馆坐落在长春市新民大街上，离桂林路唯一的饭馆不远。当时的一位年轻人回忆：

星期六晚上，下班了，天黑下来，路灯星星点点亮起来，公木先生带着我在桂林路饭馆改善生活。先生要几个肉菜，几个白面馒头。他吃少许菜，一个多馒头，就撂筷了。我问先生为什么吃得这么少？回答说："我年岁大了，吃饭少了，你刚二十岁，正是长身体的时候，要多吃点。"我把一块肉夹到他的碟子里，他又夹给我，说自己牙不好，嚼不动，享受不了。我也不客气，就连肉带馒头风卷残云一扫而光。想想那时不太懂事，先生哪是牙疼，是想省下来让我多吃呀。我还问他，你不是诗人吗，"李白斗酒诗百篇"，我从来没见你要酒呀。先生回答说：我早戒酒了。后来我才知道，先生并非不饮酒，他是把酒钱省下来，请我们吃喝啊。先生日常生活非常节俭，食堂只供应粗食淡汤，几日不变的"黄金塔"和白菜汤,他吃得津津有味。在穿戴上也很节省,没见他穿什么新衣服。馆里有的同志生活有困难,找公木先生借钱,先生总是有求必应,慷慨解囊借出去也不索还。馆里有几个家庭就是靠公木先生的无私援助才渡过难关的。至今回忆起来,馆内的老职工还铭记着他的恩德。

像这些乐施好施、乐于助人的事,公木还做过许多。

大约是在七十年代,公木听说系里一个学生刚毕业就把头一个月工资丢了,便从自己的工资里拿出二十元送给了他,还拉着他的手安慰着,让他用这些钱买些碗盘,安顿一下生活。还有一个学生毕业后张罗结婚,没敢惊动公木,公木知道后亲自登门给其送去一本相册以表示祝贺,这本相册至今还被当成宝物一样保存着。在八十年代中期,公木远在内蒙古的一个学生的妻子给他寄来一封信,述说丈夫去世后自己带着孩子生活的困顿,希望通过公木让当地政府予以帮助。公木和内蒙古的这个学生并不相熟,甚至记不得他的名字,但这个学生的妻子的来信却揪着公木的心,他四处打听是否有在内蒙古政府部门工作的同学,还让妻子吴翔给内蒙古那个同学的妻子回了信。这事之后不久,公木收到了一封来自安徽素不相识的人的来信,写信的是父子俩,长期从事古典文学研究,很冒昧地寄来一本书的写作提纲,请公木指点。既非自己的学生,又非亲友乡亲,素昧平生,但公木表现出的热诚却令人难以置信。他打电话让他的一位学生去自己家,即刻帮助把书的提纲复印三十份,就此召开座谈会,广泛听取其他作家学者的意见。在公木的帮助下，安徽的父子俩完善、出版了自己的专著，以后成了全国知名的专家学者。去世前几个月，公木让老伴吴翔给在省委宣传部工作的他的一位学生打电话，打听认不认识北京某家出版社的领导，原因是有一位学生在吉大毕业后到南京大学读博士，毕业后想应聘去某出版社工作，希望能给以引荐。此时的公木已是八十八岁高龄，千头万绪，时不我待，却还分出精力关心处理这些闲杂事，真是好事做了一辈子啊！

八 炽热的情感

盛开在东北大学的爱情之花

说起公木和吴翔的婚恋，还得从吴翔的家世说起。吴翔原名王风兰，出生在辽宁省金县大魏家屯。她的爷爷王士福排行老大，在兄弟四人中最为能干，勤劳持家，又头脑灵活，家里建起了四合院，前后左右有二十间房，还建有粉坊。由于他的为人和见识，在当地颇有些人缘，后来还当了屯长。当时她家在农村是一个比较富裕的家庭，雇有四个长工，土改时被定为富农。

因为家里富裕，爷爷就送吴翔的父亲王家丰去读书，一直念到旅顺师范学校毕业，毕业后当小学教员，后来到大连一家报社工作。在报社工作期间，和地下党有联系，帮助送过几封信，因其中一个党员被捕，交代出她的父亲，父亲就被抓走了。他爷爷闻讯后十分着急，卖房卖地赶紧找人搭救，十天后父亲被放了出来，报社不敢再留用，只好远离大连去当时的"新京"（长春）谋差事。因为他的日语比较好，就被介绍给警察署修总监当秘书。修总监被日本人害死后，她父亲帮张罗后事，还四处凑钱给修的家属养活家小。她父亲的为人得到认可，被介绍给伪满大臣孙其昌当秘书。孙其昌曾任伪黑龙江省省长，是伪满时期的一个重要人物。吴翔的父亲跟孙其昌干了几年，从齐齐哈尔到长春，都随从左右。1937年2月被派往德惠任伪税务局长，1941年调入伪新京地质局任职。1942年8月被派到通化县当伪县长。一年之后，因为在一次宴会上冲撞日本人，用啤酒瓶砸向日本"太君",被控有反日情绪被免职,调到"新京"伪文化部当科长。长春地下党了解她父亲的情况,在日伪投降后我方正式接收长春时秘密给她父亲投信一封。当时他家住长春市至善路和通化路交界处的日本代用官舍,信投放在他家的门缝里。大意是说:你的女儿已参加了革命工作,你的经历我们也清楚,希望你能保管好日伪档案和有关材料,为新社会建设作点贡献。她父亲这样做了,后来也因此减轻了一些处罚。但是父亲"伪县长"的身份给吴翔刻上了磨灭不掉的人生印记,"伪县长女儿"的帽子牢牢地戴在她的头上,影响了她的人生。

吴翔九岁离开老家随父亲和父亲娶的姨太太生活,辗转齐齐哈尔、吉林、"新京"、通化等地生活、求学。十八岁那年,生活在大魏家屯的母亲去世了,她悲痛万分,处理完母亲的后事,在家照顾一段弟弟后,被父亲的姨太太叫回长春和她做伴,那时,她已出落为大姑娘了,在伪满南岭国高毕业后,到一所小学当了代课教员,语文、数学、体育什么都教。不久日本投降了,伪满洲国灭亡了,她和许多青年一样,面临着新的人生抉择。

当时在苏联的帮助下,共产党实际控制了长春,一些青年人纷纷走上了革命道路,吴翔受他们影响,思想开始倾向进步,她看了毛泽东的《论联合政府》、艾思奇的《大众哲学》、斯诺的《西行漫记》、鲁迅的一些文章和巴金的《家》、《春》、《秋》,萌发了走出家庭牢笼去参加革命工作的想法。那时吴翔当小学教员的大经路国民小学已经停课,处于无政府状态,家里怕她外出"惹事",不让她上街,害怕她离家出走,父亲的姨太太把她的毕业证锁了起来。父亲的姨太太也是穷苦人家出身，念过书，人长得漂亮，自己没有生育，和吴翔相依为命，对她看得很严。一天，吴翔看到父亲订的《东北日报》上刊登长春市青年干校招生的消息，供给制，毕业后分配工作，就偷偷地去报了名。报名时自作主张把姓名改为吴翔，吴就是"无"，就是一切从头开始，"翔"就是飞翔的意思，从此吴翔之名用了一辈子。一天天不亮，吴翔给父亲留下一封信，便偷偷地离家出走了。她把信放在梳妆台上，用木梳压好，假装去早市买菜，出门赶快要辆马车，就向青年干校奔去了。她随身只拿了个小包袱，里面除了几件换洗的衣服，还挟带着一个姑娘的心事——两床被面、两床褥面。她向往参加革命工作，也向往在参加革命工作中找到人生的伴侣。

机缘正向她走来，但仍要经历许多磨难。1946年5月13日进入长春青年干校，十天后因形势变化，共产党一切行政机关和学校撤离长春。青年干校学生被分成两部分，家庭出身好的被送往齐齐哈尔军政大学，家庭出身不好的、家庭有历史问题的被送往东北大学，从此，她的人生轨迹和公木先生开始有了交集。创建东北大学时，张学思任校长却未到校，副校长舒群也未到校，公木是教育长，是这里的主要领导之一。当时形势变化不定，他组织学校几度迁移，可谓历尽千辛万苦。不久上级指示，东北大学到佳木斯办学，吴翔也随校到了佳木斯，她是最后到达的几个学生之一。在佳木斯两个本不相识的恋人迸发出了爱的火花，最终在长春形成了燎原之势。

那时的吴翔，只是一个单纯的学生，积极要求进步，阳光、泼辣、干练，不仅仅想在学校学习，还想投入到火热的革命斗争中去。

她被选为学生会干部，负责为学生生活服务，有时也组织学生排练娱乐节目。对公木，她并没有"特殊"的印象。近七十年后，吴翔回忆说，那时候只知道公木老师是延安来的老干部、著名诗人。他像家里慈祥的老人，为人和善，谁有什么苦恼，都爱找他诉说。和吴翔同班的同学胡昭说公木像个老母鸡，后面总跟着一群小鸡雏，总之，挺善良、挺和气、挺有水平的一个人，她那时没想到自己的人生和他相联系。但吴翔清楚地记得公木批评她的一幕：一次饭后，学生们把饭碗散落一地，她是分管这项工作的，公木看到后批评她说，你是干事得干点事。连批评人都是和颜悦色的。

上学期间，吴翔受同学张泰影响，曾离校到东北民主联军总政文工团工作过一段时间。填登记表时，她如实填写了自己家庭情况和父亲在伪满洲国任职情况，认为这是对组织的诚实。吴翔会唱歌，又懂乐器，学过钢琴，她想当演员，起码也应分到乐队，但却被派到服装组，让她蹬缝纫机缝制演员服装。渐渐地，她感受到了人们对她投来的异样目光，从这些异样的目光中读出了不信任，她感觉做事总是被怀疑，上街也有人跟着，同来的同学张泰也被告知不要和她多接触。吴翔开始觉察到，这是"伪县长女儿"这一身份所致，家庭出身像"红字"一样成了她不被信任的标识。也许自己不适合在党的文艺宣传部门工作？在文工团演出《李闯王》结束后，她要求回东北大学学习，很快便得到批准。那时候，男学生中不乏吴翔的追求者，她接触过几个，但很快就疏远了，因为有人提醒对方，说她是伪县长的女儿，和她结合会影响政治前途。

吴翔真切地感受到了出身带来的压力，因为做过学生会干部，和公木有过接触，出于信任，她也曾向他倾吐过心中的苦闷。公木告诉她，成份是自然印记，不可更改，但我们党是有成份论，又不唯成份论，对青年学生，尤其重在看政治表现。公木的话使她受到安慰，也产生了去掉印记的力量，她要在实际工作中磨炼自己，提高自己。不久，组织上要求学校派学生参加土改工作，吴翔报名参加并顺利成行。

在吉林延吉，她参加了轰轰烈烈的土改斗争，她不怕苦不怕累，深入发动群众，甚至冒着生命危险站在土改斗争第一线，为此受到表扬和嘉奖，她把参加土改当成"脱胎换骨"的一次机会，决心长期工作下去，然而事与愿违，上级因为斗争形势更加复杂作出了要求家庭出身不好的学生一律离队的决定。吴翔找到带队的罗部长，坚决要求留下来。她说：我要留下来，经过火热的斗争改变我的出身。罗部长说：出身是改变不了的，回到东北大学好好学习，增长知识和才干，同样可以取得进步。就这样，吴翔带着一份"身上有个人英雄主义"的鉴定和组织上发给的一万元苏联红军币，在除夕这天，与另外四名同学一起，从延吉回到了佳木斯东北大学校区。

心情郁闷，天气寒冷，经过一天的火车颠簸，吴翔身心疲惫。此时正值学校放假，学生都已回家过年了，学校里冷冷清清的。住在后半夜才烧热火墙的房间里，心绪难以平静。第二天是大年初一，发两个脸盆，一个用来盛菜，一个用来盛水饺，四名男同学吃得高高兴兴，吴翔却闷闷不乐。初二男生们上街去玩，心情郁闷的吴翔无心随去，想找个人倾吐一下心中的不快，她突然想到老师公木。一打听，公木就住在自己住所二楼的一间办公室里。机缘巧合，吴翔敲门，公木正在屋里。未等说话，吴翔就坐在公木面前的凳子上抹起眼泪。公木关切地问她：这是怎么啦？此时的吴翔再也忍不住内心的委屈，竟呜呜痛哭起来，边哭边诉说自己所受到的委屈。别人说什么自己都好接受，可偏偏是组织上，自己辛辛苦苦地工作几个月，本来已受到表扬和得到嘉奖，现在却说她有个人英雄主义，怎么也想不通。公木耐心地开导她说：对英雄主义要辩证地看，不为名不为利的是英雄，为了个人的名和利，才是个人英雄主义。如果有，我们就要改，如果没有，我们就要坚持，不要一概而说。公木的话像春风化雨滋润了她的心田，而一丝丝爱意也在春风送暖中滋生。如同陶渊明的诗句：平畴交远风，良苗亦怀新。吴翔在和公木交谈中有了一种全新的感受。此时此刻，公木的心情何尝不是如此呢？其实，公木早就注意到了这个"非同一般"的学生会干部，对她的正直、善良、美丽有着很深的印象。后来，公木告诉吴翔，他曾对吴翔报名去参加土改工作很失落，他对她倾心已久，不想让她离开自己的身边，只是不好说出来，在没有她的日子里自己生活得也很苦闷。但自己比吴翔大十五岁，以前又有过两次婚姻，"有爱在心口难开"，况且"女人的心海底的针"，吴翔怎么想，他也不知道。但无论如何，此时除了对年轻人应有的关心和开导，还增加了怜香惜玉的情感。

大年初五吴翔回学校上课，公木特意安排她加入新建的第五班，按说她应插到前几班，这样，可以提早毕业。但公木不想让她过早到社会上受伤害，想让她多学点文化知识，底子厚实一些，也在平静的环境中多待些时日。

春天过去，夏天到来了，树叶从嫩绿变为深绿，公木和吴翔相互间的了解也在加深。公木更多地知道了吴翔的身世，知道了她为"伪县长的女儿"所背负的沉重负担，同时也了解了她身上的好品质，她追求进步的渴望，以及前进路上的迷茫。同时，吴翔也了解了关于公木更多的情况，知道他有两次婚姻，第一次是父母包办，后解除婚约有两个孩子；第二次婚姻是自由恋爱，而对方却给他很深的伤害，有一个女儿寄放在老乡家不知下落。快四十了还孤身一人，身边没个人照顾，在对公木爱之外又多了份同情。

转眼到了秋天，秋天是收获的季节。那时一些老干部都重新建立了家庭，过上了幸福甜蜜的生活。公木仍一个人生活，和教职员工一起吃饭、住宿。许多人关心他，给他介绍对象，公木都一一谢绝了，他的心已有所属。他和吴翔保持着正常的师生交往，但每一次接触，在探讨问题解疑释惑之余，都互相感觉到自身的热血在沸腾，如同冰层底下有一种激流在涌动。同时，在交往中，吴翔也增加了对公木的关心，她从小吃过苦，勤劳，爱干活，每次来都帮他收拾一下房间，搞一搞卫生。这些事不大，也不难，但让公木感受到了来自异性的温暖，他多年干枯的心开始"还阳"，有了开始追求爱的冲动。

1948年10月3日，在和吴翔又一次见面后，公木抑制不住内心的激动，连写了两首诗（《强盗》和《贼》）来表达激动的心情。

强盗

你是一个强盗

你闯进一所古老的空房

霸占住就变成主人了

你擦亮了尘封的玻璃窗

你扫除了结在门框上的蜘蛛网

      剥落的墙壁

      你重新加以彩饰

      凋谢了的庭花

      又笑着开放了

你用雨露滋润了它们

立刻蜂蝶争着来采访

      燕子飞檐下筑巢

百灵和画眉绕着头顶歌唱

所有的客人都帮你的忙

      桌椅床帐梳妆台

一下子都安置停当

      锅灶也已经修好

看来你要长期住下了

你,强盗、征服者

闯进来就再也撵不走啦

贼

你是一个贼

你偷走了我的平静

通夜我闭不上眼睛

天不亮就爬起来

每一阵叩门声

都使我怦怦地心跳

我注视着窗前的草绿

秃了顶的葵花茎在诉着秋深

秋天的太阳是多么温暖啊

而我又听见一声深深的叹息

发自我的肺腔里

我觉得幸福

却又无限苦恼

像初孕的少妇

不安而焦躁

我打开喜爱的书本

想听一听我所崇敬的先辈们的教言

而每一个字变成一个顽皮的鬼脸

看他是多么顽皮

胖胖的甜甜的笑眯眯的……

诗形象地抒发了内心的感受，他把吴翔比作"强盗"、"征服者"，闯进来就再也撵不走啦。"你是一个贼／你偷走了我的平静"，这些诗是公木内心世界的形象见证，他已深陷在爱的旋涡中不能自拔。但吴翔这时还是学生，他不想打乱她平静的生活，他只能把爱遏制在内心深处。

又是一个春去冬来。东北大学已由佳木斯迁到长春，延安来的老干部张如心当了校长，书记是李先民，教学环境和教学秩序均已稳定，一切进入正常轨道。吴翔也随学校从佳木斯到吉林，再从吉林到长春，在长春入学校社会科学院读经济学。毕业后留校任职课业科，负责协助做教学安排。这时，吴翔已是二十四岁的大姑娘了。大学毕业已参加工作，家里催她解决个人问题，亲朋也帮她张罗对象，但她心早有所属，不为所动。她唯一着急的是，老师公木是怎么想的呢？他为什么不先开口呢？就这样又耽搁了一些时日。

1949年10月1日，伟大的中华人民共和国成立。当天，公木在沈阳街头参加了庆祝活动。看到第一面五星红旗升起，抑制不住内心的激动，胸中激情迸发，在回长春的火车上写下了《中华人民共和国颂歌》。国将不国，何以家为？现在新中国成立了，我也要组建新的家庭，过幸福美满的日子。公木下定了决心。

回到长春，公木约吴翔在自己的宿舍见面。他兴奋地向她朗诵了自己新创作的《中华人民共和国颂歌》，他一改平常谦和、内敛的样子，来回地在地上走，激动处还举起双臂欢呼。吴翔也被他的激情深深地感染着，更进一步看到了他的才思和激情。同时也心存埋怨，你这么有才思和激情，为什么就不敢对心爱的人表露你的爱情呢？就在暗自思忖之际，公木让她看一样东西。吴翔接过一看，是公木起草的要求和吴翔订婚的申请报告。

王科长、李主任转张校长：
　　我俩经长期了解，愿意结为终身伴侣，互相帮助，共同进步。今特恳切提出：希望对我们的关系，加以审查，如果认为合适，即请批准我们订婚。
　　此致
敬礼

吴翔心怦怦地读完申请，见签名处已赫然签下张松如的大名，看来他是早有图谋有备而来。

"你看看，如没意见，就签个名吧！"公木对吴翔说。

吴翔一句话没说，红着脸接过公木递来的笔，在末尾签上自己的名字，迅速推开门就跑开了。

接下来是漫长的等待。订婚要组织批准，但假如组织上没批准呢？吴翔的心里敲着小鼓。何希林等领导和朋友都劝公木要慎重，吴翔是伪县长的女儿，可别影响了他的政治前途！公木说，她的出身是没有选择的，家世是清楚的，个人历史也是清白的，已从进步青年成长为革命干部，她能影响我什么呢！公木的执着赢得老友们的支持，但最后还得由张如心校长定夺。张如心了解了吴翔的情况后，只问了一句话："是不是共青团员？"答：是！"是团员就可以！"校长一锤定音，又补充一句："公木四十岁了，也该有个家了。"1950年1月23日，"同意你俩订婚"几个字落在公木吴翔的订婚申请书上，且加盖了学校的大印，这婚事终于定了下来。

那时候还不兴领"结婚证"，批准订婚证明就是"结婚证"了。公木把证明给吴翔看了看，吴翔说：就这么简单，单凭一张纸，寥寥可数几个字，就缔造了咱们的婚姻？心里似乎有点不托底。公木看出她的顾虑，上前一把抱住吴翔就亲吻起来，吴翔既感到甜蜜，又觉得透不过气来，既有现实感，又觉得似在梦中。朦胧中听到公木一边亲吻一边喃喃地说：盖上印了，盖上印了……是啊，这是来自心上的印啊，心心相印，从此，他们携手走上了漫漫人生历程。

那个年月，人们的心思都在工作、事业上，婚礼的操办是很简单的。公木既忙与于组织教学，又要亲自授课，似乎把举行婚礼的事忘记了。

一个星期天，公木又在备课，吴翔来宿舍找他。

"上趟街呗？"吴翔说。

"好啊！"公木说。

"去照张相呗？"吴翔又说。

"好啊！"公木回答。

俩人走在街上，吴翔问公木："你有钱吗？"公木说："有啊，我有稿费。"照了结婚照出来，吴翔问："还有钱吗？"公木说："还有。"俩人进百货商店，买了一个双人床单，公木还为吴翔买了一双球鞋。

这次上街回来，吴翔想明白了，婚礼的准备指不上这个老夫子，还是"自力更生"吧。她找出当年离家出走时带出的被面、褥面，扯了两床被里、两床褥里，又买了棉花被套，求认识的一个老邻居帮忙做了两床新被褥，自己用包袱皮包好，背起来送到了公木的宿舍。

　　婚礼定在周五晚上，学校买了瓜子、糖，还给安了新窗帘，校食堂安排一桌饭当婚宴，和校领导及关系密切的人聚了聚，就算礼成了。

　　属于吴翔自己的东西，除了两床新被褥，还有一件新衬衫。她在合作社买了四尺花布做了一件短袖衫，就算是新娘的嫁衣吧。

　　这一天是 1950 年 2 月 3 日，从此开始公木和吴翔风雨同舟，荣辱与共，不弃不离，克艰克险，共创了人生的辉煌。他们生了百钢、铁奔、丹木两男一女，孩子们皆学有所成。在吴翔帮助下，公木和困留原籍的父母重得团聚，与寄养西安的女儿取得联系。在公木被打成"右派"长达二十年的时间里，吴翔陪他颠沛流离，担惊受怕，终于送走风雨，迎来了彩虹。

＊＊＊＊＊＊＊＊＊＊＊

"爸爸"和"妈妈"的角色转换

　　记得鲁迅有一篇文章，叫《我们现在怎样做父亲》，说的是如何做父亲的道理，实际上，如同有一千个读者，就有一千个哈姆雷特一样，有一千个父亲，就有一千个不同的父亲。那么，公木是怎样的一个父亲？我们带着这个问题访问了公木的夫人吴翔。

吴翔讲，她和公木的婚礼很是简单——1950年2月3日，星期五，总务处给公木住的房间的窗户拉了个窗帘，学校买的糖块，晚上在学校的食堂吃了顿饭。校长张如心主持，吴伯箫、智建中、张德馨、李先民、刘呈民等领导人参加。次日是星期六，照常上班，该干啥干啥，从此婚姻从家庭生活开始了。最初一年多，不知为什么，吴翔没有怀孕，和她一个办公室的老大姐关心她，建议她去看看中医。一位老中医号脉，说她"宫寒"，开了几服药调理调理。还真的灵验，大约过了半年吴翔怀孕了。1951年10月，公木带着怀孕的吴翔到鞍山报到。他们在这里开始了新的工作和生活。1952年1月21日，大儿子出生，根据艾芜小说《百炼成钢》的书名，起名为"百钢"。1954年3月15日，得二儿子"铁奔"，取名源于艾芜小说《铁水奔流》。之后女儿在北京出生，取名"丹木"，蕴含一颗红心永向党的意思。

公木一生曾有过三次婚姻。第一次婚姻为家中老人包办，育有二子，长子张煌英，1929年2月12日出生，次子张运藏，1931年11月21日出生。公木与妻子离异后，妻子离婚不离家，把两个儿子养大成人。第二次婚姻为自由恋爱，妻子高铭，又叫高涤新，育有一女一子。女儿白桦在参加抗战前的1937年冬送给西安一户回族家庭寄养。儿子许嘉在公木和涤新婚变后，由涤新抚养。连同第三次婚姻，公木共有七个子女，其中五个男孩，两个女孩，按冀中平原风俗，"五男二女"是最让人羡慕的人家，说明后代繁衍，人丁兴旺。但要抚养这七个子女需要花费多大心血呀，好在分多处生活，又有亲友帮助，公木没费多大心。对前两房子女，公木没和他们在一起生活过，他深感有所亏欠，待新中国成立后生活平稳接上"关系"，他力所能及地给予指导、帮助。对女儿白桦就是如此，找到失散多年的白桦后，公木曾将她接到北京住过一段时间。他想让女儿学习一段后赴苏留学，并就此事与女儿的养父李宏璐商议，因李家夫妇年迈，身边需要有人照顾，故未能成行。白桦的养父李宏璐因患高血压住进医院，公木得知后催促女儿速回西安，临行前鼓励女儿白桦："只要个人努力，在哪里读书都一样成才。"

百钢、铁奔、丹木在公木身边长大，公木对这几个孩子的成长，付出的心血自然更多一些。不过，由于他工作繁忙，再加上1958年被打成"右派"，发配到长春"劳动改造"，又和吴翔及孩子们别离几年时间，孩子们的成长、进步、衣食起居，主要由吴翔操持。尽管如此，公木还是尽可能地为孩子们操心，帮助他们成长。仅举一例便可知其对子女的爱心和用心。1959年12月9日，在长春"劳动改造"的公木突然想念远在北京的妻儿，夜深人静之后，他就着月色，写下了给幼小子女的一首诗《GTM》。G是大儿子钢字缩写的首字母，T是二儿子铁字缩写的首字母，M是女儿木字缩写的首字母。诗的大意是：铁水奔流，百炼成钢，红心一颗今何在？严酷的现实却用一顶"帽子"将诗人与儿女分开，但骨肉亲情岂能分割？前几句表达对子女们的思念之情，后几句是对与妻儿不能团圆的感慨，以及因此产生思念之情的感受。"无情未必真豪杰，怜子如何不丈夫"，鲁迅的两句诗，也是此时此刻公木心情的真实写照。

1961年末，公木"劳动改造"结束，被分配到吉林大学中文系任代理系主任、授课教师。他即有一种"却看妻子愁何在，漫卷诗书喜欲狂"的喜悦，一安顿下来，就像杜甫那样，"便下襄阳向洛阳"，利用寒假到北京把吴翔和百钢、铁奔、丹木接到长春，虽然暂住吉林大学招待所，但毕竟全家团聚，其乐融融了。从此之后，公木和妻儿再不分离，共同生活到他1998年10月去世。

公木怎样做父亲，怎样教育子女？吴翔说他平时话不多，更注意身教重于言教。公木信仰坚定，追求真理，立身周正，为人纯厚，善良真诚，严己宽人，虚心好学，注重良好家风的培养，对几个孩子有很好的影响。他对子女高度尊重，他们的兴趣爱好、职业选择，都让他们自己选定，只是在遇到问题时，才会过问一下，帮助出个主意。他是搞创作、教育和科研的，没有一个儿女继承他的事业，自己也并没有什么遗憾。

说到日常对孩子们的管理，吴翔说，他就是一个"老好人"，对孩子们没说过一句"重话"，在我们家，爸爸妈妈是"错位"的，爸爸很和善，妈妈却很严厉，孩子们都怕妈妈不怕爸爸。爸爸教学、科研任务重，每天都有客人来访，天天如此，孩子们很懂事，尽量不去打扰父亲。平时，公木对孩子们也没有更多的感情表露，但当孩子们1975年作为知青下乡插队时，他张罗照了一张全家合影照，并把这张合影照放到经常能看到的位置，可见公木在平静的外表下面，也经常滚动着情感的波澜。

公木晚年，对孙辈们的成长给予更多关注。公木的孙女张菱回忆：

> 由于历史原因，1979年爷爷被平反后，才与老家有了频繁的书信往来。1988年5月，18岁的我第一次见到了78岁回故里的爷爷。那时我还是一名高一学生。记得当我捧出自己写满诗、散文的练习本时，爷爷笑着对全家说："哈，我后辈有人啦！"当时他高兴的神情我一辈子都不会忘记。那次相见的情景，后来被我整理成一篇散文，发表在《文艺报》上。此后，我常常寄几首小诗、几篇散文给爷爷，爷爷便逐字逐句地对我的习作进行分析、修改，然后让我对比着读读，自行决定。几乎在每封信的末尾，都要叮嘱我一句："要多读书，多读报，多关心一点天下大事。"并告诫我："书，无不可读，无不需读，而马列则必读。如无主心骨，书读得愈多，则愈混乱，没有一条绳子，珠宝亦难穿串。"在送我的《公木诗选》扉页上，写下了"小菱，爷爷看着你成长！"几个刚劲的大字。

公木对这个热爱文学的孙女予以更多的关注，曾多次与她通信，除表示关心外，还解答她提出的问题，并就一些问题在信中进行探讨。张菱和夫君高昌没有辜负爷爷的厚望，在文学创作方面都已取得较为丰硕的成果，张菱是小有名气的儿童文学作家，高昌成长为诗人、作家。一双龙凤胎儿女也健康成长，已上了大学，学业有成。公木的其他孙辈也都健康成长，成为各个战线的骨干和栋梁。有的在海外求学，有的在管理岗位。公木的孙女张谦谦在公木创办的东北师范大学研究生毕业后，到公木曾经工作过的吉林大学文学院当了一名人民教师，孙承爷业，公木在天上得知这一消息，一定会格外欣喜吧！

* * * * * * * * * * *

写满慈爱的黑围巾

抗日战争胜利后，中国共产党和国民党反动派面临着生与死的决战，光明战胜黑暗，仍需要一段时间。日本投降后的东北，成了两党争夺的战略重点，毛泽东高瞻远瞩，很快就就近派出部队进入东北，同时大批干部跟进做地方工作，军民全力建设东北根据地。

1945年8月24日，在宣布抗战胜利的第九天，庆祝胜利的鞭炮弥漫的硝烟还没有散尽，新组建的东北文艺工作团就要出发了。舒群、沙蒙为正副团长，全团六十余名成员以鲁艺师生为主体组成，公木是这个团里的一员。同时出发的还有华北文艺工作团，团长是艾青，全团五十多人。这一天，延安文艺界百余人在交际处举行欢送会。会上，边区文协负责人丁玲致开幕词，周恩来、彭真、林伯渠到会讲话，讲形势、任务，提出要求，勉励大家。会后举行了大联欢。边区政府精心组织，又是"文协"牵头，加上鲁艺师生多才多艺，联欢会上表演《兄妹开荒》，唱"信天游"，扭陕北大秧歌，欢乐的高潮很快到来，人们一时间沉浸在幸福和喜悦之中。

公木没有参加联欢，在欢送会上听完领导讲话，他就一个人走出了会场，漫无目标地信步走去，走着走着，他来到宝塔山下的延河边。延河水哗哗流淌，公木的思绪也像河水一样激起浪波。他不是一个贪生怕死的人，早就渴望到烽火连天的前线去，但从1938年8月底到达延安算起，他在这块圣地生活了两千五百二十天，这里的一草一木都让他留恋。就要离开了，那激情四射的战斗生活，那共同战斗中结下的友情，那回响在天空中、流淌在心里的歌声，那每天都想看一眼的巍巍宝塔山，就连眼前这哗哗流淌的延河水，也让人留恋，让人产生难以割舍的情愫。但最让公木难以割舍和留恋的却是在延安保育院寄养的儿子许嘉，父子一别何时相逢，还能不能相逢，在战争年代充满了不确定性。公木深知这一点，心头的惆怅浓郁沉重，他掉转脚步，朝延河边的一个深山沟里走去，保育院就在山沟后头的半山坡上，他决定出发前去看一眼儿子。

许嘉是在延安出生的。公木到延安后，入抗大学习、工作，妻子涤新被分配到文化学校当教员，环境稳定下来，一年后许嘉就出生了。对这个在延安"摇篮"出生的儿子，公木两口都格外看重，这是爱情的结晶呀。公木是在山东滋阳省立第四乡村师范教书时认识学生涤新的，两人很快建立了恋爱关系。公木在自传中说：在此期间（指滋阳教书时期——作者注），我办了一件亏心的事，便是曾利用寒假回到老家闹"离婚"，实际上只是在族叔张镜人的协助下立了一张"自欺欺人"的文书，便把已经为我生育过两个儿子的"大姐"遗弃了。

只在两三年前,还曾吟唱过"怕听破晓啼,不上北京去!"那显然是虚情假意。事实是心里萌生着一种冲动,说白了也就是"喜新厌旧"吧。而当时确实是甜美的。1935年春乡师学生涤新,随我同赴北平,独立建立小家庭,赁居西城天仙庵,度过一个人间天上的寒假。公木和涤新结合后,两人因战乱和从事进步活动被"追踪",经常处于颠沛流离中,聚少离多。后来终于在西安会合,却因为要轻装抗战,不得不把女儿白桦寄养在别人家里。到了延安,生活稳定了,环境安静祥和了,儿子许嘉这个大胖宝宝也出生了,一切都似乎向更幸福的方向走来,但公木涤新的婚姻却出现了裂痕。出现裂痕,客观上说,在延安由于条件限制,两人分配在两个单位,相距较远,又都是山路,崎岖难行,虽然同在一个区域,却依然是聚少分多。每个星期只有星期天才能见面,如果工作忙或另有任务,就只能推到下一周见面。偶尔聚到一起,还没有热乎够,就不得不再度分开。主观上说,公木执着于工作和诗歌创作,那一阶段他创作激情高涨,写了多首歌词和诗歌,把诗歌当成了"我爱",对妻子缺少体贴和关怀,加上各自的志趣和追求有差异,裂痕便逐渐产生了。涤新在文化学校结识了一个男同事,两人走到了一起,她主动向公木提出离婚。公木对此没有一丝思想准备,他的心受到了深深的伤害:"还有冒着毒烟的嫉妒,绝望的遗弃与被遗弃底痛苦,在毁灭的悬崖上的踟蹰。"当年公木是在家乡做了"亏心事"(指和农村妻子"离婚"——作者注)之后,才和涤新结合的,目前落到这个结局,心里有多么痛苦可想而知。他曾一度失去理智,想去实施极端报复行为,但被战友们及时制止了。在许光达校长和李逸民主任严厉批评、耐心开导、安慰下，公木才逐渐平复和重新振作起来。他与涤新离了婚，那时儿子才一岁，交由涤新抚养。受到婚姻破裂的"重创"，公木曾决心离开情伤之地延安，申请回到老家华北冀中军区的抗战前线去工作，已获得抗大与军委批准。结伴同行的有李梦龄、舒同、张仲翰、李之琏等十来位同志。

就在将要出发时，形势发生了变化，中央下达文件，指示暂停向敌后派遣干部，因此公木留了下来。在延安，公木用拼命工作和创作来压抑婚姻破裂造成的痛苦，用更远大的目标更宏大的视野来代替情感上的"失利"，用为人类解放事业献身来弥补个人生活的缺憾。在延安这个革命大熔炉里，在这个革命激情似火的年代，公木渐渐地愈合了"伤口"，心情逐渐平复，而经过这一事件，经过首长们的开导教育，他的心胸如同长江水，越往下游，越开阔起来。唯一不能割舍的是父子之情。无论工作多忙多累，他都要隔一段时间到延安保育院看望许嘉，让儿子感受到来自父亲的温暖。

保育院设在半山坡上的一溜窑洞里，窑洞外面的院子是孩子们活动的主要场所。每天三餐，孩子们都能吃得饱饱的，有时还有鸡蛋、肉等，这在当时的环境下是很难得的。只是卫生条件较差，可以换洗的衣服很少，孩子们也很少洗澡。

有一段时间，许嘉身上、头上长了疥疮，当时也没有什么药物医治，保育院阿姨找到偏方，把小米糠点燃后用火烧，然后把烧出的米糠油每天涂在许嘉身上头上的患处，涂均匀以后，让许嘉站在烈日下暴晒，就用这一土偏方，竟慢慢治好了许嘉的疥疮。

由于保育院条件有限，孩子们没有任何玩具，也没有做游戏的地方。阿姨们想方设法给孩子们带来快乐，在院子里刨出一个坑，放上几只小白兔，小兔子在坑里自己又刨出了许多坑，生出一窝窝的小兔子。孩子们常常围在坑边，叽叽喳喳地看着兔子跳出跳进；在春暖花开的季节，阿姨带着孩子们去爬山，蓝天、白云、灿烂的阳光，漫山遍野都是五颜六色的野花，蝈蝈、蟋蟀躲在草棵间此起彼伏地鸣叫，大自然赐予的美景让孩子们陶醉。他们跟阿姨在山上采集野花，追逐蝴蝶，玩得热火朝天。前方的炮火连天、刀光剑影在这里没有丝毫痕迹。

看着儿子健康活泼地成长，公木由衷地高兴。就要离开延安了，他要好好地看一眼儿子，这种生离死别的痛苦他又一次经历。难道由于眷恋儿子就不去东北前线吗？作为革命战士的他，这绝对不可能。他也想过，能否带孩子和自己一起走，父子同行赴东北。但许嘉才六岁呀，又要急行军，又要通过敌人的封锁线，小小的孩子怎么吃得消，况且组织也不会批准呀。让孩子拖累了队伍，这无论如何是不行的。只有面对无法逾越的现实了。

"爸爸，爸爸！"听保育员说父亲来看自己了，许嘉扔开饭碗，就飞快地跑过来，一头扑进公木的怀里，两人紧紧地相拥着。公木把在欢送会拿到的几块延安土糖块塞进许嘉的手里，问："想不想爸爸？""想！""爸爸要出趟远门，很长时间不能来看你，你要听保育员阿姨的话呀。""不嘛，我会想爸爸的！""乖儿子，爸爸要上前线去啊。""上前线，杀敌人，杀敌人你就去。"许嘉听保育员阿姨讲过英雄杀敌的故事，听说爸爸要去当杀敌的英雄，就不阻拦爸爸了。公木面对似懂非懂的儿子没有多说什么，心里默默地说：爸爸不是上战场杀敌人，可也是做消灭敌人的工作啊。看着这样活泼可爱的孩子，公木心情好了许多。他想：我们所从事的人类解放事业，不就是让千千万万儿童过上幸福生活吗！放弃父子团聚，去从事让更多儿童幸福的事业，是值得的啊。想到这里，公木心里有些释然，他抱了抱亲了亲许嘉，把脖子上的黑围巾解下来，围在儿子的脖子上，这条带着自己体温的黑围巾，能给儿子御寒，也留作分别的纪念。许嘉日后这样回忆父亲离开延安时和他告别的情景：

父亲见我穿得很单薄，冻得直流清鼻涕，把自己脖子上一条黑色的围巾摘下来，蹲下围到我的脖子上，然后亲了亲我的脸，拉起我的手把我交给阿姨后，几步一回头地依依不舍地走了。

时光倏忽，一晃几十年过去，父子再相见已是1983年。虽说这些年一直没有见面，但公木并没减少对许嘉的思念，几次想去寻找和看望儿子，但因为种种不便，再加上工作繁忙，便暂时搁下了。后来他被打成"右派"送去劳动改造，怕牵连许嘉，只能把对儿子的思念深藏心底。

1983年5月20日，公木去成都参加全国毛泽东文艺思想研究会第三次年会，住在成都军区招待所。会议期间，在《成都日报》记者吴江的帮助下，公木终于找到了失散三十八年的儿子许嘉；又在老战友、四川省委书记杜心源周到的安排下，和儿子见了面。6月1日，许嘉一家来到成都军区招待所，当儿子扑向公木，大喊一声"爸爸"时，公木喜泪纵横。在接下来的闲谈中，许嘉告诉公木：在他们父子分别不久，保育院派一位大伯牵着小毛驴驮着他，顺着延河岸边上的公路走了半天多的时间，来到延安的保育小学，但在保小没读多长时间的书，母亲被派往晋绥解放区去工作，于是他和弟妹们东渡黄河到了陕西八路军一二〇师所在地兴县。直到辽沈、淮海、平津三大战役胜利后，母亲又随军南下，他被送到当时设在山西方山县大武镇的贺龙中学附小上学。1949年，学校迁至山西临汾市，并改名为"晋绥南下干部子弟小学"。1950年5月，全校迁至四川省成都市，并改名为"川西育才小学"。此后，许嘉都是在成都度过的，先后在大学、部队、工厂学习工作。

会议秘书长知道了这件事，中午给公木一家人开了一桌饭，又找了房间休息。晚饭后，公木和老伴吴翔随许嘉到其家中看了看。当看到许嘉还珍藏着那条黑围巾时，公木又一番感慨唏嘘。也就是在这次见面之后，在老伴吴翔的建议下，经老友刘西林协助，公木与前妻涤新见了一面。两人相对无言，几多往事都付残阳夕照中。涤新走后，公木无限感慨地说："人生多少无名戏，常在一念中，是酸，是甜，是辣，是苦，只有自己咀嚼了。"

从此之后，许嘉多次去长春看望父亲。1990年，公木过八十大寿，公木的七个儿女带着各自的子女汇聚在长春，一家人大团圆，其乐融融。

八　炽热的情感

* * * * * * * * * * *

凝聚在口琴上的思念

　　大约在 1951 年的夏秋间，东北师大一位女同志去西安出差，公木托她带一个口琴交给西北局机关的一位朋友，再由这位朋友转交给西安第一中学的女学生白桦。临行，公木交代了又交代。这不符合公木的风格呀，这是怎么一回事呢？一个远在东北的中年领导干部怎么和西北的一个女中学生有联系？公木和这个小女生又有着怎样的关系呢？带着这个疑惑，那个女同志把口琴带到西安，交给了公木指定的接收人。当两人把口琴交到白桦手中时，一幕激动人心的场面出现了，心中的疑惑也随之消除了。

　　白桦，一个亭亭玉立的少女，此时是西安第一中学一年级学生。她是由养父李宏瑢陪同而来的。当她接过"口琴"的一刹那，就明白这是亲生父亲托人带来的。这个口琴，凝结着父女之间十三年的思念啊，她嘴里"啜嚅"地叫着"父亲"，眼里的泪水刷地一下淌下来。握着口琴，就是握着一份情、一份爱，顿时，一股暖流通过口琴，流遍她的全身。回到家里，她把会唱的歌曲一遍一遍地吹，吹个不停，让自己难以言表的思绪随风飘逝。

　　大约在半年前，公木委托在西北局文联工作的诗友戈壁舟、高敏夫，帮他寻找寄养在西安一户人家、已失散多年的女儿白桦。这时，公木已在长春定居，并建立了新的家庭。当紧张繁忙的工作进入常规状态之后，公木非常怀念参加抗战前留在西安的女儿，经过十几年抗日战争和解放战争，被寄养在陌生人家的女儿不知怎么样了。他多么想尽快知道女儿的消息呀！但他能提供给两个诗友的线索非常有限，只说她名叫白桦，1937年冬寄养在西安一个姓李的回族人家。如果还活着的话，应该是上中学的年龄了。

戈壁舟、高敏夫两人是公木在延安就熟识的诗友，收到公木的信件，把这个嘱托看得很重。他们开动脑筋，反复研究，多路探寻，找各位朋友帮忙，均无进展。西安市文教局苏一南一句话提醒了他们：既然知道孩子如果活着的话是上中学的年龄，那么不妨到中学撒开大网去找，最后再缩小光圈，集中到回族女学生身上一一查询。

这个办法还真的灵验。西安市立第一中学校长李一青接受任务后，立即召开全体教师会议，最终在语文教师张乡泉、历史教师徐文华的帮助下，找到了在这里上学的公木要找的女儿白桦。教导主任高崇璞立即带着白桦去东木头市街西北文联见戈壁舟和高敏夫。他们热情地和白桦握手，不停地说："太好了，太好了，我们马上就给张松如写信报喜讯。"很快，公木就同时收到了两位诗友分别报喜的信件。说来也巧，收到信件时，他正在东北师大的课堂上讲唐诗，其中"相去万千里，故人心尚迩"，让他心生感慨，而得到女儿已找到的信息，更是抑制不住内心的激动，立即给两位诗友写了回信。信是这样写的：

敏夫、壁舟同志：

"相去万千里，故人心尚迩。"在"历史诗选"课堂上，我刚刚讲过这两句古诗。回到家来，就接到你俩的信。两封信说的是同一件事，心中实大欢喜。

关于白桦的嘱托，你们这样热情的承诺并蒙苏一萍、李一青诸同志关注，我是感到无限感激的……你们要把她引到革命的大路上，这样我就放心了。

……

十四年前，在西安曾写过一篇《留别白桦》，一直不曾发表过。在延安诗会上朗读一次，颇引起萧三同志的不快之感，他怪我怎么竟把亲生的孩子扔掉。老柯（柯仲平——作者注）发表意见说：这在中国，这（在）当时那种具体情况下，是可以想象的。议论纷纷。——我问萧三：是否因为你想起你的"阿郎"才不好受的呢？他曾不止一次地给我读他写的怀念阿郎的诗篇。阿郎是他留在苏联的前妻的儿子。上述《留别白桦》诗稿也一同"迷失"在山西兵站了。只记得其中一小节：

　　白桦，你这么小，您哪里能懂

　　你的爸爸和妈妈心里是多么犯难

　　你听见炮响就努起小嘴学咕咚！

　　你看见飞机就扬起小手喊燕燕！

这却是写实，对我个人是印象极深的。——上面说起"妈妈"，敏夫信中也曾提到。这一点也是我生命中一件不算愉快的事。我们是1940年冬在延安最后分开的。生过两个孩子：白桦和许嘉。……

（我）到东北后，短期间做地方工作，从1946年2月，从本溪市委调出来筹措东大，以后就在东大工作。随着战局的变化而迁移、辗转数千里，直到今天。正规化已经两年了，"忙"仍照旧，且有加号矣。现在除教务工作外，我担任两门课："历代诗选"和"新民主主义"。

我已经结婚了。爱人是本地人，先在东大读书，现已调出工作。生活是很正常的。

还有什么可说的呢？——我发胖了，一六〇斤（八十公斤）大约是年龄和营养的关系。

紧紧握手！

松如

一月十二日

戈壁舟、高敏夫收到公木信件后，把公木和白桦的父女关系连接上了，但是白桦对生身父亲的情况不了解，显得有些隔膜和陌生，对远在东北的父亲她感到是遥不可及的。戈壁舟、高敏夫经常把白桦叫到西北文联来，给她讲她的父亲，还让她看公木给他们寄来的信件。渐渐地，白桦对父亲有了一些了解。时隔不久，公木请东北师大一位返陕探亲的同志到家看白桦，说到她父亲公木先生问她想要什么东西时，她想了半天，说："口琴。"由此就引出了前面开头白桦收到父亲带来口琴时那动人的一幕。

慢慢地，白桦也知道了父母当年将她寄养在别人家里的原因，理解了使自己成为"弃儿"的父亲，与父亲建立了亲密和谐的关系。

对于"女儿寄养"一事，公木在自传中只有寥寥数语："卢沟桥一声炮响，抗战开始了。携妻将雏，从北平辗转到西安，把不满两周岁的女儿白桦，托付给一位好心肠的陌生人家里寄养，与涤新一同轻装赴山西参加了晋绥军区的抗日战争，结伴同行者二十多人。"其实，要抛开亲生骨肉，那要经过多少思想上的反复和经受怎样撕心裂肺的痛苦啊。公木含泪写下了《留别白桦》和《弃儿记》，留给西安友人。文中记述了孩子的可爱和乖巧：

> 本来，从北平逃亡出来的时候和几个朋友都已约定，这回是坚决的要把自己交给民族解放的伟业了。自然，那时候却没有预计要把孩子割舍的，本想把她放在家里。不料孩子还没有送到家，家乡却又沦亡了。不得已，这才又逃到西安来。如今，朋友们都已在实现自己的誓言，我们却颤抖在时代的后面，躲躲藏藏，为着孩子就变成了卑鄙无聊，苟安偷生。这耻辱是能够忍受的吗？而且这样下去，将来的生活又怎么维持呢？像这些话，我们不知已谈议过多少遍；今天实在不想再重复它。我知道涤新的心又在和矛盾的苦痛相挣扎了，我自己也是一样。我不忍再用解剖的刀加深这种苦痛，心照不宣吧。
>
> 最后还是涤新开了口：本来，民族比孩子重要得多！

最初，一对姓董的夫妇说好愿意领养孩子，可是由于时局不稳，打算逃亡，要孩子的事也就暂且放到了一边。于是公木的同学、朋友都为他出主意、想办法，甚至还去了孤儿院，但孤儿院名额已满，也不再收养。眼看着同行的战友们一个个奔向前线，夫妻俩无可奈何地想把孩子放在东厅门育婴堂门口的大街上，还没有付诸行动，结果孩子生病了，只好先带着她去看医生，等看好病再说。恰在此时，公木在街上遇到了四年不见的老友刘右山。热心的刘右山知道了公木夫妇的打算，第二天就找好了一个回族家庭，养父叫李宏璐，是一位善良朴实的厚道人。在《弃儿记》的末尾，公木心情沉痛地写道：

五天以后，我们的孩子就留在了一个新的家庭里。在噻啕的哭声中，我和涤新离开了那里，走回客栈。客栈里冷清清的。白桦常拿的一个化学娃娃忘了带去，扔在床下，好像很久以前就失去了它的主人。祝福我们的孩子！

公木与白桦的见面，是在 1955 年的春节。大年初一清晨，白桦找到鼓楼东大街中国作家协会文学讲习所，门口传达室一位老同志听她说找公木，便问："你是白桦？"显然，公木早就交代过了。他问清后赶快跑到后院通报。一会儿，公木穿着睡衣，趿拉着拖鞋，三步并作两步跑到门口，一把将齐他高的白桦搂在怀里，拍着她的背说："唔！白桦，白桦，你长大了，你长大了……"

白桦是 1936 年农历二月初三出生在河北正定的。此时已是十九岁的大姑娘了。父女俩分别已经有十八年了。白桦并不是一个人来的，和他一起来的还有一个腼腆的小伙子，细高的个子，文质彬彬，很英俊，也很有礼貌，这就是白桦的丈夫——谷少悌。

公木喜出望外，急忙热情招待女儿、女婿。从此和女儿女婿建立起更加亲密的关系，对他们的成长进步给予力所能及的帮助。等他们有了儿子半林之后，把半林接到北京，由老伴吴翔抚养，一直到上小学，半林才回到白桦身边。公木还鼓励白桦和丈夫谷少悌响应祖国号召，去边疆作贡献。他在信中写道："去吧，孩子，不要怕遥远，不要怕艰苦，人类的智慧就是这样积累起来的……"1961年，白桦夫妇俩在公木的鼓励支持下，去了新疆北部最边远的霍城县工作。1982年白桦两口调回西北民族学院。夫妇二人将自己的经历写成一部电影文学剧本《楼旁小巷》，发表在《新疆回族文学》上，后被陕西电视台作为四十年国庆献礼片摄制成同名两集电视剧。电视剧的主题歌，是公木特意撰写的。

* * * * * * * * * * *

心香一瓣祭英灵

1993年8月的一天，时近正午，正值盛夏，烈日高照，整个华北大地被烈火炙烤着，人们纷纷找地方乘凉，连知了都无力地在树上嘶鸣。

此时却有一名满头银发的老者，冒着酷暑，在老伴和亲友的陪伴下，来到华北烈士陵园，他们在一排排烈士墓中寻找，当看到墓碑上"高克谦"三个大字时，老者停了下来。他抑制不住内心的激动，弯下腰双手抖动着把祭品摆在墓碑前的祭台上，站起身来，从孙女手里接过一瓶酒，慢慢地绕墓穴一周，一边走，一边撒，把酒洒向墓穴四周，嘴唇颤抖着，似乎在说着什么，仔细听去，却是在念一副挽联："吴将军遭暗杀，高烈士又惨死，一地永埋双侠骨；太行山头明月，滹沱水上凄风，千秋凭吊两英魂。"最后，他在墓碑前站定，向墓碑深深地鞠了一躬，表达自己的敬仰和怀念之情。

这位老者就是年届八十三岁的公木，墓碑上的"高克谦"是他的同学、战友，生死相隔近七十年，那是怎样的一种刻骨思念呀！在回程的路上，他给身边的人讲起了那段难忘的经历。

1924年夏，公木提前半年从深泽县河疃小学毕业，以第一名的优异成绩考取了直隶正定省立第七中学。当时，整个河北总共才有十多所中学，农村孩子考上中学，可谓凤毛麟角，而像公木这样以优异成绩考中者更属罕见。他同时也考上了保定第六中学和育德中学。他原想到保定求学，但正定中学一再派人前来动员，因为他是以第一名的成绩被录取的，有些老师殷切期望他到那里就读。1924年夏天，十四岁的公木跨进了第七中学，开始步入了人生新的历程。

正定县坐落在滹沱河畔，处于京汉铁路线上，在石家庄北四十里，交通方便。五四运动、京汉铁路大罢工都在这里产生影响，并有较强的回音。公木在这里学习四年，正当大革命时期，第七中学弥漫着一股革命空气。正定虽在北洋军阀统治下,直系、奉系、晋系轮番易手,冯玉祥国民军第三军也曾一度进驻。当时正处于国共两党第一次合作时期,第七中学有它们各自的组织。校长、训育主任和不少教员是国民党员。教员和学生中也有共产党员、共青团员。在学校范围内,政治思想是相当活跃的。1925年"五卅惨案"发生后,全国各大城市及几百个城镇的人民纷纷举行游行示威、罢工、罢课、罢市及通电、抗捐等活动,形成全国规模的反帝怒潮。第七中学师生罢课,并游行示威。公木也参加在同学们的行列之中,打着小旗,喊着"打倒帝国主义"、"打倒列强军阀"的口号,步行到石家庄去游行示威。在参加这些活动中,公木结识了老乡、高一届的同学高克谦。高克谦是河北省无极县南池阳村人,早公木一年到第七中学读书。俩人的家虽说分属两县,但只有滹沱河一水之隔。一年中的枯水期,可以在河床里来回行走,乡情很快使他们熟悉起来。高克谦大公木四岁,高公木一届,两人又同在学生会工作,频繁的接触,使他们成为要好的朋友。从公木一入学开始,高克谦就注意到这个憨厚、纯朴又要求上进的青年,接触中了解到他的经历和对社会的不满,便推荐他看《新青年》和共产党人创办的《向导》等刊物,引导他逐步懂得什么是剥削、什么是压迫、现实为什么这样黑暗等道理。在高克谦的引导下,公木开始思考中国的出路问题。在行动上,他也走出书斋,积极参加社会活动。而这些活动也多半是高克谦组织领导的,那时候公木还不知道高克谦是共产党员,但他信服这个老大哥,他像弟弟跟着长兄一样向高克谦学习。高克谦是公木进步思想的启蒙者,也是他走上进步道路的第一个领路人。而高克谦身上表现出来的不屈不挠的斗争精神，为中华民族崛起而不惜献身的牺牲精神，都深深地感染着他、影响着他、教育着他。

高克谦是1924年12月加入中国共产党的。这年秋天，国民党第三军第三混成旅进驻第七中学。旅参谋长张兆丰是中共地下党员，经常向学生讲述俄国革命历史和拯救中华民族的道理。高克谦在这一年的12月，经张兆丰介绍加入了中国共产党，担任七中党支部宣传委员。

"五卅惨案"发生后，公木和高克谦等同学一起参加了正定各界沪案后援会（后改为"雪耻会"）领导的示威活动，高克谦还担任了"雪耻会"的总务主任。在他的带动下，公木和同学们在正定大集上举行了一次两千多人参加的声援"五卅"群众大会。接着，他们还建立抵制日货检查团，查封日货店铺；发动群众捐款捐物，援助上海被害工人家属。

这年6月，高克谦离开学校，在石门（今石家庄）从事工运工作。在劳动组合书记部负责人傅懋恭（彭真）和地方党组织直接领导下，首先在正太铁路机器厂秘密恢复工会组织，秋季，领导机器厂开展"买米"斗争，揭露"黄色工会"和工贼叛变行为。通过斗争，恢复正太铁路总工会，高克谦任总工会秘书。9月初，奉军警察厅长吕正朝命令高克谦回校读书，七中校长也派人前来催他返校，但高克谦付之一笑，并声称"自动退学"。后来警察厅把他传去，吕正朝亲自审问他："为何不回正定?"高克谦回答："我有居住自由！"吕正朝勒令他三天内离开石门。高克谦坚持不走，继续留下工作，不幸于9月12日被化装成邮差的特务捉入警察厅。

高克谦被捕之后，公木曾经和同学们一起上街游行，石门市各界代表也曾前往警察厅交涉，全国各地工会纷纷致电声援，一致要求无条件释放高克谦，但警察厅还是于9月24日凌晨2时在东里村将年仅十九岁的高克谦秘密杀害了。

高克谦被杀害的消息传到第七中学，全校师生义愤填膺，学校举行了隆重的追悼会。高克谦是在石门被枪杀的，清朝末年新军将领吴禄贞也是在石门被军阀刺杀的，因此，训育主任胡韵笙送了前述挽联。

这副对联深深地刻在公木的脑海里。不久，当时工会领导人傅懋恭领导正太铁路总工会组织召开高克谦烈士万人追悼大会，公木也参加了大会，和人们一起悼念学友，声讨反动军阀的暴行。

几十年过去了，虽然生死两隔，但重情义的公木，从来没有忘记过高克谦。他通过各种渠道了解到，1931年，国民党河北省直属无极区党部在南池阳村西南高家坟立了"高克谦烈士纪念碑"。1958年4月，河北省人民政府将高克谦墓迁至石家庄市华北烈士陵园。1986年11月12日，中共石家庄市委、市政府于石家庄火车站广场北侧，建成高克谦烈士青铜纪念像。碑名是由当时的全国人大常委会委员长彭真题写的。

这一次，公木特意到华北烈士陵园祭奠英灵，向高克谦烈士献上心香一瓣，了却藏在心中多年的一桩未了心愿。

****

情系滹沱河

"小的时候，夏夜，立志数星星，兴致盎然，数过一百，喘口气，再数。越来越多，直到脖子发酸，数的星星也咯咯笑起来，跳起来，落到场院来……"公木晚年在给学生的一封信中，这样回忆他的儿童时代。这一年他八十八岁，说起儿童时代的事情依然记忆深刻，温暖浪漫。

公木出生在河北省束鹿县（今辛集市）北孟庄村。北孟庄村位于束鹿、深泽、安平三县的交界处，是滹沱河旁只有一百户左右人家的小村庄。滹沱河在北孟庄村不远处年复一年喧哗流淌，奔腾不息地向东流去。它历尽了人世的沧桑，灌溉着万顷良田，养育了一辈又一辈在它两岸生息繁衍的炎黄子孙。公木自称自己是"滹沱河养育的儿子"，他的根深扎在滹沱河畔这片肥沃的土地上，对家乡有着深深的眷恋之情。到了晚年，这种情感更加浓郁炽烈，公木更加思念这块土地以及刻记在童年脑海中的一草一木。

1988年6月14日，公木在井冈山主持召开全国毛泽东文艺思想研究会议，借返程方便，和老伴吴翔中途下车，回到了阔别几十年的家乡北孟庄村。故居位于北孟庄村的中央，他和吴翔相互搀扶着，从村头一步一步走过来。眼前是几间曾经熟悉的北房，一溜四间，西边三间相通，东边稍大的一间单隔开来存放粮食、柴草。这是公木的出生之地。虽几经修缮，但格局依旧，外墙青色的方砖显示着当年的气象。院中有几株果树，是自己离开后家人栽种的，现已绿荫如盖，正预示着秋季的果实累累。看看这里，瞅瞅那里；摸摸这个，拿拿那个；看着围上来的亲友、乡邻，公木心潮澎湃。这群人中，有和公木一样年纪的人，他们相互拉着手问候、寒暄；也有比公木年纪大一些的叔叔婶婶们，他们抚摸着他满头的白发，拍拍他的肩膀。有人还记得"顺通"（公木儿时的名字）出生在北房从西数第三间屋子里，时间是端午节后的第十天。"顺通"是这一家的长子。以后又添了二儿四女，其中的二弟、三弟和三妹、四妹后来也走上了抗日的道路。他的二弟生活在武汉，三弟则死于抗战时期。站在老宅院抚今思昔，公木的思绪一下子回到了童年时代。

记得三四岁时，自己慢慢有了记忆。麦收打完场之后，村里大户人家就利用场院请来说书和唱戏的，招来半街的乡亲赶来听书、看戏，自己就是在《三国演义》、《水浒传》等民间文艺的熏陶下成长的。记得自己常和小姨李冬梅在一起玩耍，听讲故事。有时自己在场院以秫秸为战马，以柳条为马鞭，唱着母亲教给的《小罗成》："正月里来正月正，白马银枪小罗成，十二岁来登州打，打下登州救秦琼。"

记得每年春秋逛庙会时节，公木跟着父亲在近隔半里的清风店和远隔十里角邱镇逛庙会。这时不仅能吃到芝麻烧饼夹切肉，还能看跑马、听大戏，另外还可以买到有趣的玩具。自己对看戏特别有兴趣，记得有河北梆子、河南坠子、柳子调、秧歌戏等，曲目有《铡美案》、

《打金枝》等，至今还记得一些唱词。

记得从六岁起就跟贪玩的父亲登高上房掏家雀，下地扣蛐蛐，养鸟打猎。父亲张存义只比自己大十多岁，贪玩会玩，在村里是个摔跤好手。用腰带把他的一条胳膊绑住，在村子里的同辈中很难找到对手。父亲常带着自己去跟人摔跤、练把式。有一次头上被撞得起来一个大包，父亲不敢带他回家，只好将公木送到外祖母家养好伤才回去。这种摔跤活动，既锻炼了公木的身体，也使他学会了一些要领，在中学读书时能把体育教师摔倒。

记得在六七岁上，外祖父请来一位私塾先生教自己和其他孩子读书识字，背诵《三字经》和《百家姓》。因为肯下功夫，公木每次都能先学会和背得滚瓜烂熟，常受老师和家长们夸奖。两年后转到本族爷爷张玺开设的私学院读《诗经》、《孟子》等。再后来，外祖父串联乡亲们集资办起第一所新型学校。老师王鸣胜给他起了个学名叫张永年，字崧甫。由于学习条件好，又刻苦努力，勤奋好学，学习成绩一直名列前茅，为日后考上河疃高级小学、考入第七中学奠定了基础。

……

家乡不仅养育了公木，哺育他成长，为他走上文学道路和日后成才奠定基础，还呵护他保护他，使他免受了多次灾难。

1928年夏天，公木以总分第一名的成绩从第七中学毕业，本想去考大学，但由于连年歉收，苛捐杂税增多，家中又接连添丁增口，原本还算富裕的家庭逐渐衰败，典出了一部分土地，还借了几百元的高利贷，家中根本出不起供他上大学的学费。父亲把他接回了家。面对经济凋敝的农村，公木看不到光明，找不到出路，心情十分苦闷。一天他在村边散步，想如何才能凑来上大学的费用，突然一队衣衫不整的军阀溃兵向他问路。公木想到军队在国家危难的时刻，不是冲锋陷阵、为国效力，而是拖着枪逃跑，心里顿生反感，没好气地回答："不知道！"语音刚落，公木脸上挨了重重一记耳光。受辱的公木顿时火了，一下子揪住对方的脖领："你凭什么打人，当兵的不打仗杀敌倒来欺负老百姓，你太不讲理了！"一个军官模样的人恼羞成怒地拔出手枪，用枪口指着公木："你信不信，老子今天就崩了你！"这时村里的人聚来一大帮，多亏保长和村人一再求情，才保住了公木的性命。

1929年暑期，外祖父资助学费终于到北平上学的公木回到家乡，一方面探望父母，同时想对农村经济状况作些实地调查。在国民党县党部工作的表舅孙敬辛和姨夫张茂林，套一挂马车邀请他为县里办的一个教师进修班讲课。这个班有二百多人参加。公木头一讲就把邀请他的亲戚们吓坏了。此时的公木已把国家的命运和前途放在首位，对政治表现出浓厚的兴趣，思想发生重大变化，开始倾向于投身革命洪流。他慷慨陈词，把讲课变成了讲演，指名道姓地说阎锡山是军阀，并且说土地问题在国民党领导下根本解决不了。当时束鹿在阎锡山统治下，在讲台上说这些真是虎口拔牙。刚讲完，公木还在和许多小学教师对话研讨问题，就被人捅到国民党特务机关，他们要派人来抓公木。闻此消息，接他来讲课的乡亲赶忙套马车拉他出了县城，使他脱离了被捕的危险。

以后由于参加革命活动，在外受到通缉时，他有时会潜回家乡躲避一段时间。在这里亲友们掩护他，从来没发生过什么危险。

公木记得最后一次离开家乡的情景：卢沟桥事变的第二天北平沦陷。公木和孙志远、赵慎庆等人商量何去何从，最后决定先等一等看看形势的变化再说。一个多月后，公木夫妇离开北平，挤上了去天津的火车，准备经青岛到济南，打算到济南后与组织联系，跟随孙志远去找孙殿英的部队。为了减轻负担，他让妻子带女儿先回邹县娘家，自己去找组织，没想到他刚到石家庄就不通车了。无奈只好暂时回到束鹿老家。在家里，他和外界失去了一切联系，乡亲们又处在灾难深重的水深火热之中。公木心急如焚，一天都待不下去了，决心独身去西安转延安或去其他抗日前线。父母亲被公木说服了。一天后半夜，父亲和他一起走到高邑火车站。父子俩分手时，父亲从衣襟的内怀里掏出尚带有身体余温的六七块钱，硬塞到公木手里，公木一下子落泪了。当他爬上南下的火车，一直到郑州，心里都好像被什么撞击着……这一别，离开家乡已是四十一年了。"少小离家老大回"，一时间心里有多少感慨呀。

1995年，公木曾这样坦露心迹："我12岁入高小，便寄读异县，继而上中学、大学，更远离家乡。而后进入社会，复东西南北，四海为家，未尝为生我养我长我育我的桑梓尽尽绵薄。光阴荏苒，倏至耄耋，每思有所补赎，而苦于乏力无术。每念及此，辄以为憾，因乡愁随着年龄而俱增。"其实，早在这之前，甚至早在第一次回乡之前，在他被平反"摘帽"、重新进入社会政治舞台，获得各项社会权利之后，他就力所能及地为家乡作一些贡献。

1988年，公木在辛集市领导的陪同下，参观了辛集市图书馆、文化馆和辛集中学，对家乡文化教育事业的发展提出了合理化建议。在图书馆文化馆召开的座谈会上畅谈想法，会后应人们的要求泼墨挥毫。回到长春后即把自己的一百多本诗集捐赠给辛集市图书馆。

1988年至1989年，由公木出资，和辛集市政协、市教育局共同筹划，在全市中小学举办了"公木杯"作文大赛。公木坚持不用自己名字命名这一活动，后改用"童心杯"的名字举办诗歌大赛，有十八名少年儿童获奖。这些活动旨在提高青少年诗文写作能力，收到了很好的效果。

1992年日本学者金森道尚拜访公木，出于对公木著作《老子校注》的敬佩和对公木学术研究的支持，又正值公木诞辰，便以五十万日元的贺仪相赠，公木不好推辞只得收下，但从收下的一刹那，便有了这笔钱去向的想法。老伴吴翔和他不谋而合，商量后把此款捐给家乡，给家乡希望工程添砖加瓦。最后这笔钱被家乡用来设立了"公木奖学金"。

1992年6月，公木第一批赠书八千册抵达辛集市图书馆，其中包括两千余册线装书，图书馆专门为这些藏书开辟一室作为"公木书屋"。1996年秋天，公木第二批赠书抵达辛集。公木1998年10月去世后，其妻吴翔按照公木的遗愿，把公木所有藏书、文献、资料，全部捐献给了辛集市图书馆，完成了公木生前把所有藏书捐献家乡，让其发挥作用的愿望。

公木为家乡做的事、为家乡出的力，还有很多，无须一一列举。而家乡也始终关心着这位远方的"游子"，为家乡赢得名誉和骄傲的"名人"。

1999年10月，公木逝世一周年的时候，家乡人民以最高礼遇接纳了这位第三次返乡的儿子。市政府隆重举行了"公木先生骨灰安放仪式"。

公木墓园，苍松环绕，环境幽静。一块重达十三吨的墨玉花岗岩自然石墓碑矗立在墓地正前方。碑上只刻有《中国人民解放军军歌》歌词，没有他的生卒年月，寓意"公木永远活在故乡人民心中"。

现在，公木墓园和公木纪念馆已被开辟为爱国主义教育基地，这是公木先生反哺故乡的巨大精神财富。

尾 声

军歌嘹亮壮君行

1998年10月30日,公木辞世。他的逝世,是我国诗界、学界、教育界的重大损失。他给我们留下大量的精神财富和文化遗产,也给熟识敬仰他的人们和被他泽被的人们留下了无尽的思念。人们在嘹亮的军歌声中为他送行,他在嘹亮的军歌声中获得永生。

10月30日是"黑色的星期五",就在这一天,公木永远离开了这个给他欢乐和痛苦的世界,离开了不愿让他离去的人们。

早上公木照常6点起床、吃药。自1996年确诊肾衰,病情时有起伏,腿和脚经常是浮肿的。在学校的支持下,已定好下周一(11月2日)去省医院住院,做腹部透析。

老伴吴翔要给他理发。他摸了摸头,不想剪。可能是想到要住院,又同意了。人坐好了,新买的电推子却不好使。吴翔说,下午到商店换一把再理。午间,女儿丹木回来。公木愿意吃馄饨,可这天没吃几个,看着女儿吃,问:"丹木,今天怎么回来啦?"女儿说:"看老爸。"老人转过身,突然哭了。这是很少有的事。每天都是他自己下楼取报刊,这天是丹木取的。公木躺下看报,看着就睡着了。下午两点多,他醒了。吴翔告诉他,去街上修推子。

大约3点20分,吴翔回来,一开门就觉得动静不对,急忙跑进屋子，发现公木倒在洗手间，左腿压在肚子下，右腿伸着，头抬不起来。她马上找六楼哲学系张维久夫妇，帮助把公木抬上床。在省医院工作的丹木带来救护车，立即送公木去医大一院。脑CT、心电图、血压都没发现问题，采血化验，血里无糖，属于低糖昏迷。5点多钟，公木苏醒："这是哪儿呀？我不是上厕所了吗？"孩子们围在床前，公木笑了："你们都来了！"转过头对吴翔说："我好了，去马克思那里早点，赵雨出去没回来，还有三年课题呢！"他说的是和助手赵雨进行的《诗经》研究，赵雨正在石家庄、北京做课题咨询。此时他似乎挺精神，耳朵也不那么聋了。过了一段时间，突然说"冷"，呼吸不畅。医生告诉吴翔，要她有所准备。

9点50分，电话响了。回家做准备的吴翔心里一沉，又急忙与丹木赶回医院。10点15分，公木心力衰竭，心脏停止了跳动。

在弥留时刻，他还惦记着未完成的《诗经》研究课题。"我还有课题呢，还得三年呢"，这句话成了留给家人乃至世人的最终遗言。

公木逝世后，社会各界举行了隆重的悼念活动。人们深深缅怀这位《中国人民解放军军歌》的词作者、著名诗人、学者、教育家，高度评价他在文学创作、学术研究、教育事业等领域作出的重要贡献。

新华社、中央人民广播电台及全国各大媒体都报道了公木辞世的消息。讣告称：中国共产党优秀党员、坚定的共产主义战士、著名教育家、学者、诗人、《中国人民解放军军歌》词作者、中国作家协会顾问、吉林省文联名誉主席、吉林省作家协会名誉主席、全国毛泽东文艺思想研究会名誉会长、原吉林大学副校长、吉林大学文学院名誉

尾 声

院长张松如（公木）教授因病医治无效，于1998年10月30日22时15分在长春逝世，享年八十九岁。

7日8时，离公木遗体告别仪式还有半个小时，白求恩医大一院告别厅外，已站满了千余名前来为公木送行的各界人士。告别厅外，挽联、挽幛高悬。分外引人注目的，是吉林大学史学巨擘金景芳教授送的一副挽联："正直一生允称人伦师表，诗歌名世奚止革命辛劳。"寥寥二十字，高度概括了公木先生崇高的人品、文品和无私奉献的一生。金景芳教授和公木是同时代的挚友，住同一宿舍的楼上楼下，他对公木的评价可谓深刻允当。

在白求恩医大一院举行告别仪式后，许多人一直送公木到朝阳沟殡仪馆，这是最后的送别。公木走了，他的遗体安放在革命公墓正厅鲜花丛中，身上覆盖着鲜红的中国共产党党旗。当亲人和朋友们在公木遗体即将火化前再行告别礼时，殡仪馆要放哀乐，不知谁一声大喊：放军歌，放人民解放军军歌！于是所有的人都大声要求：放军歌！放军歌……于是，"向前向前向前！我们的队伍向太阳……"的磅礴旋律在殡仪馆大厅响起，这曾经激励过千军万马驰骋疆场的雄壮旋律，再一次响彻在这位《中国人民解放军军歌》词作者的耳畔，为他送行，为他八十九载坎坷却不凡的人生送行。在雄壮激昂的乐曲声中，公木的遗体在众人簇拥下缓缓离去……这是多么激动人心的场面啊，是多么特殊的送别方式啊！嘹亮的军歌为公木壮行，颂扬他为军队和国家作出的突出贡献。

社会各界以各种形式对公木的辞世表示哀悼和追思。文化部、新闻出版署、中国文联、中国作家协会、中国社会科学院等部门和团体，著名诗人臧克家、朱子奇、公刘、纪鹏、徐刚、邵燕祥、张永枚、吴开晋等，著名作家马烽、西戎、草明等，著名学者金景芳、蒋锡金、朱靖华等，吉林省委、省人民政府、长春市委、市人民政府，吉林大学、东北师范大学等高等学府，公木的亲友和弟子，以及日本、美国等海外友人，还有在国外的朋友、留学生，都致函或致电，用各种方式寄托对公木的怀念和哀悼。

中国人民解放军总政办公厅发来唁电，表示沉痛哀悼之情的同时，对公木予以极高的评价：

公木同志治丧办公室：

惊悉公木同志遽然辞世，不胜悲痛。总政领导和机关对公木同志的逝世表示深切的哀悼。

公木同志是著名的诗人、学者、教育家，也是杰出的革命文艺战士。半个多世纪以来，他创作的《八路军军歌》、《八路军进行曲》等优秀作品，特别是由他作词的《中国人民解放军军歌》，对于激励我军官兵为民族解放和国防现代化建设前赴后继、英勇奋斗，发挥了重要作用。公木同志虽然去世了，他的英名永存！

请代我们向公木同志的家人表示真挚的问候。

公木同志永垂不朽！

中国人民解放军总政办公厅
一九九八年十一月六日

尾 声

公木先生去了，但他的风范、贡献以及所从事的事业都长存着，延续着。正如他的老友臧克家《有的人》诗中所言："有的人活着，他已经死了；有的人死了，他还活着。"公木活在军歌中，活在他的诗和学术研究中，活在他开拓的各项事业中。这种存在分为有形和无形，物质化和人格化，显形和潜在等各种形态，使人们时时感受着。

他留下了《中国人民解放军军歌》、《英雄赞歌》、《东方红》等久传不息的歌和电影《白毛女》、《豹子湾战斗》等影片中的经典插曲；他写下了《父与子》、《鸟枪的故事》、《哈喽，胡子！》、《我爱》、《棘之歌》等脍炙人口的著名诗篇；留下了《第三自然界概说》、《中国诗歌史论》、《老子校注》、《老子说解》等具有独到见解的科研著作，留下了数以万计的在各行各业努力工作的学生……公木的一位学生撰写的对联："作人民解放军军歌英雄赞歌白毛女咏唱东方红；是无产阶级革命家教育专家老龄树繁著学术花。"对公木的评价可谓周详贴切。

公木对社会的贡献，并不限于以上各方面，他留下的精神财富并不限于以上所列，作为革命战士、诗人、学者、教育家，他身上遗留下来的精神气质、传统美德、意志禀赋、人格情操、诗人胸襟，也在对后人起着滋润、濡染和鼓舞的作用。比如百折不回的真理追求、终生不悔的坚定信仰、甘为人梯的园丁精神、朴实无华谦和待人的品格，对这些精神层面的东西进行梳理、分析、概括、解读是必要的，以此为典型，为社会发展提供正能量，为人们重塑信仰提供楷模，形成一种精神动力，也是社会需要的。我们知道，每一个人都有气场，特别是伟人和优秀人物，他们身上表现出来的东西，能影响人们向善、向上。据曾在文学讲习所工作过的张今慧回忆：

> 那是1956年至1957年，公木做文学讲习所所长，我任所部秘书，在他的直接领导下工作。公木心地善良，和蔼可亲，平易近人，待人宽厚热情，没有大学者的派头儿。他说话办事从不打官腔，不管谁有事找他，立刻放下手里的工作，耐心听对方把话讲完再拿出自己的意见，或是商讨，或是开导，或是建议，让对方感到满意，大家都很敬佩他。他对工作相当认真，比如审定或修改别人写的文章，他宁可熬个通宵也要按规定时间提前完成。他严以律己，宽以待人，同志们在工作中出点差错，他总是和善地说："以后注意就是了。"或是："今后可要注意喽！"
>
> 每当我想起公木同志为人处世的高贵品德，敬仰之心便油然而生。我和公木同志相处不到两年，耳闻目睹、言传身教使我受益匪浅。从他身上获得的最珍贵的精神财富是：如何做人，做一个正直无私的人，做一个严以律己的人，做一个胸怀坦荡的人。

曾任吉林省委宣传部副部长、和公木有过密切接触的孙占国说："公木老师为人耿直，敢于担当；处事坦荡，朴实无华；治学严谨，锐意求新；成绩卓著，未有骄矜；助人为善，不求回报；等等。这些品格影响着周围的人，影响着社会，成为当今最稀缺的精神财富。"

以上两人都提到公木身上的"精神财富"。我们晚辈后学有责任通过追思、追忆，通过收集、凝聚，把公木在言行上表现出来的精神财富汇聚起来，供人们学习借鉴。

2010年是公木诞辰一百周年，先后在吉林大学文学院、辛集市举办公木诞辰百年座谈会。在辛集市举办的公木诞辰百年纪念座谈会上，公木的学生、时任生活·读书·新知三联书店总经理樊希安首次提出"公木精神"这个概念，并进行了具体阐释。他说：

> 在学习研究公木先生生平事迹过程中，我深深感到公木先生身上有一种精神磁场，有一股一般人所不具有的精气神，我将其概括为"公木精神"，它的基本内涵包括五个方面：
>
> 一是肩负重任勇往直前的军歌精神；
> 二是朝向光明百折不回的真理追求精神；
> 三是献身教育甘为人梯的园丁精神；
> 四是脚踏实地注重创新的科研精神；
> 五是力行大爱宽厚待人的仁者精神。
>
> 上述五种精神，每一种都有实实在在的内容，是公木精神的集中体现。它集传统美德、革命意志、人格情操、诗人胸襟、学者风范于一体，是一笔重要的精神财富，成为我们的一种向往和追求。

下面，我们对"公木精神"进行更深入一步解析。

一是肩负重任勇往直前的军歌精神。向前，向前，向前，不可阻挡，永远向前，这就是"军歌精神"，"脚踏着祖国的大地，背负着民族的希望"，使我们勇于牺牲，不敢稍有懈怠。写出军歌歌词、深解歌词立意的公木，一定比一般人深刻领会"军歌精神"。脱离战争年代，离开人民军队，仍然可以发扬"军歌精神"，作为教学科研工作者，表现在公木身上的就是一直向前不知疲倦的"老黄牛"精神。公木说："只要活一天，就要思索一天，工作一天。"他垂暮之年仍在阅读大部头《资本论》，弥留之际尚惦念没有完成的科研选题，就是很扎实的例证。

二是朝向光明百折不回的坚定信仰和真理追求精神。追求真理、探寻社会发展规律并按照规律前进，是共产党人和一切革命者的内在品质。公木的一生都在为追求真理而奋斗，甚至为之遭遇曲折，给人生带来诸多磨难。尽管如此，公木也不改变对真理的追求。"真理如大道，崎岖没尽头。不诩能占有，只要肯追求。"（《公木旧体诗抄》第一百三十五页）"文革"期间，公木在和友人通信中对江青的文艺主张提出批评，那样的直言不讳，即使在"四人帮"垮台之后，看了还是让人触目惊心。由此可以看出公木追求真理的勇气和不怕牺牲的精神。他说过：真话不一定是真理，但真理必须是真话，而且只有说真话，便意味着追求的是真理。诗人很难保证说的是真理，但必须在时时处处对事事物物严肃地追求真理。而这种真理追求精神又是和坚定信仰联结在一起的。公木晚年读诗友艾砂、马乙亚的《南国情》后，为之题句：

尾声

信仰，
为真理所浇铸，
比雕像久长，
比政权牢固。

心灵，
碧蓝碧蓝的燃烧，
淘沙大浪淘不去，
压顶乌云不能熄。

上段讲信仰之不可变移，下段讲心灵对真理的追求永不停步，可谓是公木一生坚守信仰追逐真理的真实写照。

三是献身教育事业甘为人梯的园丁精神。公木一生长期从事教育事业，可谓桃李满天下。他热爱"教师"这个职业，喜欢听"老师"这个称呼，愿意站"三尺讲台"，乐意和学生打交道，他像园丁一样为幼树浇水、施肥、培土，看他们一天天成长成参天大树。他关心帮助年轻学子的事例很多。公木的学生赵雨和公木"结缘"并成为其助手，也是公木一手促成的结果。一天公木到吉大中文系取信件，看到一个妇女带孩子来校报到。攀谈中知道该生叫赵雨，家中遇到困难，好不容易凑齐学费，公木心里便有所惦念。以后又观察得知赵雨勤奋好学，基础扎实，便在多处予以关照，毕业时建议其留校。但按学校规定，本科生不能留校，为此公木特地找到校长，提出让赵雨来做自己的助手。就这样，赵雨破格来到了公木身边。他在公木的指导帮助下进步很快，在职读到博士毕业，成为学院出类拔萃的年轻教师。作为助手，他和公木共同承担国家课题研究。公木去世后，赵雨赋诗作文多篇悼念恩师："何事阑珊泪雨新，四千余日总相侵"。其中《汉俳》二十首情深意切，首章"难忘那一年，总怜接引入学坛，教诲润心田"，便是回顾当年公木助他入学的过程。

  四是脚踏实地注重创新的科研探索精神。公木教授著述等身，其中与古典诗歌有关的著作可大略分为三类：第一类，是比较系统、完整的古典诗歌通论著作。主要有《中国诗歌史论》(1985)、《古诗今读》(合著，2000)等。第二类，是对中国古典诗歌发展史当中的具体作品的研究著作。在《诗经》研究领域，主要有《诗经今译》(1948)、《诗经选读》(1951)、《诗经选释》(1963)、《商颂论》(1984)、《商颂研究》(1995)、《周族史诗研究》(合著，1998)、《插图本中国文学丛书：〈诗经〉》(合著，1999)、《诗经全解》(合著，2006)、《名家讲解诗经》(合著，2007)等。在《楚辞》研究领域，有《屈原研究》(1935)、《白茶斋九歌注》(1937)，惜已失传。第三类，是以古典研究和诗歌研究为主题的著作，其中的具体内容往往与古典诗歌研究密切相关。这一类的著作主要有《诗要用形象思维》(1979)、《老庄论集》(1987)、《第三自然界概说》(1993)、《作诗·治学·为人》(1995)等。此外，由公木教授担任主编的十卷本《中国诗歌史论》(1995)，堪称新时期以来古典诗歌研究领域最重要的创获之一，公木教授不仅设计了全书的框架、主旨和研究方法，而且亲自审订、修改了全书的文稿。由公木担任主编的《中国诗歌史(先秦两汉)》(1988)、《中国诗歌史(魏晋)》(1989)则是在公木亲自指导下精心结构、撰写而成的。

　　公木取得如此丰硕科研成果,得益于他脚踏实地的学术研究态度。他决不讨巧,也不走所谓捷径,老老实实做学问。到了晚年,他还花七百五十元买一套新版《列宁全集》,为的是掌握最新译意和查准一些引文的出处。丰硕科研成果的取得同样得益于他"不拜神、不拜金;不崇古,不崇洋;不媚时,不媚俗;不唯书,不唯上"的创新探索精神。他说:"知今不知古,谓之盲瞽;知古而不知今,谓之陆沉;知中而不知外,谓之鹿寨;知外而不知中,谓之转蓬。视野必兼古今中外,基点当是今日中国。应是于自我意识以及自我意识的嬗变,进行时空双向化的批判、继承、吸收、扬弃,从而辩证地综合。实现自我突破,自我超越,自我完善。"(《作诗·治学·为人》前言)这是公木向往的作诗、治学、为人之道,也是他学术研究的自况。

　　五是力行大爱宽厚善良的仁者精神。凡是接触过公木的人,都对其人给予极高的评价。与公木同在一个教研室多年的吉林大学中文系喻朝刚教授这样评价他:"公木先生是个完人。俗话说,金无足赤,人无完人。如果世界上有完人的话,公木老师就是完人。"公木的学生、朋友们多有这样的评价。公木身上的仁慈、善良、真诚、宽厚、谦和、平等待人等品格,都是平常一点一滴发散出来的,而周围的人也是一点一滴感受到的。

　　吉林大学中文系教授沈文凡说:

公木先生是一个德高望重却又十分谦虚的人。这一点在他的言谈中随时有着体现。我曾经与公木先生探讨过关于《中国人民解放军军歌》传唱全国的问题。公木先生说："我不会唱歌，几乎是音盲。郑律成认为我写的诗更容易作谱，是由于我受传统诗歌与民歌的影响，因而比较注重节奏罢了。《八路军进行曲》是一首具有顽强生命力的歌曲，人们乐于传唱它主要源于'乐体在声'，当然作为'乐心'的词也起到一定的作用，只是单独当作一首歌诗来读，比较平常，没有什么可说之处。"先生虚怀若谷的精神值得我们年轻一代学习。

吉林大学中文系教授李志宏，1983年入吉林大学读文艺学研究生，公木曾给他一个人上过一个学期的研究生课。在李志宏的印象中，"公木先生对待他人特别宽厚、亲切，第一次见到公木先生完全没有感到拘束，是一个很亲切、很温暖的长者的感觉，我在那儿也不觉得拘束，总是很随意的"。

公木先生是个注重感恩的人，对别人帮自己做过的一些小事都牢记于心。公木的学生、作家季红真回忆和公木交往的几个片段：

和先生谈得比较多的一次，是在全国作家第五次代表大会上。我仍然是搞会务。专门到他的房间去看他。公木先生说，上次我来开会，就是你把我扶进了电梯。我已经忘记了，不想先生还记得。我提起他关于老子的著作，他坦诚地说，最早的兴趣起源于马王堆汉墓出土的老子帛书,研究的过程中,遇到文字方面的疑难,就去请教著名的古文字学家于省吾。有一个学生在图书馆工作,要找的其他版本都是他及时地找出来。他说的这个学生就是我的老师刘家相先生,写得一手好字,教我们古代汉语。在那样一个虚无主义像洪水泛滥的时代,这些学人就像中流砥柱一样,默默无私地坚守着文化与学术的独立价值。回到长春不久,他邮寄来自己的著作。我立即细读,发现有一条注释,其中提到一个学生来信,指出他第一版中的一个错误。这些点点滴滴的小事,都可以看出先生为人的厚道、诚实与坦荡。

以上条分缕析"公木精神"的构成,可见"公木精神"是信仰、理想、意志、品格、才华、知识等元素构成的"合金",是公木留下的最可宝贵的精神财富。公木去世后,人们唱着军歌为他送行,更要继承他身后留下的这样一笔弥足珍贵的精神财富。行笔至此,猛然想起一个学生回忆公木和他们一起登上吉林珲春边防哨所,指挥众人高唱《中国人民解放军军歌》的情景:大家情绪激昂地唱,老人家激情昂扬地指挥着……

附 录

公木生平大事记

公木 1910 年 6 月 21 日生于直隶省束鹿县北孟庄村（今河北省辛集市北孟庄村）。乳名"顺通"，学名张永年，号崧甫。后改名张松如，笔名公木。

1917 年，在北孟家庄私塾、初级小学读书。1922 年，到河北省深泽县河疃高级小学读书。1924 年，到直隶正定省立第七中学（今河北正定中学）读书。

1928 年，考入国立北平大学第一师范学院（后恢复为北平师范大学）中文系读书。1930 年 1 月加入中国共产主义青年团。曾发起和参加中国社会科学家联盟、华北左翼教师联盟，任北方左翼作家联盟北师大小组组长。1933 年，到山东滋阳（今兖州市）省立第四乡村师范学校执教。1935 年，应聘到河北正定中学任教。1937 年 1 月回北师大中文系复学。

1937 年 8 月，辗转到西安。10 月去晋绥军区，在二战区战地总动员会工作，历任《动员》杂志编辑、巡视团成员、游击队政治处宣传股长、神池县干训班主任、岢岚行署干训班指导员等。

1938 年 8 月，受组织委派到延安，入中国抗日军政大学学习。10 月加入中国共产党。1939 年 1 月，于抗大结业，被分配到抗大政治部宣传科任时事教育干事。7月到延安抗大三分校工作。

1941年5月，在延安任八路军军直政治部文艺室主任。1942年5月，参加延安文艺座谈会。

1942年8月，调至延安鲁迅艺术文学院文学系任教。

1945年9月，参加东北文艺工作团，开赴东北。10月到沈阳。后任中共本溪市委宣传部副部长。

1946年3月起，先后任东北大学教授、教育长、教育学院院长、第二部主任、教务长、第三部主任等职。

1950年4月，东北大学改为东北师范大学，任第一副教务长。是年，当选为长春市文学艺术工作者联合会主席。

1951年8月，在东北师大被错误处理（后予以纠正）。9月，调鞍山钢铁公司，先后任教育处处长、业余大学校长。

1954年5月，任中国作家协会沈阳分会秘书长、驻会作家。9月，调北京中国作家协会文学讲习所任、所长兼中国作协青年作家工作委员会副主任。

1958年10月，被错划为"资产阶级右派分子"，下放农场劳动改造。

1959年1月，任吉林省图书馆馆员，半劳动、半工作。

1961年5月，在吉林省直农场劳动。11月，摘掉"右派"帽子。12月，到吉林大学报到。

1962年，任吉林大学中文系教授、代理系主任、主任。

1966年5月，"文化大革命"开始，被打成"反动学术权威"、"牛鬼蛇神",遭批斗,受迫害。

1969年10月,被"解放",恢复工作。

1978年4月,当选为吉林省文学艺术工作者联合会副主席。

1979年1月,被错划为"右派"的问题得到改正。后曾任吉林大学文学院名誉院长、副校长,吉林省社会科学院副院长,省社会科学联合会副主席,省诗词学会会长,中国作家协会吉林省分会主席,全国文联委员,中国作家协会理事、顾问,全国毛泽东文艺思想研究会会长等职。

1998年10月30日,在长春逝世,享年八十九岁。

写作本书主要参考书目、资料

《公木评传》，张宇宏、樊希安著，长春出版社1990年4月第1版

《公木年谱》，王广仁、周毓方著，东北师范大学出版社2005年6月第1版

《公木先生纪念专辑》，《文坛风景线》98期增刊

《道德文章　高山景行——张松如（公木）教授纪念特辑》，吉林大学出版社1999年7月第1版

《我的祖父——诗人公木的风雨年轮》，张菱著，中国广播电视出版社2004年10月第1版

《公木传》，高昌著，广东人民出版社2008年12月第1版

《天地境界　德艺流芳——公木先生诞辰百年纪念》，本书编委会编，吉林大学出版社2010年5月第1版

《缅怀与追寻——纪念公木诞辰100周年文集》，河北省辛集市纪念公木文集编委会编，内部出版，2012年2月第1版

《跋涉与风采》，朱晶著，时代文艺出版社2015年10月版

后 记

　　我们俩是公木先生的学生，从1977年他在吉林大学中文系课堂上给我们讲授"毛泽东诗词讲解"课算起，一直到他去世，前后交往二十余年。其间，希安因爱好诗歌创作常向老师请教，并在八十年代和张宇宏合著《公木评传》，对老师进行过多次采访，与之更熟识、得到教益更多一些。公木师一生教的学生无数，其中多有栋梁之材，我俩不过是平常之林木，但我们也深记恩师培育之恩。屈指算来，公木老师已离开我们近三十年了。时间是最好的过滤器，一些喧哗的东西过时了，一些虚幻的东西消失了，一些模糊的东西更加模糊，而一些真切的东西却更加真切，所谓"尘埃落定"，我们对一些事物认识得更加清楚。近三十年了，公木老师的形象在我们眼前更加高大、更加丰满，同学们聚会，常常谈起公木老师，忆起他给我们讲课时的情景。时光的流逝，更凸显出他境界之高远、诗艺之高超、人格之高尚，他取得的成就用"丰功伟绩"形容也不过分。诚如有人所言，人这一生在事业上有一个亮点就很不错，他却有一连串的亮点；人这一生能在事业上登上一座高峰已属不易，他却到了几个高峰的峰顶。希安在纪念公木诞辰一百周年之际，写过一副对联："作人民解放军军歌英雄赞歌白毛女咏唱东方红；是无产阶级革命家教育专家老龄树繁著学术花。"全面评价公木老师一生的业绩。我们钦佩其业绩，更敬佩其人品，他的有教无类、诲人不倦、亲切和蔼、善良仁厚、质朴无华给多少人留下深刻印象。更有他虽九死而未悔的对信仰的坚守，对真理的追求，更是人们学习的楷模。而这一点，在今天就更具有现实意义。有鉴于此，我们决心做"公木精神"的传人，把老师身上的"真善美"加以弘扬，使之有益于我们今天，有益于我们的社会，"虽不能至，心向往之"，我们尽了自己的努力了。

本书的写作、出版得到吴翔师母的支持和帮助，她多次接受我们的采访，随时回答我们提出的问题。她是公木老师的贤内助，也是一个站在成功男人身后的女人，对公木师取得的成就贡献甚巨，公木老师去世后对公木精神和学术思想的弘扬作出很大的贡献，对此，应该浓墨重彩地写上一笔。人民出版社黄书元社长、辛广伟总编辑、任超副社长及本书责任编辑罗少强先生、装帧设计鲁明静女士等，对本书出版高度重视、精心周到安排各环节的工作，使之在较短的时间内以精美形式和读者见面，在此一并致以谢忱。

本书在写作过程中，参考了有关宣传、研究公木的著述、文章及相关资料，汲取了一些文章的观点、看法和研究成果，在此专致谢意的同时，还盼对本书多提出批评，以期对公木的研究更加深入，对公木精神的弘扬取得更好效果。我们也会在这方面继续作出努力。

樊希安　石丽侠

2017 年 3 月

责任编辑：罗少强
装帧设计：鲁明静

图书在版编目（CIP）数据

我们的队伍向太阳/樊希安，石丽侠 著．—北京：人民出版社，2017.8
（2017.8 重印）
ISBN 978－7－01－017780－9

I.①我… Ⅱ.①樊…②石… Ⅲ.①公木（1910—1998）-生平事迹 Ⅳ.①K825.6

中国版本图书馆 CIP 数据核字（2017）第 126278 号

我们的队伍向太阳
WOMEN DE DUIWU XIANGTAIYANG

——《中国人民解放军军歌》词作者公木的多彩人生

樊希安　石丽侠　著

人民出版社 出版发行
（100706　北京市东城区隆福寺街 99 号）

北京汇林印务有限公司印刷　新华书店经销

2017 年 8 月第 1 版　2017 年 8 月北京第 2 次印刷
开本：710 毫米 × 1000 毫米 1/16　印张：25.25　插页：8
字数：280 千字　印数：5,001-10,000 册

ISBN 978－7－01－017780－9　定价：58.00 元

邮购地址 100706　北京市东城区隆福寺街 99 号
人民东方图书销售中心　电话：（010）65250042　65289539

版权所有·侵权必究
凡购买本社图书，如有印制质量问题，我社负责调换。
服务电话：（010）65250042